Joseph J. Weed

Leben, Tod und Wiedergeburt – ein ewiges Karma?

Verlag PETER ERD · D-8137 Berg am Starnberger See

WISDOM OF THE MYSTIC MASTERS
by Joseph J. Weed
Original English language edition published by Parker Publishing Company

Aus dem Amerikanischen übertragen und bearbeitet von Irmgard Sander.
Redaktion: Helmut Degner

Printed in West-Germany
ISBN 3-8138-0024-5

Inhalt

Wie Ihnen dieses Buch helfen kann

Dieses Buch soll Ihnen helfen, ein erfüllteres, besseres Leben zu finden. Sie haben ein Recht auf Glück. Ich möchte Ihnen helfen, es zu erlangen. Vielleicht wollen und brauchen Sie ein Heim und Sicherheit, Liebe oder Freundschaft oder vielleicht auch Geld. Das alles können Sie erreichen, wenn Sie zuerst Einsicht gewinnen, wenn Sie wissen, was Sie tun können und wie Sie es tun können.

Der Rosenkreuzerorden, eine gemeinnützige, lehrende Vereinigung oder Bruderschaft, widmet sich der Unterweisung von Menschen, wie Sie und ich es sind. Seine Übungsmethoden sind gründlich. Der Kurs ist lang und umfaßt jede Phase des Lebens, wie wir es kennen. Man kann, wie ich es getan habe, viele Jahre mit dem Studium dieses Kurses verbringen und in jeder Lektion etwas Neues und Aufregendes entdecken. Aber heutzutage haben nur wenige Menschen Zeit für ein jahreslanges Studium, das der inneren Beschauung dient. Das Tempo des Lebens ist schneller geworden, und wenn heute jemand überhaupt etwas lernen soll, dann muß er oder sie schnell – und jetzt – lernen.

Aus diesem Grund habe ich mich entschlossen, in diesem Buch das Wissen und die Übungsmethoden zusammenzufassen, die ich mir in dreißig Jahren des Studiums angeeignet habe.

Die Rosenkreuzer haben seit vielen hundert Jahren gelehrt, daß wir nur einen sehr kleinen Bruchteil unserer Gesamtfähigkeiten gebrauchen. Das wird heute von Gehirnspezialisten bestätigt. Dr. George Crile aus Cleveland, eine herausragende Kapazität auf diesem Gebiet, hat festgestellt, daß der Durchschnittsmensch normalerweise weniger als fünf Prozent seines Verstandesvermögens gebraucht, und selbst die größten Genies setzen nur selten mehr als fünfzehn Prozent ein. Was für eine große Rasse könnten wir Menschen sein, wenn wir auch nur die Hälfte unseres physischen Rüstzeugs in Anwendung bringen würden.

Die Rosenkreuzer behaupten, daß jeder Mann und jede Frau diese angeborenen Fähigkeiten entwickeln kann. Ja, mehr als das, sie sagen sogar, daß man die Pflicht hat, die schlafenden Regionen des eigenen Seins zu wecken, wenn man seinen Platz als verantwortlicher Bürger in der Welt einnehmen will. Vor einigen Jahren hat John Dickson, damals Verleger einer großen Chikagoer Tageszeitung, diese Notwendigkeit in einem treffenden Bild zum Ausdruck gebracht, als er sagte:

„Das Leben ist wie eine Eisenbahnstrecke. Die meisten Menschen sind Personenwagen und Frachtwaggons. Sie erfüllen einen nützlichen Dienst, aber sie können sich nicht selbst in Bewegung setzen und müssen von jemand anderem geschoben oder gezogen werden. Nur wenige sind wie die Lokomotive, die nicht nur sich selbst, sondern auch zahllose andere bewegt. Ohne sie hätten wir keinen Fortschritt, die Menschheit würde stagnieren und schließlich in Unzivilisiertheit absinken."

Die Rosenkreuzer sagen, daß jeder das Vermögen in sich trägt, eine „Lokomotive" zu sein, und ich beabsichtige, Ihnen zu zeigen, wie Sie eine werden können. Hier liegen nun zum ersten Mal die Übungsmethoden der Rosenkreuzer in Buchform vor. Wenn Sie diese Methoden studieren und praktizieren, dann werden sie es Ihnen ermöglichen, Ihr Wesen zu entfalten und über sich und Ihre Umgebung Kontrolle auszuüben.

Lassen Sie mich diesen Punkt verdeutlichen. Ich kenne eine Rosenkreuzerin, eine Witwe, die auf einer der Inseln im Westindischen Commonwealth lebt. Sie liebt die Einsamkeit und ist in ihren materiellen Bedürfnissen anspruchslos. Als ihr Mann, ein Soldat, getötet worden war, kaufte sie sich also ein Haus und ein paar Morgen Land auf dieser Insel. Sie bekommt eine kleine Rente und ergänzt ihr Einkommen, indem sie Hühner züchtet, so daß für all ihre Bedürfnisse gesorgt ist.

Vor nicht allzu langer Zeit wurde ihre Insel von einem jener schweren Windstürme, die im August und September auftreten, heimgesucht – man nennt sie auch Hurrikans. Als der Sturm vorüber war, stellte die Witwe fest, daß ihr Haus, robust gebaut und mit allen Fensterläden fest verschlossen, unversehrt geblieben war, aber ihr Hühnerhaus war zerstört. Das war ein schwerer Schlag, denn sie hatte kein Geld für ein neues. Also besann sie sich auf ihre Rosenkreuzerlehren und entschloß sich, die Prinzipien zur Anwendung zu bringen.

Am folgenden Morgen mußte sie ihren Besitz abschreiten, um zu überprüfen, ob der Sturm irgendwelche ernsthafte Schäden angerichtet hatte. Glücklicherweise waren nur ein paar Bäume umgeknickt, aber auf einer kleinen Lichtung, ungefähr 200 Meter von ihrem Haus entfernt, fand die Witwe eine große Überraschung. Da stand ein vollkommen intaktes, schönes, robustes und anscheinend neues Hühnerhaus. Vor dem Sturm war es nicht dort gewesen, sie konnte also nur annehmen, daß es der stürmische Wind in seiner launenhaften Art da abgesetzt hatte. Sie erzählte es jedem in dem nahegelegenen Dorf. Aber als nach einer Woche keiner zu ihr gekommen war, um es zurückzufordern, ließ sie es in ihren Hühnerhof bringen, wo es bis auf den heutigen Tag immer noch steht.

Die mechanischen Einzelheiten dieses Vorfalls sind unbedeutend. Es hätte genauso gut auf eine andere Weise geschehen können. Die Witwe hätte eine unerwartete Erbschaft erhalten können, oder es wäre vielleicht jemand gekommen, um ihr einen ungenutzten Teil ihres Landes abzukaufen. Es bleibt jedoch die Tatsache, daß sie ein Hühnerhaus brauchte und wollte. Sie gebrauchte ihr Rosenkreuzerwissen und bekam das Hühnerhaus. Auch Sie können sich selbst ähnliche Dienste erweisen, wenn Sie die Lehren der Rosenkreuzer verstanden und sich in ihren Methoden geübt haben.

Über den Gebrauch des Verstandes ist schon viel geschrieben und gelehrt worden. Es gibt buchstäblich Hunderte von Büchern und Abhandlungen, die einem sagen, wie man durch den Gebrauch des Verstandes reich wird oder gesund wird oder Freunde gewinnt. All diese Bücher schreiben im Grunde die Wahrheit. Der Verstand ist ein höchst mächtiges Instrument. Darüber gibt es keinen Zweifel. Aber für einen Durchschnittsmenschen wie Sie oder mich ist es nicht leicht zu lernen, wie man den Verstand gebraucht. Zuerst müssen wir etwas über uns selbst lernen. Wir müssen unsere eigene menschliche Natur verstehen, bevor wir unseren Verstand wirklich arbeiten lassen können. Und in diesem Buch biete ich Ihnen den Zugang zu genau diesem Wissen, zu diesem vollkommen abgerundeten Verständnis. Nehmen

Sie es. Studieren Sie es. Lernen Sie die Wahrheit über sich selbst und über die Welt, in der Sie leben. Schulen Sie sich, damit Sie Ihre angeborenen Fähigkeiten entfalten und über sich selbst und Ihre Umgebung Kontrolle ausüben können.

Wenn Sie ein Heilender sein und sich selbst und anderen Heilkraft bringen möchten, dann studieren Sie die entsprechenden Kapitel gut. Jeder besitzt das Vermögen zu heilen. Lernen Sie, diese Fähigkeit, die in Ihnen wohnt, zu gebrauchen, und teilen Sie großzügig von Ihrer neugefundenen Kraft aus, damit in Ihnen und in den Menschen um Sie herum Gesundheit und Wohlbefinden wachsen möge.

Wenn Sie einen größeren Anteil an dem Reichtum der materiellen Welt benötigen, dann haben Sie ein Anrecht darauf. Zwei ganze Kapitel sollen Ihnen dabei helfen, für dieses Problem eine Lösung zu finden – und sollen Ihnen auch helfen, daß Sie Ihren inneren Frieden finden.

Wenn Sie an Telepathie interessiert sind, dann können Sie sich darin schulen, für die Gedanken und Gefühle anderer sensibel zu werden und ihnen umgekehrt Ihre eigenen Gedanken und Gefühle aufzuprägen.

Wenn Sie vielleicht der Gedanke an den Tod beunruhigt, und das ist bei vielen Menschen der Fall – dann studieren Sie das Kapitel über Geburt, Tod und Wiedergeburt. Mag der Körper auch schwächer werden und verfallen, und müssen Sie ihn auch verlassen, so bleibt doch Ihre volle Bewußtheit Ihrer selbst und Ihrer Umgebung ohne Unterbrechung fortbestehen. Wenn Sie auch nur eine erfolgreiche Erfahrung mit ätherischer Projektion hinter sich haben, wie sie in Kapitel 13 beschrieben und gelehrt wird, und sich zum ersten Mal außerhalb Ihres Körpers und dennoch im Vollbesitz Ihrer Fähigkeiten gefunden haben, dann werden Sie nie mehr Angst vor dem Tod haben. Sobald Sie in dieser Übung erfolgreich sind, erwarten Sie die größten und erhabendsten Erfahrungen.

Nehmen Sie dieses Buch. Halten Sie es immer in Ihrer Nähe. Greifen Sie wenn nötig darauf zurück. Lassen Sie sich durch dieses Buch in jeder Hinsicht helfen. Daß Sie darin den Pfad zu einem reicheren, gesünderen und lohnenderen Leben finden, möchte ich Ihnen als aufrichtigen Wunsch mit auf den Weg geben.

1. Kapitel

Der menschliche Körper: Wie Sie sich selbst verstehen lernen und Harmonie erlangen

Im goldenen Zeitalter Griechenlands, zur Zeit der großen Philosophen, waren über dem Eingang zu den Athener Tempel in großen Lettern die Worte „Gnothe Seauton“ zu lesen. Das bedeutet „Erkenne dich selbst“, was unter den weisen Männern jener Zeit als erste Voraussetzung für alles Wissen galt. Ich möchte Ihnen also in diesem ersten Kapitel helfen, sich selbst besser kennenzulernen, damit es Ihnen leichter fällt, die späteren Anweisungen in diesem Buch zu verstehen und mit ihnen zu arbeiten.

Wahrscheinlich glauben Sie, daß Sie sich selbst schon sehr gut kennen. Das mag in bestimmter Hinsicht auch zutreffen. Sie tragen in sich eine Aufzeichnung all der Dinge, die Sie seit Ihrer Geburt getan haben und die mit Ihnen geschehen sind. Wenn Sie all diese Vorgänge in wirkliches Verständnis umsetzen können, dann brauchen Sie dieses Buch nicht. Aber die Chancen stehen zehn zu tausend, daß Sie das nicht können und nicht tun. Was tun Sie beispielsweise, wenn Sie Kopfschmerzen haben? Die meisten Menschen nehmen ein Kopfschmerzmittel und versuchen, den Schmerz so schnell wie möglich loszuwerden. Und wenn sie sich schließlich wieder wohlfühlen, dann denken sie nicht mehr weiter über den Kopfschmerz nach. Nur sehr wenige versuchen, die Ursache zu ergründen. Manchmal ist die Ursache natürlich mehr als offensichtlich. Aber selbst dann geht die Tendenz dahin, eher eine Linderung der Wirkung zu suchen, als die Ursache zu beseitigen.

Nachdem Sie Ihr ganzes Leben in Ihrem Körper zugebracht haben, sollten Sie ihn eigentlich besser kennen. Kopfschmerzen sind nicht nötig. Und selbst wenn plötzliche Spannungssituationen einen Kopfschmerz auslösen, dann sollten Sie wissen, wie Sie ihn schnell und leicht, ohne Tabletten oder andere Medikamente wieder vertreiben können. Wenn Sie das nicht können, dann wissen Sie nicht sehr viel über sich selbst.

Sie besitzen ungeheure Fähigkeiten, viel mehr und viel größere, als Sie ahnen. Bestimmte handwerkliche oder geistige Fertigkeiten hat man Sie oder haben Sie sich selbst gelehrt, um die Früchte dieser Fertigkeiten der Gesamtwirtschaft beizutragen und auf diese Weise Ihren Lebensunterhalt zu verdienen. Das ist die übliche Praxis. Wenn man Sie jedoch dazu ermutigt hätte, die gleiche Zeit und Anstrengung darauf zu verwenden, sich selbst kennenzulernen, und wenn Ihnen dazu eine geeignete Anleitung zur Verfügung gestanden hätte, dann wäre Ihr Beitrag zum Gesamtnutzen zehn-, zwanzig- oder fünfzigmal höher als jetzt und Ihr Lohn entsprechend. Da es nie zu spät ist zu lernen, fangen Sie jetzt an, sich selbst zu studieren.

Die Rosenkreuzer lehren, daß wir eine Doppelnatur besitzen – einen materiellen Körper, der von einer geistigen Substanz eingenommen und mit Leben erfüllt wird. Das ist durchaus kein neuer Gedanke. Er ist für alle Hauptreligionen grundlegend, wovon die meisten diese innere Substanz „Seele“ nennen. In den letzten Jahren ist die Wissenschaft dazu übergegangen, eine ähnliche Betrachtungsweise anzunehmen. Viele hervorragende Fachleute aus den Gebieten der Biologie und Biochemie geben heute die Existenz eines immatariellen Etwas zu, welches das körperliche Sein beeinflußt, eines „Etwas“, das sie noch nicht identifizieren wollen. Dies scheint der Seele der religiösen Menschen sehr nahe zu kommen.

Die Rosenkreuzer sagen, daß jeder Mensch zwei Arten von Energie gebraucht – physische Energie und seelische (oder psychische) Energie. Unsere physische Energie erhalten wir aus dem, was wir essen und trinken, und aus der Luft, die wir atmen. Einen kleinen Teil unserer psychischen Energie erhalten wir ebenfalls auf diese Weise, den größten Teil davon jedoch durch unsere psychischen Zentren. Diese Zentren kann man mit Transformatoren vergleichen, die das Meer der Energie um uns herum anzapfen und für unseren Gebrauch umformen.

Ein großes Meer pulsierender Energie

Das ist aber ein neuer Gedanke, werden Sie jetzt sagen. Was soll man sich unter einem „Meer der Energie“ vorstellen? Die Rosenkreuzer lehren, daß alles Energie ist, die mit unterschiedlicher Geschwindigkeit pulsiert. Alles, was wir sehen, fühlen, riechen, hören und schmecken, ist eine Form von pulsierender Energie. Vor hundert Jahren war es für die Menschen sehr schwer, diese Vorstellung anzunehmen, aber heute wissen wir – und alle Wissenschaftler stimmen darin überein – daß die physikalische Materie sich aus Atomen zusammensetzt, die wiederum aus Elektronen und Protonen und Neutronen bestehen, die allesamt in heftiger Bewegung sind – mit anderen Worten, aus Energiepartikeln, die sich mit unglaublich hohen Geschwindigkeiten bewegen. Die Rosenkreuzer gehen noch einen Schritt weiter und behaupten, daß nicht nur die materielle Welt, die wir sehen, sondern auch die Luft, die wir atmen, und der Raum zwischen hier und den Sternen ein großes Meer pulsierender Energie ist.

Die physikalische Welt pulsiert mit einer relativ niedrigen Geschwindigkeit, aber wenn man sich von ihr fort auf höhere Ebenen zu bewegt, dann steigt die Schwingungsgeschwindigkeit an, während die Struktur feiner und zarter wird. Diese feinere Energie existiert nicht nur draußen im All, sondern überall um uns herum. In ihr „leben wir, bewegen wir uns, haben wir unser Sein“. Das ist die Energie, die unsere psychischen Zentren aufgreifen und umformen (heruntertransformieren), damit wir sie für unsere körperlichen, emotionalen und geistigen Handlungen gebrauchen können. Wir werden die Schwingungen und die psychischen Zentren im einzelnen später besprechen, aber für den Augenblick genügt es, wenn wir wissen, daß sie in allen Menschen funktionieren und in einigen wirkungsvoller als in anderen.

Wenn diese psychische Energie auf einen Punkt heruntertransformiert wird, wo sie von dem physikalischen Körper gebraucht wird, dann manifestiert sie sich ganz ähnlich der elektrischen Energie, nur subtiler. Wie die Elektrizität besitzt sie eine Polarität, und diese Polarität kann kontrolliert werden. Die meisten Menschen besitzen zuviel Energie negativer Polarität und nicht genügend positive Energie. Sie sind also aus dem Gleichgewicht geraten. Es ist sehr schwierig, das Gleichgewicht zu erlangen, und noch schwieriger, es zu bewahren. Die Rosenkreuzer nennen das vollkommene Gleichgewicht „Harmonie". Dies wird in dem Kapitel über das Heilen im Einzelnen besprochen werden. Zuviel Essen und alle niederen Gefühle neigen dazu, Ihren Körper zur negativen Seite hin zu überlasten. Wenn Sie zu „negativ" werden, zeigt sich das in irgendeiner Krankheit. Auf diese Weise sagt Ihnen Ihr Körper, daß Sie etwas falsch gemacht haben und damit aufhören sollen. Es ist ebenfalls möglich, daß Sie sich zur positiven Seite hin überlasten, und das resultiert gewöhnlich in nervösen Spannungen und Geisteskrankheiten. Man sollte stets daran denken, daß das Ideal ein Gleichgewichtszustand ist, und danach streben, ihn zu erreichen. Eine äußerst praktische Methode ist es beispielsweise, wenn Sie beim Essen und Trinken Maß halten, wenn Sie es unterlassen, sich den niederen Gefühlen hinzugeben, und wenn Sie klar – und häufig – denken. Das letztere ist kein Witz. Keiner von uns denkt oft genug, denkt wirklich. Gewöhnlich bilden wir uns ein zu denken, während wir lediglich in Gedanken immer wieder eine alte emotionale „Schallplatte" abspielen.

Das Erlangen von Harmonie

Viele normale, alltägliche Dinge haben einen erhebenden Einfluß auf uns und helfen uns, der vielersehnten Harmonie näherzukommen. Die Betrachtung des Schönen, gleichgültig in welcher Form, ist beispielsweise hilfreich. Auch das Lachen ist ein gutes Heilmittel. Und natürlich klare Gedanken. Die Rosenkreuzer bieten jedoch zusätzliche Übungen an, die sich dazu eignen, das notwendige Gegengewicht zu schaffen, um Sie der Harmonie näherzubringen. Diese sollen jetzt erläutert werden.

Die eine Übung ist dazu gedacht, einen Zustand zu korrigieren, der in übertriebenem Maße negativ ist, und die andere dient dem entgegengesetzten Ziel, nämlich, einen übermäßig positiven Zustand zu korrigieren. Für die Anwendung dieser Übungen sollten Sie sich einen Ort suchen, an dem Sie für ungefähr zehn Minuten nicht gestört werden. Setzen Sie sich auf einen Stuhl mit einer geraden Rückenlehne. Holen Sie dreimal tief und ruhig Luft, um sich zu entspannen, und führen Sie dann die entsprechende Übung durch.

Wie man einen negativen Zustand ausgleicht

Stellen Sie Ihre Füße etwas auseinander, aber fest auf den Boden. Sitzen Sie aufrecht, und legen Sie die Hände lose in den Schoß oder auf die Knie, ohne daß sie sich berühren. Zeigefinger, Mittelfinger und Daumen jeder Hand müssen sich in einer Art Dreieck berühren, das aus den beiden zuerst genannten Fingern und dem Daumen gebildet wird. Wenn Sie schließlich ganz entspannt sind, dann atmen Sie tief ein, halten den Atem an, bis Sie bis sieben gezählt haben, und atmen dann langsam wieder aus. Darauf machen Sie eine kleine Pause und wiederholen das Ganze, bis Sie es siebenmal durchgeführt haben. Dann verlassen Sie Ihre Position und vergessen den ganzen Vorgang.

Diese Übung ist normalerweise ausreichend, um den durchschnittlichen negativen Zustand auszugleichen. In Fällen von tiefsitzenden oder chronischen Leiden wird jedoch eine Wiederholung erforderlich sein. Warten Sie aber zwischen den Behandlungen immer mindestens zwei Stunden, denn gewöhnlich dauert es so lange, bis sich ein Erfolg zeigt. Je früher Sie sich behandeln, wenn Sie aus dem Gleichgewicht geraten, um so leichter werden Sie wieder in den Normalzustand zurückkommen. Beobachten Sie sich also selbst, und behandeln Sie sich, sobald Sie sich auch nur im geringsten unwohl fühlen, damit Sie Ihr positiv-negatives Gleichgewicht wiedergewinnen.

Wie man einen übermäßig positiven Zustand ausgleicht

Setzen Sie sich wie bei der vorigen Behandlung bequem hin. Dieses Mal sollten sich Ihre Füße berühren – sie stehen fest auf dem Boden und berühren sich. Auch Ihre Hände müssen sich mit den Fingerspitzen berühren. Halten Sie sie in Brusthöhe vor sich, wobei der Daumen den Daumen und jeder Finger den entsprechenden Finger der anderen Hand berührt. Jetzt schließen Sie die Augen, und atmen Sie tief ein. Atmen Sie langsam wieder aus, und wenn alle Luft aus Ihren Lungen heraus ist, zählen Sie bis fünf und halten solange den Atem an. Dann atmen Sie ungefähr fünf oder sechs Atemzüge lang ruhig und langsam ein und aus, bis Sie wieder ganz entspannt sind. Wiederholen Sie dann das Vorhergehende, und halten Sie den Atem an, bis Sie bis fünf gezählt haben. Wiederholen Sie den ganzen Vorgang fünfmal. Dann hören Sie auf, atmen wieder normal und vergessen die ganze Übung.

Diese sogenannte negative Behandlung (um ein Übermaß an Positivem auszugleichen) ist eine außerordentlich wirksame Behandlung gegen eine gewöhnliche Erkältung, wenn man sie im frühen Stadium der Infektion anwendet. Die Erkältungssyptome sind ein äußeres Anzeichen dafür, daß Ihr Organismus versucht, sich von einer Invasion bestimmter Arten feindlicher Mikroorganismen zu befreien. Eine „positive" Behandlung würde in einer solchen Situation nicht nützen, aber die hier beschriebene „negative" Behandlung wird dem Organismus gewöhnlich helfen, die feindlichen Erreger innerhalb von ungefähr sechs bis acht Stunden zu besiegen und auszutreiben (oder zu bändigen). Drei solche Behandlungen, jeweils im Abstand von ein bis zwei Stunden, sollten genügen.

Das Wunderbare an diesen Behandlungen ist, daß sich keine schädlichen Wirkungen ergeben, falls Sie sich irren und die postive Behandlung anwenden, wenn die negative angebracht wäre und umgekehrt. Sie sind physische Gegengewichte, die auf mechanische Weise helfen, den Organismus wieder ins richtige Gleichgewicht zu bringen, und wenn also die falsche Behandlung angewandt wird, wird dadurch der unausgewogene Zustand nicht verstärkt. Studieren Sie sich selbst, und beobachten Sie die Ergebnisse. Schon bald werden Sie bereits die geringsten physischen Störungen wahrnehmen. Durch praktisches Ausprobieren werden Sie lernen zu entscheiden, welche Behandlung für welchen Fall am besten ist. Im Zweifelsfall kann man beide anwenden. Schnelles Handeln wird Ihnen helfen, beständig Ihr

Gleichgewicht zu wahren, und das wird sich in einer robusten, guten Gesundheit zeigen.

Es fällt uns sehr schwer, uns selbst so zu sehen, wie wir sind. Von frühester Kindheit an sind wir dazu erzogen worden, Einwirkungen auf unser Bewußtsein bis auf die kräftigsten und massivsten zu ignorieren. Das Leben und unsere älteren Mitmenschen erziehen uns zu Materialisten. Es ist also kaum verwunderlich, daß wir dem Geistigen so wenig Wert und dem Physischen und den mit ihm in Wechselwirkung stehenden Emotionen soviel Bedeutung beimessen. Da das für uns alle zutrifft, ist es tollkühn, wenn man das Materielle ignoriert oder, noch schlimmer, versucht, so zu tun, als ob es gar nicht existiert. Weitaus besser ist es, ihm die volle Anerkennung zu schenken und es als die Grundlage zu verwenden, auf der man ein höheres Bewußtsein aufbaut. Diese überlegte Erweiterung des Bewußtseins ist ein allmähliches Voranschreiten auf einem Pfad, für den dieses Buch als Wegweiser dienen soll.

Von Anfang an müssen Sie lernen, mehr – und nicht weniger – bewußt durch das Leben zu gehen. Die meisten jungen Menschen nehmen auf vitalste Weise wahr. Jede Einwirkung auf ihr Bewußtsein, gleichgültig ob körperlich, emotional oder geistig, bedeutet eine lebhafte Erfahrung. Aber mit dem Älterwerden stumpft man ab, und viele Menschen sind schließlich nur noch halb so empfänglich. Es ist wichtig für Sie, eine jugendliche Einstellung gegenüber Ihren alltäglichen Erfahrungen zu erlangen und zu bewahren. Jeder Einwirkung auf Ihre Sinne müssen Sie volle Aufmerksamkeit schenken, sie sozusagen auskosten. Das wird Ihnen anfangs zusätzliche Anstrengungen abverlangen, aber schon bald wird es zur Gewohnheit und deshalb leicht werden. An diesen Punkt Ihrer Ausbildung müssen Sie beginnen, sich nach dem „Warum?“ zu fragen. Warum habe ich mich gut gefühlt, als ich eine bestimmte Bemerkung gehört habe? Was in meiner innerlichen Struktur hat dieses plötzliche Aufwallen von Freude verursacht? Oder, umgekehrt, warum war ich so niedergeschlagen, als dieser Mann, der mir relativ fremd ist, meinen Gruß nicht erwidert hat? Wie funktioniert mein Innenleben im einzelnen? Warum werde ich auf die eine oder andere Weise beeinflußt?

Oder gehen Sie noch einen Schritt weiter und fragen Sie: Was habe ich gesagt oder getan, daß sich zwei frühere Freunde plötzlich gegen mich gewandt haben? Es ist wichtig, in sich selbst nach Gründen zu suchen und nicht anderen die Schuld zuzuschieben. Die erfolgreichsten Menschen sind sich immer vollkommen bewußt, welche Wirkung sie auf andere Menschen haben. Sind Sie das auch? Oder reagieren Sie einfach, ohne zu fragen, auf Worte oder Ereignisse?

Der erste Schritt zu einem höherem Bewußtsein

So fängt man an, sich selbst zu studieren. Es ist nicht schwer. Es verlangt von Ihnen nur, daß Sie es mit Aufmerksamkeit und Interesse tun. Doch so einfach die Methode auch zu sein scheint, so ist sie doch der erste Schritt zu einem höheren Bewußtsein, ein Schritt aus der Welt der Wirkungen in die Welt der Ursachen. Beim Voranschreiten werden Sie feststellen, daß es unter Ihren Worten und Taten solche gibt, die der Vorstellung, die Sie von sich selbst haben, nicht würdig sind, und Sie werden sie korrigieren. Und wenn Sie das tun, dann werden Sie irgendwann zu der Erkenntnis kommen, daß Sie mit der Zeit ein höheres Niveau erreicht haben und daß viele Ihrer früheren Sorgen, Frustrationen und Niederlagen Sie nicht mehr plagen. Sicher, die Ereignisse in Ihrem Leben mögen sich vielleicht in keinem bemerkenswerten Grad verändert haben, aber Sie werden sie jetzt aus einer neuen Perspektive sehen, in der Sie nicht länger eine bloße Marionette des Schicksals, sondern ein mächtiges Individuum sind, das anfängt, bei der Gestaltung seines Schicksals selbst Hand anzulegen.

Die Rosenkreuzer lehren, daß Wissen Macht ist. Wenn man eine größere Einsicht in das wirkliche Wesen der Dinge gewinnt und sich ein Wissen der Ursachen aneignet, dann bildet man auch die Fähigkeit aus, bestimmte Ursachen hervorzubringen und ihre Wirkungen zu kontrollieren. Das ist Macht. Ihre Erlangung erfordert ein vorsichtiges Vorgehen. Denken Sie immer daran, daß die Welt, in der Sie leben, ein gigantisches Labor ist, in dem die Menschen wie chemische Substanzen alle aufeinander einwirken und das Ganze beeinflussen. Jede Ihrer

Handlungen, alles, was Sie tun oder sagen oder denken, ja selbst jedes Gefühl, dem Sie Ausdruck geben, hat eine Auswirkung auf alle anderen. Sie können in diesem Labor den Rang eines Meisterchemikers erlangen, wenn Sie nur die hier gegebenen Anweisungen sorgsam befolgen.

Viele Leute glauben, daß das Rosenkreuzertum eine Religion ist. Das ist nicht richtig. Die Rosenkreuzer haben kein Dogma, das wesentlicher Bestandteil jeder Weltreligion ist. Sie fordern nicht, daß Sie irgend etwas von dem, was sie lehren, glauben. Sie können es akzeptieren oder auch nicht, wie es Ihnen paßt. Tatsächlich wird man von den Rosenkreuzern ernsthaft dazu gedrängt, nichts zu akzeptieren, was man nicht beweisen oder von dessen Wahrheit man sich nicht auf andere Weise zufriedenstellend überzeugen kann. Ihre Lehren und Schriften gründen nicht auf den Aussagen großer geistiger Führer, sondern sind die gesammelten Entdeckungen und Folgerungen vieler Menschen, die im Laufe der Jahrhunderte zusammengetragen worden sind. Intelligente Menschen, hingebungsvolle Experimentatoren, getrieben von dem Wunsch nach Wissen, tragen ständig dazu bei, die Lehren der Rosenkreuzer zu verbessern und zu ergänzen, und sie sind auf diese Weise dem anerkannten wissenschaftlichen Denken stets einen Schritt voraus. Beispielsweise wurde die Möglichkeit von Atomkraft schon in 1926 veröffentlichten Monographien angedeutet, in denen auch einige Hinweise auf ihre mögliche Nutzung gegeben wurden. Genauso wahr, aber wissenschaftlich noch nicht anerkannt ist die Tatsache, daß die Wärme auf diesem Planeten nicht annähernd so stark von den Sonnenstrahlen abhängt wie von dem Vorhandensein von Meteoritenstaub in und um unsere äußere Atmosphäre.

Wenn Ihnen also das, was Sie in diesem Buch lesen werden, vernünftig erscheint, wenn Sie es experimentell oder auf anderem Wege beweisen können, dann sollten Sie es akzeptieren. Aber glauben Sie es nicht, weil es die Rosenkreuzer sagen oder weil ich es sage oder weil es jemand anderer sagt. Eines der großen Probleme unserer Zeit ist, daß so viele Menschen Dinge als wahr annehmen, die überhaupt nicht wahr sind, die sie aber glauben, weil sie der Meinung sind, daß sie von unantastbaren Autoritäten stammen, oder einfach weil die Menschen, die sie kennen, sie glauben und ihnen niemals entgegengesetzte Ideen begegnet sind. In dieser gläubigen Welt werden die Rosenkreuzer häufig als Skeptiker bezeichnet, weil wir immer nach einem Beweis suchen und stets nach dem „Warum?" fragen.

Dieses Buch handelt also nur von Tatsachen und bietet nur Anleitungen zur Entwicklung von Fertigkeiten und Fähigkeiten, die von Männer und Frauen gleich Ihnen erfolgreich unter Beweis gestellt worden sind.

2. Kapitel

Das Prinzip des Karma: Wie Sie Ihre Zukunft gestalten und umgestalten können

Der nächste Schritt für das Erlangen von Selbstverständnis und letztlicher Kontrolle über Ihr Schicksal ist ein Wissen über Karma. Karma ist ein Hinduwort, das wörtlich „Handlung“ bedeutet. Heute ist seine Bedeutung erweitert und bezieht sich auch auf die Ergebnisse von „Handlungen“.

Viele Menschen verstehen unter Karma das Funktionieren des Gesetzes von Ursache und Wirkung. Das trifft zweifellos auch zu, aber diese Definition ist zu allgemein. Das Gesetz von Ursache und Wirkung gilt auf allen Ebenen und unter allen Umständen. Ein rollender Kieselstein an einem Berghang kann einen Erdrutsch heraufbeschwören, aber man müßte seine Phantasie schon überbeanspruchen, wenn man den Erdrutsch als eine Karmafolge des bewegten Kieselsteins bezeichnen wollte.

Wenn wir das Wort Karma gebrauchen, dann meinen wir Folgen, die durch Willenshandlungen hervorgebracht worden sind. Karma impliziert seinem Wesen nach das Vorhandensein eines Motivs, was wiederum die Ausübung der freien Wahl voraussetzt. Wir könnten Karma also genauer definieren als „das Funktionieren des Gesetzes von Ursache und Wirkung, insofern es sich auf die Folgen von Entscheidungen und Gedanken bezieht, die von beseelten, zu einer freien Wahl befähigten Wesen getroffen bzw. gedacht werden.“ Sie selbst sind wie alle Menschen ein solches beseeltes Wesen, und ich werde im Folgenden Karma beschreiben, wie es sich auf Sie bezieht. Sie dürfen jedoch nicht die Tatsache übersehen, daß auch Gruppen von Menschen, sowohl große wie kleine, ständig wie zeitweise bestehende

Gruppen, ebenfalls beseelte Wesenheiten sind und als solche Karma schaffen können. Das erklärt das Gruppenkarma, das dauerhaften Gruppen, wie es beispielsweise die Familie, die Stadt, die Nation und die Rasse sind, und zeitweise bestehenden Gruppen wie Vereinigungen, Geschäftsorganisationen, Gesellschaften, Clubs usw. anhaftet.

Bei der Betrachtung von Karma in Bezug auf Ihre Person werden wir folgende Punkte studieren:

1. Seine Ursachen.
2. Seine Entwicklung oder seine Wirkungen.
3. Wie es geformt werden kann.
4. Die Schritte, die man unternehmen muß, um von ihm freizukommen.

Wir sagen gern: „Alle Menschen sind gleich erschaffen“, aber wir glauben das selbst nicht im wörtlichen Sinne. Niemand ist so blind oder so töricht, sich einzubilden, daß für alle Menschen eine tatsächliche Gleichheit der Begabung oder der Umgebung oder der Geburtsumstände existiert. Dabei stellen sich zwei Fragen: (1) Ist diese Ungleichheit die Folge von Karma? und (2) Ist sie gerecht? Auf beide Fragen lautet die Antwort: „Ja.“ Sie sind heute das Endprodukt Ihrer eigenen Entscheidungen und Handlungen sowohl in jüngster als auch in ferner Vergangenheit. Jeder Gedanke, jedes Gefühl, jeder Wunsch und jede Handlung schafft Karma, und als denkende Wesenheit haben Sie auf diese Weise seit Tausenden, möglicherweise sogar seit Millionen von Jahren Karma hervorgebracht. Wenn diese Gedanken, Ideen, Wünsche, Leidenschaften und Taten wohlwollend sind, dann resultiert sogenanntes gutes Karma. Sind sie böswillig, dann entsteht böses oder schweres Karma. Auf diese Weise haftet sich das Gute oder das Böse, das wir hervorbringen, an uns und bleibt in unserem Lebensstrom, bis wir es durch Ausgleich gesättigt haben.

Die Naturgesetze sind unveränderlich und unwandelbar. Der Mensch erkennt das, obwohl er häufig versucht, diese Gesetze herauszufordern. Der Chemiker in seinem Labor weiß, daß er bestimmte, genau definierte Ergebnisse erwarten kann, wenn er zwei Elemente unter ganz bestimmten Umständen in unmittelbare Nähe zueinander bringt. Wenn diese Ergebnisse ausbleiben, dann nimmt er nicht an, daß sich das Gesetz geändert hat, sondern zieht in Betracht, daß er selbst einen Fehler gemacht hat. Die Natur wünscht, daß Sie glücklich und erfolgreich sind und die Früchte genießen, die sie Ihnen so freigiebig bereitstellt. Wenn dies für Sie nicht zutrifft, dann können Sie sicher sein, daß Sie irgendein natürliches Gesetz entweder gegenwärtig oder in der Vergangenheit gebrochen haben und jetzt die Strafe für diese Übertretung erleiden. Es ist keine Bestrafung in dem Sinne, wie wir einen Übeltäter bestrafen, sondern eher ein Ausgleichen von Energien. Wenn Sie das Gesetz befolgen, dann können Sie zuversichtlich ein harmonisches und glückliches Ergebnis erwarten, denn man bezwingt die Natur, indem man sich an ihre Gesetze hält.

Das durch Ihren Willen erzeugte Karma

Das beharrlichste und dauerhafteste Karma stammt von den Gedankenformen, die Ihr Wille zum Leben erweckt. Der große orientalische Lehrer K. H. hat dies wie folgt dargestellt:

„Jeder Gedanke des Menschen gelangt, nachdem er entwickelt worden ist, in die innere Welt und wird zu einer aktiven Wesenheit, indem er sich mit einem Elementargeist – d. h. mit einer der halbintelligenten Kräfte des feinstofflicheren Reiches der Materie – verknüpft oder, wie man es auch nennen kann, vereinigt. Er überlebt als eine aktive Intelligenz – ein vom Verstand gezeugtes Geschöpf – für einen längeren oder kürzeren Zeitraum, entsprechend der ursprünglichen Intensität der Gehirntätigkeit, die ihn hervorgebracht hat. Auf diese Weise besteht ein guter Gedanke als eine aktive, gütige Kraft fort, ein böser Gedanke als ein boshafter Dämon. Und so bevölkert der Mensch seinen Strom im Universum ständig mit einer eigenen Welt, voll von Sprößlingen seiner Eingebungen, Wünsche, plötzlichen Regungen und Leidenschaften – einen Strom, der auf jedes sensible oder erregbare System, das mit ihm in Kontakt kommt, proportional zu seiner dynamischen Intensität reagiert."

Wir wollen uns nun ansehen, was das bedeutet. Auf der gegenwärtigen Entwicklungsstufe des durchschnittlichen Menschen durchläuft jeder einzelne Gedanke eines Menschen auf dem Weg zu oder von seinem aktiven Bewußtsein sein Triebsystem und wird dadurch beeinflußt. Ursprünglich als eine mentale Wesenheit erzeugt, wird er zu einer pulsierenden Kraft auf der mentalen Ebene. Diese Vibrationen des ursprünglichen Gedankens oder Musters, die auf der mentalen Ebene bleiben, ziehen auf dem Weg zur aktiven, physischen Bewußtheit alle Kräfte auf den Ebenen unter der mentalen Ebene an und formen sie. Die so durch den Gedanken geformten energetischen Geschöpfe haften sich an ihn und bleiben für längere oder kürzere Zeit bei ihm, je nach der ursprünglichen Intensität des Gedankens, der sie erzeugt hat, und natürlich nach der aufladenden Wirkung, die eine Wiederholung dieses Gedankens auf sie hat.

Diese Wolke selbsterzeugter, energetischer Wesen, sozusagen Elementargeister, die in den feineren Ebenen der Materie existieren und Sie umschweben, bringt Ihr Karma hervor. Diese aktiven Wesenheiten sind für das verantwortlich, was Sie als Sinneswahrnehmung kennen. Sie übersetzen die Vibrationen, die auf Ihr Bewußtsein auftreffen, in das, was Ihnen als Sehvermögen, Empfindung, Geschmack, Geruch und Geräusch bekannt ist und als solches erkannt wird. Auf diese Weise manifestieren sie sich physisch und daneben auch subtiler, aber sehr stark im emotionellen Bereich. Deshalb sagt man, daß die Menschen in einer Welt der Illusionen leben, die von selbsterzeugten Trugbildern bevölkert ist.

Die Wolke von Wesenheiten um Sie herum

Durch Ihren Willen, Ihre Emotionen und Ihre Wünsche beeinflussen Sie ständig diese Wolke von Wesenheiten um Sie herum, und diese Wesenheiten reagieren empfindsam auf alle Gefühlsschwingungen, die Sie aussenden. In genau der gleichen Weise, aber in einem geringeren Grad reagieren diese Elementargeister auf Vibrationen, die sich ihnen von außen nähern. Das ist der eigentliche Vorgang, wie Sie materielle Objekte wahrnehmen, und auf diese Weise können Sie auch die Gedanken und Gefühle eines anderen wahrnehmen.

Sie bringen nicht nur Gedankengebilde hervor und senden sie aus, sondern sie fungieren auch als ein Magnet, der die Gedankengebilde anderer anzieht. Auf diese Weise können Sie Energieverstärkungen anziehen, und es liegt bei Ihnen, ob diese von außen herangezogenen Kräfte gut oder böse sind. Wenn Ihre Gedanken rein und edel sind, dann werden sie ganze Scharen gütiger Wesenheiten anziehen. Manchmal wundern Sie sich vielleicht über die erstaunliche Leistungskraft, die sich in Fällen von edlen und selbstlosen Bemühungen zeigt und die normalen Fähigkeiten weit zu übersteigen scheint. Man kann in den Zeitungen jeden Tag eine entsprechende Geschichte lesen – wie beispielsweise eine Mutter, die selbst nur neunzig Pfund wog, das Rad eines Wagens angehoben hat, um ihren kleinen Sohn, der darunterlag, zu befreien; wie ein verwundeter Marineinfanterist in Vietnam seinen noch schwerer verwundeten Kameraden durch zwei Meilen Sumpfgebiet im Dschungel getragen hat, um ihm medizinische Hilfe zu verschaffen; wie ein vierzehn Jahre altes Mädchen vier Meilen durch die rauhe See an den Strand von Florida geschwommen ist, um für ihren Großvater und ihren kleinen Bruder Hilfe zu holen, die in einem offenen Boot mit defektem Motor vom Golfstrom abgetrieben wurden. Scheinbar Unmögliches wird vollbracht, wenn sich Entschlossenheit mit einem edlen Zweck verbindet. Das meinte auch Tennyson, als er von Sir Galahad schrieb: „Er besaß die Kraft von zehn Männern, weil sein Herz rein war."

Umgekehrt haben niedere Gedanken eine störende und böse Wirkung, die manchmal die tatsächliche Absicht des Individuums in erstaunlichem Maß überschreitet. „Mich muß irgendein Teufel geritten haben", hört man in diesem Zusammenhang oft, und es ist wahr, daß diese zusätzlichen bösen Mächte, die den üblen Absichten eines Menschen gleichgesinnt sind und sie verstärken, die Kraft für die Tat geliefert haben. Bitte, beachten Sie – wir werden von diesen Wesenheiten nicht „angegriffen", wir ziehen sie zu uns heran.

An diesem Punkt können Sie mit Recht fragen: „Was ist der Unterschied zwischen Gut und Böse, und wie kann ich beides unterscheiden?" Gedanken, Wünsche und Taten sind gut, wenn sie mit dem Naturgesetz übereinstimmen. Böse ist, was gegen das Naturgesetz verstößt. Und wie erkennt man dieses Gesetz? Dazu muß man Intelligenz und ein gutes Urteilsvermögen anwenden. Letztlich werden Sie das Gesetz nur durch eigene Erfahrung wirklich erkennen. Sie können es jedoch viel schneller lernen und sich sehr viel Kummer ersparen, wenn Sie bereit sind, den Rat von fortgeschritteneren Seelen anzunehmen und danach zu handeln, die die Straße des Lebens bereits hinter sich haben und den gleichen Problemen begegnet sind, denen Sie jetzt gegenüberstehen. Diese „Älteren Brüder", die Heiligen der verschiedenen Kirchen, die Meister der Weisheit haben seit undenklichen Zeiten in das Bewußtsein der Menschheit Rat und Belehrung einfließen lassen, die auf ihren eigenen Erfahrungen gründeten. So sind die Worte Christi „Liebet einander" kein abstraktes religiöses Gebot, sondern eine wissenschaftliche Methode, die Er als brauchbar und erfolgreich erkannt und uns als Abkürzungsweg zur Auslöschung und Beseitigung von Karma mitgeteilt hat.

Kein Hindernis ist zu groß, kein Problem unlösbar

Die guten Gedanken oder die bösen Gedanken, die Wünsche und Absichten, die Sie hervorbringen, haben nicht nur eine Wirkung auf Sie selbst, sondern beeinflussen oft auch andere. Diese Elementargeister, die Sie mit Ihrer Energie versehen haben und die Sie umschweben, neigen dazu, von anderen Kräften ähnlicher Art angezogen zu werden. Wenn Sie eine Gedankenform aussenden, dann hält sie nicht nur eine magnetische Verbindung zu Ihnen selbst aufrecht, sondern wird auch zu anderen Gedankenformen von ähnlichem Typus hingezogen. Diese häufen sich an, um je nachdem eine gute oder böse Kraft zu bilden, und auf diese Anhäufung ähnlicher Gedankenformen sind die oft sehr ausgeprägten Merkmale von familiärem oder lokalem oder nationalem Einfluß zurückzuführen. Dies ist heutzutage sehr deutlich, wo die Verschiedenheiten der nationalen Ideologien so genau umrissen sind, und man kann ebenfalls feststellen, daß das familiäre oder nationale Karmaumfeld die Aktivität eines Individuums in hohem Maße bestimmt und sein Vermögen, die Fähigkeiten, die es möglicherweise besitzt, auszudrücken, stark einschränkt. Jeder Gedanke wird von der Atmosphäre, die den Menschen umgibt, eingefärbt und verzerrt, und diese eingrenzende Wirkung reicht manchmal sehr weit.

Sobald sie dies erkannt haben, werden kleinmütige Menschen verzweifelt die Hände über dem Kopf zusammenschlagen und fragen: „Wie kann ich so gewichtige Hindernisse jemals überwinden?" Das ist die schlimmste aller Sünden. Kein Hindernis ist zu groß, um überwundenzu werden, kein Problem ist unlösbar. Karmische Schwierigkeiten sollen uns lehren und schulen, nicht bestrafen. Eine Rosenkreuzerfamilie hatte eine kleine Tochter, die mit Gehirnlähmung geboren war. Im Alter von drei Jahren war sie ein entzückendes kleines Mädchen, aber immer noch wie eine Pflanze – keine Sprache, kein Anzeichen von Verständnis, keine Kontrolle über die motorischen Bewegungen. Man riet den Eltern, sie in ein Heim zu geben, wo man sich um sie kümmern würde und sie nicht mehr die Belastung darstellen würde, die ein solches Kind für eine große, wachsende Familie nun einmal ist. Aber die Mutter lehnte das ab und nahm die übermenschliche Aufgabe auf sich, dem kleinen Mädchen beizubringen, Sprache zu verstehen und sich damit auszudrücken, ihre motorischen Bewegungen ganz allmählich zu kontrollieren und all die unzähligen Dinge, die uns selbstverständlich sind, aber in diesem Fall erst mühsam erlernt werden mußten. Und während der ganzen Zeit zog diese Frau daneben auch noch ihre übrigen Kinder auf und erledigte alle Arbeiten, die mit der Führung eines Haushalts bei einem bescheidenen Einkommen verbunden sind.

Das war fraglos ein Karmaproblem, und viele Jahre später wurde der Mutter dies bestätigt. Die Tochter war in einem anderen Leben ihre jüngere Schwester gewesen. In einem Anfall von Eifersucht hatte sie sie über eine Klippe gestoßen, und obwohl die Schwester den Sturz überlebte, war ihr Rückgrat gebrochen und sie konnte nie wieder gehen. In diesem Leben wuchs das kleine Mädchen zu einer schönen, intelligenten und charmanten Frau heran, aber gehen kann sie immer noch nicht. Das ist ihre einzige Schwäche geblieben. Ihre Mutter hätte sich um eine Karmaverantwortung herumdrücken und ihre drei Jahre alte Tochter in ein Heim für geistig behinderte Kinder geben können, denn als ein solches Kind erschien sie damals. Aber die Mutter hat das nicht getan, und ihre Anstrengungen sind durch ein höchst wunderbares Ergebnis belohnt worden. Die geistreiche und charmante junge Frau von heute ist weit entfernt von dem kleinen Pflänzchen von vor zwanzig Jahren. Das allein ist Lohn genug. Aber die Mutter hat noch andere Belohnungen erhalten, wovon das Wissen, daß sie eine schwere Schuld bezahlt und eine alte Rechnung beglichen hatte, nicht die geringste war.

Der unauslöschliche Film des Akasha

Wir haben also gesehen, wie ein höchst schwieriges Karmaproblem gelöst wurde und daß der Lohn schließlich in keinem Verhältnis zu den aufgewendeten Mühen stand. Dies ist auch ein Beispiel dafür, wie manches Karma in ein anderes Leben mit hinübergenommen wird. Jeder unserer Gedanken, jeder Wunsch, jedes Verlangen und jede unserer Handlungen ist auf dem unauslöschlichen Film des Akasha festgehalten. Dort bleiben sie und drucken Leben um Leben in der emotionalen und physischen Welt Duplikate aus, bis sie befriedigt oder korrigiert sind. Diese Wünsche und Taten können ausschließlich edel und gut sein, oder sie können allesamt böse oder aber eine Mischung aus beidem sein. Aber selbst wenn sie alle gut und edel sind, so bleibt doch eine Karmafolge und eine Karmaschuld, die bezahlt (oder angenommen) werden muß, solange das Individuum einen sich seiner selbst bewußten Mittelpunkt behält. Aber davon später mehr.

Bei der Betrachtung der Wirkung von Karma oder der Entwicklung von Karma werde ich mich nur auf sein Funktionieren im körperlichen Leben konzentrieren. Es trifft wohl zu, daß Karma im Leben nach dem Tod, dem Leben zwischen den Wiedergeburten, eine große Wirkung hat, aber das ist eine tiefgehende Studie und für unsere gegenwärtigen Beobachtungen nicht wesentlich. Am Funktionieren des Karmagesetzes sehen wir, daß

a. Bestrebungen und Wünsche zu Fähigkeiten werden
b. Wiederholte Gedanken zu Neigungen werden

c. Wille zur Durchführung zur Tat wird
d. Schmerzliche Erfahrungen zu Gewissen werden
e. Wiederholte Erfahrungen zu Weisheit führen.

Die negativen Aspekte des oben genannten bringen negative Resultate hervor. Die Weigerung, Möglichkeiten wahrzunehmen, kehrt beispielsweise später als Frustration wieder, böse Gedanken werden zu bösen Neigungen, und böse Taten haben eine Handlungsbeschränkung, beispielsweise durch einen verkümmerten Verstand, einen kranken oder verstümmelten Körper, einen plötzlichen und gewaltsamen Tod und so weiter zur Folge.

Bei der Auswirkung des Karma werden Sie, wenn Sie aufmerksam sind, viele seltsame Dinge sehen. Vielleicht finden Sie sich mit Personen in Kontakt und enger Verbindung, die Ihnen früher einmal nahegestanden haben. Solche Verbindungen werden häufig in vielen Leben wiederholt und tauchen immer wieder auf, bis die gegebene und empfangene Energie ausgeglichen ist. So kann zum Beispiel ein tyrannischer Vater aus einem Leben zu einem späteren Zeitpunkt als ein armer Verwandter wiedererscheinen, der für den Erhalt des nackten Lebens von den Launen seines früheren Sohnes abhängt. Die liebende und aufopfernde Mutter zeigt sich vielleicht in der Zukunft als eine glückliche und gutversorgte Schwester, Tochter oder Ehefrau. In gleicher Weise schulden wir bestimmten Ländern etwas und erscheinen aus diesem Grund immer wieder in dem gleichen Land, bis wir uns von dieser Verpflichtung entbunden haben. Wir werden von eben diesen Neigungen und Affinitäten dorthin zurückgeführt, denn sie ziehen uns immer wieder an, bis ein Gleichgewicht erreicht und die Schuld getilgt ist.

Es mag den Anschein haben, daß wir sehr viel Gewicht auf die vergangenen Leben und nicht genug auf das gegenwärtige Leben gelegt haben. Der Grund dafür liegt darin, daß diesen entfernteren Ursachen für unsere gegenwärtigen Lebensumstände nicht genügend Beachtung geschenkt wird. Tatsächlich stammt der größte Teil dessen, was Sie heute sind und erleben, davon, was Sie vergangene Woche oder vergangenes Jahr getan haben. Aber das wissen Sie selbst und können Sie leicht berücksichtigen.

Aus vielen Wiederholungen und manchmal unheilvollen Folgen lernen Sie zunächst nur ganz allmählich, später jedoch immer schneller, daß bestimmte Handlungen gegen das Gesetz sind und vermieden werden müssen. In Ihr Bewußtsein ist zum Beispiel eine Erinnerung eingebaut, daß böswilliges Töten höchst unangenehme Folgen für Sie mit sich bringt. Es kommt der Zeitpunkt, wo Sie, wenn Sie sich der Versuchung zu töten gegenüberstehen, im voraus von einem Gefühl befallen werden, das man nur als eine Art Reue beschreiben kann, eine Reue für etwas, das Sie noch gar nicht getan haben. Durch dieses Reuegefühl wird die Versuchung zu töten überwunden, und Sie befolgen das Gesetz anstatt es zu brechen. Dieses besondere Gefühl, diese innere Führung, ist als Gewissen bekannt und zeigt den Beginn der Weisheit an. Wenn Sie bereit sind, jedesmal auf die Stimme des Gewissens zu hören, wenn Sie vor der Notwendigkeit einer neuen und einmaligen Handlung stehen, dann werden Sie mit der Zeit feststellen, daß Sie in Ihrem Gewissen eine nie versagende Führung besitzen, die sich bei Gebrauch als immer erfolgreicher darin erweisen wird, Sie innerhalb der Grenzen des Gesetzes zu halten.

An diesem Punkt beginnen Sie, mehr Schulden zu tilgen als Sie zum gleichen Zeitpunkt machen. Sie fangen an, sich von einigen aus der Schar der tückischen Wesen zu befreien, die Sie umschweben. Sie lernen allmählich das richtige Verhalten, mit dem sich neue Karmaprobleme vermeiden lassen. Sie lernen, Verluste nicht zu bedauern und sich nicht in übertriebenem Maß über Gewinne zu freuen. Sie lernen, mehr für andere zu leben und nicht so sehr für Ihre eigene Selbstbefriedigung. Sie lernen, nicht als Individuum, sondern als Teil einer Gruppe zu denken.

Das Gesetz des Karma kann man mit dem Impulserhaltungssatz in der Physik vergleichen. Ein Teller fällt von einem Tisch. Wenn man zuläßt, daß er den Boden berührt, dann wird er zerbrechen. Die Folge wird in bescheidenem Maße umwälzend sein. Aber wenn der Beobachter schnell ist, wenn er im voraus sieht, was geschehen wird, dann kann er seine Hand zwischen den fallenden Teller und den Boden halten und den Teller entweder fangen oder in einer solchen Weise ablenken, daß der Fall abgeschwächt wird. Der durch den fallenden Teller erzeugte Impuls trifft entweder auf eine gleichstarke, entgegenwirkende Kraft, oder er wird durch eine seitlich auftreffende Kraft abgelenkt, mit dem Ergebnis, daß der drohende Schaden nicht eintrifft.

In genau dieser Weise können auch drohende Karmafolgen abgeändert werden. Mit fortschreitendem Wissen und Verständnis wird der Studierende in der Lage sein, bestimmte Karmabedingungen zu erkennen, die kurz davor stehen, in Handeln umzuschlagen. Um ein modernes Beispiel zu geben, er wird vielleicht erfahren, daß sein Haus auf einer geologischen Verwerfung steht und deshalb in Gefahr ist, durch Erdbeben Schaden zu nehmen. Also wird er dem mit dem einfachen Mittel entgegenwirken, daß er sein Haus verkauft und fortzieht. Oder aber er trifft einen Mann, mit dem ihn Karmabande aus der Vergangenheit verbinden, und stellt fest, daß dieser Mann nur Böses mit ihm im Sinn hat. Dann kann er sich weigern, sich mit diesem Mann zu streiten. Wenn er zurückschlägt, wird die Fehde nur weiter fortgesetzt. Die wirksame Methode besteht darin, Feindseligkeit mit Freundlichkeit, Haß mit Liebe zu begegnen und auf diese Weise die böswilligen Absichten des anderen aufzuheben und unschädlich zu machen. Auf diese einfache Weise können Sie die schlimmsten Schläge des persönlichen Karma abwenden.

Schicken Sie deshalb gegen Falschheit Wahrheit ins Feld. Begegnen Sie Selbstsucht mit Nächstenliebe. In Gegenwart von Verdorbenheit strahlen Sie Reinheit aus. Diese ihrem Wesen nach feurigen Handlungen werden die Dämonen verbrennen, die das Karma möglicherweise an Sie heranträgt.

Es ist wahr, daß man nicht direkt in das Karma eingreifen kann, aber Sie können seine Wirkung durch Wissen abschwächen. Wenn Sie das verstehen, dann können Sie die Kraft des Karma benutzen, um Karmafolgen zu bewirken und einmal mehr die Natur durch Gehorsam gegenüber ihren Gesetzen bezwingen.

In dem Maß, wie Ihr Wissen wächst, wird es Ihnen immer leichter fallen, sich vom Karma der Vergangenheit zu befreien. Es wird Ihnen möglich werden, zurückzuschauen und Karmalinien bis zur Gegenwart zu verfolgen, so daß Sie etwas unternehmen können, um unerwünschten Karmafolgen entgegenzuwirken oder sie abzuwenden. Es wird Ihnen ebenfalls möglich werden, nach vorne zu schauen und zu sehen, welche Wirkungen die Handlungen von heute in der Zukunft hervorbringen werden. Mit diesem Ursachenwissen werden Sie in der Lage sein, sich das Gesetz zunutze zu machen und in der Gewißheit seiner Unwandelbarkeit die Wirkungen in der Zukunft hervorzubringen, die Sie wünschen. In der Physik ist es möglich, eine akustische Schwingung durch eine gleichartige Schwingung zu neutralisieren, die vom entgegengesetzten Pol ausgeht. Das Ergebnis ist ein Gleichgewichtszustand oder Stille. In genau der gleichen Weise können Sie beispielsweise die Schwingungen von Haß neutralisieren, indem Sie dagegen Schwingungen der Liebe ins Feld schicken und dadurch einen vielersehnten Gleichgewichtszustand erreichen.

Karma kann auch durch Gedanken verändert werden, durch eine Veränderung Ihrer Anschauung oder geistigen Einstellung. Von diesem Faktor hängt der Erfolg bestimmter Wudupraktiken ab, bei denen durch Suggestion des Obi oder Hexendoktors Kranke gesund oder Gesunde krank gemacht werden. Sie mögen einwenden, daß dies größtenteils eine Folge von Suggestion sei, und es bleibt unbestritten, daß dabei das Unterbewußtsein der beherrschende Faktor ist, aber die Zukunft wird für diese Person eine andere.

Es steht jedoch außer Frage, daß eine entscheidende Tat einen großen Einfluß auf Ihre Zukunft haben kann. Sie können von der Spitze des Empire State Building springen und Ihre Zukunft auf der Stelle beenden. Oder Sie können sich entschließen, sich nicht länger über Kleinigkeiten Sorgen zu machen, und dadurch Ihre Leben um zehn Jahre verlängern. Es sind viele Geschichten über die Vorstellung geschrieben worden, daß die Zukunft in mancher Hinsicht vorherbestimmt ist. Ich erinnere mich an eine Geschichte, in der der

Held drei Wege zur Auswahl vor sich hat. Jeder Weg führt ihn in einen anderen Teil der Welt, und die Ereignisse, die ihn dort erwarten, sind einzigartig und anders als die Ereignisse auf den beiden anderen Wegen. Aber am Ende, an einem bestimmten Tag, der auf allen drei Wegen der gleiche ist, wird er von einem umstürzenden Baum erschlagen.

Diese Vorstellung mag vielleicht in einigen Fällen zutreffen, aber ganz sicher nicht in allen. Bei manchen Menschen gibt es zwei, drei oder vier verschiedene Zeitpunkte, an denen ihr Leben enden kann; dies hängt von den Entscheidungen und Handlungen des Individuums ab. Der Sohn eines New Yorker Rosenkreuzers ist ein typisches Beispiel dafür. Als er noch ziemlich klein war, wurde die Mutter von ihrem Lehrmeister darüber unterrichtet, daß der Junge zwei mögliche Todeszeitpunkte habe, die fünfzehn Jahre auseinanderlagen. An dem früheren Schicksalsdatum sollte er sich auf europäischen Boden befinden. Da er in New York lebte, machte man sich deswegen nur wenig Gedanken. Aber als er einundzwanzig war, traten die Vereinigten Staaten in den Zweiten Weltkrieg ein. Der Sohn besuchte eine Offiziersschule und wurde schon nach acht Monaten nach Frankreich verschifft. Dort wurde er, wie es ihm vorhergesagt worden war, zwei Tage vor seinem zweiundzwanzigsten Geburtstag von der Kugel eines Scharfschützen getroffen und war sofort tot. Sie sehen also, daß der Todeszeitpunkt manchmal davon abhängen kann, wo Sie sich gerade aufhalten.

Ihre geistige Einstellung – die Art und Weise wie Sie sich selbst und Ihre Umwelt sehen – hat einen sehr mächtigen Einfluß auf Ihre Zukunft. Sie können Ihre Zukunft verändern, indem Sie Ihre Einstellung ändern. Manchmal kann man das mit Hilfe eines Kunstgriffs oder, wenn Sie wollen, Tricks erreichen. Als der Komiker Ed Wynn 70 Jahre alt und als Künstler nicht länger gefragt war, benutzte er einen solchen Trick, um eine Veränderung in seiner Zukunft zu bewirken. Es war etwas, das nur ihm einfallen konnte. Halb im Spaß, halb im Ernst verlegte er seinen Geburtstag auf einen Tag, der fünfzehn Jahre und vier Monate später lag als das wirkliche Datum. Anstelle von siebzig Jahren gab er also nur noch fünfundfünfzig zu, feierte seinen Geburtstag an dem neuen Tag und vermittelte durch sein Verhalten in jeder Hinsicht den Eindruck, daß das neue Datum korrekt sei.

Erstaunlicherweise veränderte sich seine ganze Einstellung. Er fühlte sich jünger und verhielt sich jünger. Er hatte neue Ideen für komische Szenen, und schon bald trat er in einer neuen Fernsehshow auf und verdiente mehr Geld als je zuvor. Natürlich war Wynn selbst derjenige, der von diesem Kunstgriff am meisten beeinflußt war. Es gelang ihm, sich selbst davon zu überzeugen, daß er viel jünger war, und er handelte dementsprechend. Sonst ließ sich niemand täuschen. Aber auf Ed Wynn hatte es eine so ausgeprägte Wirkung, daß er sich innerhalb weniger Monate von einem Ehemaligen zu einem Star wandelte. In genau derselben Weise kann eine Veränderung Ihrer geistigen Einstellung Ihre Zukunft verändern.

Solange noch Karmabande vorhanden sind, werden wir zwangsläufig immer wieder in den physischen Körper zurückkehren. Gutes Karma zieht uns genauso erbarmungslos zurück wie schlechtes, und die Kette, die aus unseren Tugenden geschmiedet ist, hält uns ebenso fest wie jene, die aus unseren Untugenden geschaffen wurde. Wir werden erst frei, wenn wir die richtige Methode gelernt haben, und diese liegt nicht in unserem Handeln, sondern in unserem Begehren – oder genauer, in unserem Mangel an Begehren. Solange noch die leiseste Spur von unserem Ego in unseren Handlungen ist, solange wir gut sind, weil wir uns eine Belohnung erhoffen, müssen wir immer wieder hierher zurückkehren, um diese Belohnung zu empfangen. Jede Ursache hat ihre Wirkung, jede Handlung ihre Früchte, und unser Begehren ist das Band, das beides verbindet. Wenn dieses Band zerschnitten und ausgemerzt ist, wird diese Verbindung aufhören und unsere Seele frei sein. Sicher, Sie werden weiter leben und handeln, aber nicht länger um Ihrer selbst willen. Der Gedanke an sich selbst wird dann verschwunden sein, und das Bewußtsein wird allmählich mit dem Größeren Leben verschmelzen.

3. Kapitel

Geburt, Tod und Wiedergeburt

Bisher habe ich Ihnen nur sehr wenige Übungsmethoden mitgeteilt – Übungen, die dazu bestimmt sind, Ihre latenten Fähigkeiten zu entwickeln. Es ist notwendig, daß Sie zuerst sich selbst etwas besser verstehen und mehr über die Welt erfahren, in der Sie leben. Sehr vieles von dem, was uns allen von Kindheit an gelehrt wird und was wir im Heranwachsen wie ein Evangelium akzeptieren, ist nichts als eine romantisierte Darstellung der wirklichen Fakten. Das meint Paulus, wenn er schreibt: „Wir aber sehen nur undeutlich, durch ein dunkles Glas." Er wußte darüber gut Bescheid, denn seine eigene Erkenntnis kam sehr plötzlich, und er konnte sich immer noch deutlich daran erinnern, wie die Dinge ihm vor jenem Tag auf der Straße nach Damaskus erschienen waren. Bei den meisten von uns geschieht dieses Erwachen so allmählich, daß wir uns seiner kaum bewußt werden und erst erkennen, was mit uns geschehen ist, wenn wir unser heutiges Wissen und Verständnis mit dem vor einigen Jahren vergleichen.

Der Stoff der ersten beiden Kapitel und dieses dritten Kapitels gibt in stark gekürzter Form die Lektionen der Rosenkreuzer wieder, die in wöchentlichen Intervallen über einen Zeitraum von fast drei Jahren hinweg erteilt werden. Die Rosenkreuzer vertreten vernünftigerweise die Ansicht, daß es den meisten Menschen außerordentlich schwerfällt, die Mythen und irrigen Auffassungen, die sie sich im Laufe des Heranwachsens angeeignet haben, aufzugeben, und sie gehen deshalb sehr langsam an den Prozeß der Umerziehung heran. Der Umfang und Spielraum dieses Buches lassen eine solche Besonnenheit nicht zu, und ich werde mich also, nachdem ich in diesem Kapitel Geburt und Tod erläutert habe, in den Übungskurs stürzen und hoffe, daß Sie sich genügend Grundlagenwissen angeeignet haben, um daraus Gewinn zu ziehen.

Haben Sie schon andere Leben hinter sich? Werden Sie wieder leben?

Die zwei größten Geheimnisse des Lebens sind die Geburt, sein Anfang, und der Tod, sein Ende. Über die physischen Fakten beider weiß man sehr viel, aber über das bloß Körperliche und Offensichtliche hinaus wissen unsere gelehrtesten Wissenschaftler und Mediziner nur sehr wenig. Es scheint, als herrsche ein abergläubisches Vorurteil dagegen, etwas anderes als die bloß physischen Manifestationen des Lebens zu erforschen. Und doch gibt es für jemand, der sich diesen Aspekten des Lebens mit wachem Verstand zuwendet, so viel zu lernen. Es gibt so viele unbeantwortete Fragen, die nach Beachtung und Erforschung rufen. Was ist das Leben? Doch nicht nur die DNS-Molekülkette, die nicht mehr als nur die mikrophysikalische Manifestation von etwas viel Subtilerem ist. Was bringt Leben, intelligentes Leben, in den Körper des neugeborenen Kindes? Was ist der Tod? Was geschieht, wenn der Atem stillsteht und das Herz zu schlagen aufhört? Was, wenn überhaupt etwas, geht der Geburt voran? Und was geschieht nach dem Tod?

Die Rosenkreuzer wissen und enthüllen sehr viel über diese faszinierenden Themen. Wie Sie bereits gesehen haben, behaupten sie, daß jeder Mensch eine Doppelnatur besitzt, die aus einem physischen Körper besteht, der durch eine intelligente Substanz erfüllt und belebt wird, die man als Seelenpersönlichkeit oder auch einfach als Seele bezeichnet. Der physische Körper wird geboren, lebt und stirbt, aber die Seelenpersönlichkeit besteht durch viele solcher physischen Leben fort, wobei sie sich in jedem Erfahrungen und Wissen aneignet. Sie mögen jetzt vielleicht einwenden: „Wenn ich schon vorher gelebt habe, warum erinnere ich mich nicht daran?" Ich kann Ihnen darauf antworten, daß es wahrscheinlich sehr gut ist, wenn man sich nicht an allzu vieles aus der Vergangenheit erinnert. Wir haben nicht immer wie Heilige gelebt. Es besteht die nicht geringe Möglichkeit, daß vieles von dem, was Sie getan haben, Sie mit Scham und Reue erfüllen würde, und das würde Sie niederdrücken und Ihre gegenwärtige Lebenseinstellung trüben. Tatsächlich erinnern Sie sich ja an einige Dinge. Wir alle tun das. Die Fertigkeiten, die Ihnen leichtfallen, bestimmte Abneigungen und Ängste und das, was man als „instinktives“ Wissen auf Gebieten wie Recht, Medizin, Musik oder Kunst bezeichnet, sind alles Erinnerungen, die Sie aus anderen Leben mitgebracht haben. Würde es Sie überraschen zu erfahren, daß Salomon, Origenes und Akbar drei verschiedene physische Manifestationen der gleichen großen Seelenpersönlichkeit waren?

Heutzutage gibt es so viele aufgezeichnete und gutfundierte Beispiele von Menschen, die sich an ein vergangenes oder mehrere vergangene Leben erinnert haben, daß es kaum noch notwendig erscheint, die Tatsache an sich zu diskutieren. Professor Ian Stevenson von der University of Virginia besitzt eine Sammlung von mehreren Hundert solcher Fälle. Alle Nachrichtendienste wie Associated Press und United Press International haben in ihrem Archiven umfangreiche Unterlagen über dieses Thema, und die meisten bekannten Nachrichtenmagazine haben sich zum einen oder anderen Zeitpunkt mit diesem Thema befaßt. Es ist dabei nicht von verschwommenen Erinnerungen die Rede. In jedem dieser Fälle hatte die betroffene Person eine ganz klare Erinnerung an das Leben, das dem gegenwärtigen vorherging, sah sich selbst als Erwachsene oder Erwachsenen und nicht als Kind, erinnerte sich an Namen und Orte, beschrieb Verwandte und führte die Forscher sogar zu dem Haus und in genau das Zimmer, das sie früher bewohnt hatte – und, wie ich hinzufügen darf, sehr zur Verwunderung des noch lebenden Ehemanns oder Bruders oder der Tochter, wenn diese hörten, wie ein fremdes kleines Kind sie liebevoll ansprach und bei ihren Kosenamen nannte.

Ein bekanntes amerikanisches Magazin brachte kürzlich die Geschichte eines kleinen birmanischen Mädchens, das sich deutlich an zwei ihrer vorangegangenen Leben, beide in derselben Familie, erinnerte. In dieser Familie war die Großmutter väterlicherseits 1948 gestorben. Schätzungsweise acht Monate nach ihrem Tod wurde dem Vater und seiner Frau ein Sohn geboren, ihr erstes Kind. Der Junge war kränklich und starb im Alter von fünf Jahren an Leukämie. Drei Jahre später, 1957, wurde den Eltern ein weiteres Kind, ein Mädchen, geboren. Von dem Tag an, als es sprechen lernte, behauptete es, sowohl der verstorbene ältere Bruder als auch die Großmutter, die 1948 gestorben war, gewesen zu sein. Der Interviewer, der sich mit diesem Fall befaßte, war von der Aufrichtigkeit des Mädchens überzeugt, besonders als es, immer noch ein neunjähriges Kind, sich selbst und ihren Platz in der Familie häufig vergaß und seinen Vater anredete, als ob er wirklich der Sohn wäre. In Birma und in den meisten asiatischen Ländern werden unterschiedliche Anredeformen gebraucht, die sich auf höheres Alter und den Rang innerhalb der Familie beziehen, und deshalb war dieses Benehmen an sich ungewöhnlich. Auch ohne den Gebrauch von Worten wie „Vater", „Mutter" oder „Sohn" geht aus der verwendeten Anredeform bevor, ob ein älterer oder ein jüngerer Verwandter angesprochen wird.

Wiedergeburt – ein Faktum des Daseins

Über dieses Thema ist schon so viel geschrieben worden, was für jedermann leicht zugänglich ist, daß ich mich hier nicht weiter damit beschäftigen möchte. Es soll hier die Feststellung genügen, daß die Mehrheit der Menschen in dieser Welt die Wiedergeburt immer als ein Faktum des Daseins angesehen hat, und daß wir uns in der westlichen Welt jetzt endlich allmählich zu einer Anerkennung dieser Tatsache durchringen. Es gibt jedoch noch eine interessante und dramatische wahre Geschichte, die ich Ihnen nicht vorenthalten möchte.

Anfang der zwanziger Jahre hatte der bekannte Maler und Schriftsteller Nicholas Roerich die Idee, eine Fahne oder ein Symbol zu schaffen, das über allen kulturellen Einrichtungen wehen sollte. Er verfolgte damit einen doppelten Zweck: Erstens den offensichtlichen Zweck, Nationen zu der Übereinkunft zu bewegen, kulturelle Einrichtungen, über denen diese Fahne wehte, nicht zu bombardieren und zu zerstören und auf diese Weise die unschätzbaren Werke der Kunst und Literatur, die diese Einrichtungen beherbergten, zu bewahren.

Zweitens stand der nicht so offensichtliche Gedanke dahinter, daß, wenn sich eine Gruppe von Nationen einigen konnte, auch nur in einem Bereich zusammenzuarbeiten, das gemeinsame Interesse sie zusammenbringen und ein Tor zu einer freundschaftlicheren Beziehung öffnen würde. Roerich entwarf eine Fahne, die drei rote Kreise auf einem weißen Feld zeigte, und begann einen Werbefeldzug, um alle Nationen der Welt dazu zu bewegen, diese Fahne anzunehmen.

Das erwies sich jedoch als keine leichte Aufgabe. Jede Bürokratie lebt von der Paragraphenreiterei, und das traf in besonderem Maß auf die Regierungen im damaligen Europa und Asien zu. In der amerikanischen Hemisphäre hatte Roerich jedoch mehr Erfolg, und da er die Gelegenheit erkannte, alle amerikanischen Republiken durch seinen Plan zusammenzuschließen, bat er eine ebenfalls an kulturellen Dingen interessierte Frau, die mit ihm und seiner Gattin befreundet war, nach Argentinien, Uruguay und Peru zu reisen, die einzigen lateinamerikanischen Nationen Südamerikas, die noch nicht eingewilligt hatten.

Diese junge Frau war eine Persönlichkeit von Charakter, die in ihrem Leben schon Beträchtliches erreicht hatte. Sie war Herausgeberin einer Zeitschrift mit nationaler Verbreitung, Linguistin, Schriftstellerin und Konzertpianistin. Sie war in Neu-Mexiko aufgewachsen, hatte als Kind ein Spanisch sprechendes Kindermädchen gehabt und sprach Spanisch wie eine Mexikanerin oder Südamerikanerin. Wenn sie in lateinamerikanische Länder reiste, wurde sie in der Tat nie für einen „Gringo“ gehalten. Die Leute hielten sie immer für eine Lateinamerikanerin, für eine von ihnen, vielleicht nicht gerade aus dem eigenen Land, aber aus einem nahegelegenen anderen lateinamerikanischen Land. In Mexiko glaubte man, daß sie Venezuelanerin sei, in Argentinien hielt man sie für eine Peruanerin und so weiter. Deshalb war sie sehr gut dafür geeignet, mit den Staatsoberhäuptern der Länder, die sie besuchen sollte, zusammenzutreffen und zu sprechen.

Einige Jahre zuvor hatte ihr Lehrmeister ihr im Rahmen ihrer Ausbildung enthüllt, daß sie in einem früheren Leben Jean-Philippe Rameau gewesen war, ein französischer Musiker des 18. Jahrhunderts, der als Vater bestimmter Musiktheorien angesehen wird, die bis auf den heutigen Tag gültig sind. Sie besaß von Natur aus ein großes musikalisches Wissen und beträchtliches Talent und wollte die Musik zu ihrem Lebensinhalt machen, aber ihr Lehrmeister, der sah, daß ihr bestes Entwicklungspotential in anderen Betätigungsbereichen lag, erzählte ihr von ihrer musikalischen Vorgeschichte und erklärte ihr, daß es nicht ratsam sei, diesen Weg noch einmal zu verfolgen.

Weil die edle Absicht des „Friedensbanner"-Plans sie beeindruckte, nahm sie die Mission an und reiste im Hochsommer 1933 nach London. In jenen Tagen gab es keine direkte Passagierlinie zwischen New York und Buenos Aires, und die beste Reiseroute war über London und von dort mit dem Schiff nach Argentinien. Auf der Überfahrt hatte sie viel Zeit zum Nachdenken, und ihr kamen natürlich viele Zweifel, ob sie fähig sein würde, ein so gewaltiges Vorhaben zu Ende zu bringen, ein Vorhaben, das von unserem Außenministerium bereits aufgegeben worden war. Aber sie entschloß sich, alles zu tun, was in ihrer Macht stand, und dort zu bleiben, bis sie entweder eine Einwilligung oder eine Ablehnung erhalten würde.

Das Schiff legte am 23. September 1933 im Hafen von Buenos Aires an. Stellen Sie sich die Überraschung der jungen Frau vor, als sie nach Verlassen des Piers in die Stadt kam und überall riesige Fahnen und Spruchbänder sah, auf denen der Name RAMEAU zu lesen war! Was für ein erregendes Erlebnis! Später fand sie heraus, daß die Bewohner von Buenos Aires, einer musikliebenden Stadt, den 250. Geburtstag von Rameau feierten, aber sie mußte es einfach als gutes Omen für ihre Mission betrachten. Zufall – vielleicht. Aber es gab ihr Selbstvertrauen und stärkte ihre Entschlossenheit, so daß sie erfolgreich war, und nicht lange danach unterzeichneten alle einundzwanig amerikanischen Republiken, einschließlich der Vereinigten Staaten, das Abkommen über das Friedensbanner.

Vor der Geburt – die Seelenpersönlichkeit wählt ihr zukünftiges Leben

Jetzt wollen wir uns weiter mit der Geburt beschäftigen. Bevor die Seelenpersönlichkeit überhaupt einem bestimmten physischen Körper zugewiesen oder von ihm angezogen wird und bevor dieser Körper geboren wird, hat sie das Privileg, die Möglichkeiten, die das kommende Leben ihr bieten kann, an sich vorbeiziehen zu lassen. Jedes Leben bietet bestimmte Möglichkeiten zur Entfaltung, zum Lernen, zur Bewußtseinserweiterung, zum Abbau vergangenen Karmas und zur stetigen Annäherung an den angemessenen und vollkommenen Ausdruck jenes besonderen Gottwesens, das die Seele vor ihrer allerersten Inkarnation in einem physischen Körper ausgewählt hat. Jeder von uns arbeitet auf einen bestimmten Aspekt der Vollkommenheit hin, eine bestimmte Schönheit, von der wir in der Aura Gottes Selbst einen flüchtigen Blick erhascht haben und die wir hier auf der Erde immer zu erschaffen trachten. Unsere vielen Leben hier auf diesem Planeten sind Zeugnis für die Schwierigkeit dieser Aufgabe, an die wir uns vor so vielen, vielen Jahren gemacht haben. Um dieses Ziel zu erreichen, baten wir um die Erlaubnis, bestimmte Energien zu nutzen, das Rohmaterial, mit dem wir arbeiten, und uns wurden diese Energien unter der Bedingung gewährt, daß wir sie in genauso reinen Zustand zurückgeben, wie wir sie erhalten haben. Zu unserer Schmach und unserem Unglück haben wir uns von unserem ursprünglichen höchst ehrenwerten Vorhaben ablenken lassen und dabei die von uns entliehenen Energien verdorben, verändert und befleckt.

Heute haben Sie sich auf den Weg zurück zum Schöpfer gemacht. Sie fangen an, die Fehler, die Sie begangen haben, zu korrigieren und die Energie, die Sie verwandelt und verändert haben, wiederherzustellen. Ich bin überzeugt, daß es Ihre Absicht ist, diese Schuld zu bezahlen und die Fäden, die Sie zerrissen haben, wieder zusammenzuknüpfen. Aber wie wir alle benutzen Sie notwendigerweise weiterhin psychische Energie. Mit jedem Atemzug nehmen wie in unseren Körper und unsere Aura frische, saubere, reine, unbefleckte Energie in uns auf, in der Absicht, sie selbstlos und unpersönlich einzusetzen. Aber wie Sie wissen, machen Sie auch jetzt trotz der besten Absichten häufig Fehler und schaffen neue Probleme durch den Mißbrauch dieser Energie.

Das scheint ein Kreis ohne Ende zu sein, ein Labyrinth, aus dem wir uns niemals befreien können. Und wir könnten es tatsächlich nicht, wenn wir nicht Hilfe von Wesen erhalten würden, die fortgeschrittener sind als wir und in selbstaufopfernder Weise ihre Zeit und Lebensenergie dieser Aufgabe widmen. So wird jedem von uns die Möglichkeit gegeben, bevor er einen physischen Körper beseelt, verschiedene mögliche zukünftige Leben zu überblicken, von denen jedes bestimmte Betätigungsrichtungen und bestimmte Möglichkeiten zur Rückzahlung unserer Schulden bietet. Eine fortgeschrittene Seele wird gewöhnlich das schwierigste und nicht das leichteste Dasein auswählen. Das liegt daran, daß gemäß ihrer Anschauungsweise in der geistigen Sphäre das vorrangige Ziel darin besteht, so schnell wie möglich Schuld abzutragen und sich von Verpflichtungen zu befreien. Aber gewöhnlich wird das nicht zugelassen, denn es besteht immer die Gefahr, daß sich die Bürde für die physisch-emotionale Natur als zu schwer erweist und zu einem Zusammenbruch führt, der mehr Schaden als Gutes anrichtet. „Der Wind muß für das geschorene Lamm gemildert werden."

Natürlich nimmt nicht jede Seelenpersönlichkeit diese asketische Haltung ein. In der Tat versuchen nur wenige, diesen spartanischen Weg zu gehen. Die meisten streben nur danach, bei der ersten Gelegenheit wiedergeboren zu werden, ohne sich darum zu kümmern, welche Möglichkeiten sie erwarten. Ihr einziges Verlangen besteht darin, wieder in einen physischen Körper zu gelangen, nicht, um vielleicht Vervollkommnung zu erzielen, sondern um einmal mehr die leidenschaftlichen Gefühle der Freude wie des Schmerzes zu erfahren, die alles Leben auf der physischen Ebene begleiten. Wieder andere, allerdings nur eine geringe Zahl, neigen dazu, vor dem Physischen zurückzuschrecken und zu lange in der psychischen Sphäre zu verweilen. Diese werden schließlich zu ihrem eigenen Besten zu einer Wiedergeburt gezwungen, aber ohne daß sie bei der Wahl der Zeit, des Ortes und der familiären Umgebung mitentscheiden dürfen. Aber ich glaube, ich kann Ihnen versichern, daß allein die Tatsache, daß Sie jetzt diese Worte lesen, ein Anzeichen dafür ist, daß Ihre geistige Entwicklung derart ist, daß Sie den Körper, den Sie jetzt besitzen, die Möglichkeiten, die sich bieten, und das Leben, das Sie jetzt führen, selbst ausgewählt haben. Und zudem schaffen und verwandeln Sie Ihr Leben gerade jetzt mit jedem neuen Tag. Sie mögen sich dessen bewußt sein oder auch handeln, ohne voll zu erkennen, woher Ihre Zwänge stammen, aber die Möglichkeit ist sehr groß, daß Sie Ihren Lebensstrom und Ihre Lebensmöglichkeiten wenigstens einmal seit Ihrer Geburt verändert haben. Dies trifft für jeden zu, der daran interessiert ist, mehr über den Körper und über die Verbesserung des eigenen Erkenntnisvermögens zu lernen. Wenn Sie sich dem Gedanken der Selbstentfaltung und Bewußtseinserweiterung widmen, dann gibt das Ihrem Leben eine neue Wendung, damit sich Ihnen neue Möglichkeiten bieten, um sich allmählich von altem Karma zu lösen und Türen zu einem neuen Verständnis des Lebens und seines Schöpfers aufzustoßen. Die meisten von Ihnen, die dies lesen, haben das wenigstens einmal, manche auch zwei- oder dreimal getan.

Jesus bezog sich darauf mit den Worten: „Ihr müßt von Wasser und Heiligem Geist neugeboren werden." Die christlichen Kirchen symbolisieren dies in dem Sakrament der Taufe, wobei sie Wasser verwenden und die Kraft des Heiligen Geistes erflehen. Aber Sie haben dieses Wunder selbst vollbracht und können es wieder tun. Erforderlich ist dazu das Einschlagen einer neuen Richtung, sozusagen eine Neuwidmung, die auf Ihrer Seite eine Entscheidung voraussetzt.

Wie wir gesehen haben, steht die Seele einer entwickelten Persönlichkeit, wie Sie es sind, bei der Geburt vor der Notwendigkeit, eines von verschiedenen möglichen Leben zu wählen. Möglicherweise ist keines davon Ihren Bedürfnissen oder Ihrer vorangegangenen Entwicklung vollkommen angemessen. Es gibt zu wenig wohlausgewogene Ehen, die wohlausgewogene Körper hervorbringen, und manchmal wird eine hoch entwickelte Seele gezwungen sein, einen Körper anzunehmen, der unter der Gewalt von Energien, die zu ertragen er nicht ausgerüstet ist, ausbrennen und zusammenbrechen wird. Wie ich bereits gesagt habe, wird die fortgeschrittene Seele in ihrem Diensteifer dieses Risiko freudig auf sich nehmen, aber manchmal wird das nicht zugelassen und sie wird in ein beschränkteres Leben versetzt, eins, das mehr Erfolgsmöglichkeiten bietet. Schließlich entscheidet sich die Seelenpersönlichkeit also für eine bestimmte Zukunft und wird daraufhin von dem physischen Embryo angezogen, der die Seele in diese Zukunft führen wird.

Diese Seele wird nun die Mutter umschweben und versuchen, sie zu leiten und zu schützen, bis das Kind geboren ist. Bei der Geburt dringt die Seele mit dem ersten Atemzug des Kindes in den Körper ein, und aus dem neugeborenen Kind wird eine Persönlichkeit – eine lebende Seele. Wordsworth sagt, daß sie „Wolken der himmlischen Herrlichkeit hinter sich herzieht", und in der Tat kann man auf den Gesichtern ganz kleiner Kinder häufig einen Frieden und eine Heiterkeit sehen, die ein mächtiger Einfluß zu bewirken scheint. Während der ersten Wochen bewahrt die Seelenpersönlichkeit eine gute Erinnerung an ihr Leben in der psychischen Welt und an die Ereignisse, die zu ihrer Geburt in dem neuen Körper geführt haben. Aber der neue physische Körper ist fremd und reagiert nicht. Er versucht zu sprechen, doch es kommen nur seltsame Laute von seinen Lippen. Er hört, erkennt aber keinen Sinn. Er sieht, aber die Augen sind noch nicht unter Kontrolle, meistens sehen sie unscharf, und wenn sie sich einmal zufällig direkt auf ein Objekt konzentrieren, dann sind dessen Größe und Dimensionen ohne Beziehung zum Tastsinn und bleiben bedeutungslos. Also gleitet der neugeborene Mensch, nachdem er sich einige Wochen lang abgemüht hat, seinen neuen Körper zu begreifen, schließlich in den Traumzustand des Säuglingsalters ab und taucht erst nach ungefähr einem Jahr allmählich als eine neue Persönlichkeit daraus auf.

Die darauffolgende Lebenszeit bietet die Gelegenheit, Schulden abzutragen, die man in vorangegangenen Leben auf sich geladen hat, und gibt anderen die Möglichkeit, die Hilfe, die man ihnen geleistet hat, zu vergelten. Die Schulden müssen auf der Ebene zurückgezahlt und die Energie auf der Ebene gereinigt werden, auf der ursprünglich die falsche Verwendung erfolgt ist. Also muß physische Gewalt aus der Vergangenheit durch physisches Leiden ausgeglichen werden, eine Gefühlsverwirrung wie Haß muß durch Liebe und geistige Verirrungen wie Eitelkeit oder Stolz müssen durch Demut ausgeglichen werden. Auf diese Weise wird die Energie, die der ringenden Seele geliehen wurde, gereinigt und ihrer göttlichen Quelle zurückgegeben und das Individuum von jeder weiteren Notwendigkeit befreit, sich noch einmal der äußerlichen Manifestation dieser Form von Energie zu stellen und sich mit ihr auseinanderzusetzen. So befreien wir uns allmählich von den Banden, die uns an dieses körperliche Dasein fesseln. Wenn schließlich die letzte Schuld bezahlt und der letzte Rest Energie gereinigt ist, dann sind wir frei, diesen Planeten zu verlassen und nie wieder zurückzukehren. Wir brauchen dann nie wieder in einem physischen Körper wiedergeboren zu werden. Einige werden diese Gelegenheit nutzen und in andere Welten weiterziehen; einige wenige, das Beispiel der uneigennützigen Hilfe und des selbstlosen Dienstes der Großen Mahatmas dieses Planeten frisch vor Augen, werden sich entscheiden, hier zu bleiben und ihren Schwestern und Brüdern in ihrem mühseligen Kampf beizustehen. Diese Arbeit kann entweder in einem physischen Körper oder von der ätherischen Ebene aus ohne physische Entsprechung geleistet werden.

Aber trotz aller edlen Vorsätze und guten Absichten der Seelenpersönlichkeit vor der Geburt ist die körperliche Hülle leider oftmals schwach und kann den von der Seele gesetzten Normen nicht gerecht werden. Deshalb wird frische, neue Energie erbeten und gewährt und unglücklicherweise häufig mißbraucht, so daß am Ende der Lebensspanne nur wenig Fortschritt erzielt wurde. Das aber bedeutet für die Seelenpersönlichkeit ein weiterer Kreislauf von Tod, Lernen und Wiedergeburt.

Was im Tod geschieht

Im Tod fallen die meisten Menschen in einen tiefen Schlaf, der höchst erholsam ist und es ihnen ermöglicht, viele der Unannehmlichkeiten und Anstrengungen des Lebens zu vergessen. Wesenheiten niederer Ordnung bewahren gewöhnlich ihr Bewußtsein und kämpfen darum, so schnell wie möglich wieder in einen physischen Körper zurückzukehren. Der fortgeschrittene Schüler hingegen wird bei vollem Bewußtsein von der irdischen Ebene in höhere Sphären aufsteigen. Tatsächlich befinden sich die Seelen, wenn sie das Übergangsstadium durchlaufen, in unterschiedlichen Bewußtseinszuständen. Eine hochentwickelte Seele, der bewußte Chela eines Lehrmeisters und der fortgeschrittene Schüler gleiten bei vollkommen wachem

Bewußtsein hinüber und werden gewöhnlich von ihrem eigenen Lehrmeister oder einem erhabenen Wesen empfangen, die von Gott gesandt wurden, um ihnen beizustehen. Diese Seelen sind eifrig darauf bedacht, sofort vor dem sogenannten Rat des Urteils zu erscheinen, und häufig dürfen diese Chelas und ihre Paten das innerhalb von nur zwölf Stunden nach dem Übergang tun. Dies ist kein Urteil in dem Sinn, daß das Leben als Erfolg oder Mißerfolg bewertet und entsprechend Lohn oder Strafe zugemessen wird. Nichts dergleichen. Dieser Rat besteht aus mindestens drei (und manchmal mehr) hochentwickelten Wesenheiten mit einem computerähnlichen Verstand, der jeden einzelnen Gedanken, jedes Gefühl und jede Handlung des Lebens, mögen sie auch noch so klein und unbedeutend sein, abschätzt und bewertet. Auf Grund dieser Beurteilung wird dann über die zukünftige Ausbildung und Unterweisung der Seele, ihren Ort, ihre Art und ihre Dauer entschieden. Der fortgeschrittenen Seele liegt sehr viel daran, dies zu erfahren – daher auch ihr Eifer, so schnell wie möglich zu ihrer Bewertung zu erscheinen.

Den meisten Seelen werden jedoch nach Verlassen des Körpers sozusagen „geistige Ferien“ gewährt, eine Befreiung und Erholung von den Zwängen des Lebens. Dem durchschnittlichen Individuum, das eine Wiedervereinigung mit verstorbenen Familienmitgliedern und Freunden erhofft, wird Gelegenheit gegeben, diese geliebten Wesen eine bestimmte Zeit lang zu besuchen, um Freundschaften zu erneuern und das Glück zu genießen, das zu erwarten man es gelehrt hat. Einige erwartet jedoch eine große Überraschung. Die von sich selbst überzeugten Frömmler, die sich selbst als Ausbund von Tugend sehen, erwarten, wenn sie erkennen, daß sie tot sind, daß sie, begleitet von Trommeln und Trompeten, an eine glorreiche Stätte des Lichts geleitet werden. Wenn sie dann entdecken, daß sich ihre Stellung gar nicht oder nur wenig von ihrer vorherigen unterscheidet, und daß niemand ihnen besondere Beachtung schenkt, außer daß man sie vielleicht bemitleidet, so empfinden sie tatsächlich Groll. Ich gehe auf diesen Typ näher ein, weil er sehr zahlreich vertreten ist und weil diese Menschen selbst und die meisten ihrer Angehörigen und Freunde selbstverständlich erwarten, daß sie, sofort nachdem sie gestorben sind, in großer Pracht vor den Thron Gottes geleitet werden. Ein moralisch schwacher oder offen böser Mensch beurteilt sich selbst gewöhnlich ziemlich scharfsichtig und ist auf irgendeine Art von Strafe oder Verweis vorbereitet, aber diejenigen, die sich für Heilige auf Erden halten, erwarten eine Belohnung. Zu Lebzeiten kritisieren diese Menschen andere oft in Gedanken und manchmal auch laut. Zusammen mit ihrer zufriedenen Selbstgefälligkeit schafft dies um sie herum eine glanzlose Hülle, die mit dem geistigen Auge betrachtet schäbig wirkt und ihnen auch nach dem Tode anhaftet. Einfache Menschen, in deren Herzen Liebe wohnt, leuchten strahlend, und der Gegensatz ist sofort erkennbar.

Die meisten Menschen habe eine irrige Vorstellung davon, was eine gute Tat und einen verdienstvollen Gedanken ausmacht. Sie lassen sich von den äußerlichen Zeichen der Tugend beeindrucken und nehmen an, daß sie ein angemessenes Leben geführt haben werden, wenn sie sich als „gute, gottesfürchtige Menschen" geben. Mit anderen Worten, sie beschäftigen sich mehr mit dem Bild, das sie nach außen bieten, und damit, was die anderen Leute von ihnen denken, als mit ihrem eigenen Fortschritt.

Sie müssen lernen, sich selbst klar zu sehen, nicht mit den Augen anderer oder mit ihrem eigenen, verzerrten Sehvermögen, sondern mit den Augen Ihrer Seele. Die größte Sorge Ihrer Seele besteht möglicherweise derzeit darin, daß Sie vermeiden, andere und sich selbst zu verletzen. Sie können durch Gedanken und Gefühle genauso verletzen wie durch physische Handlungen, wahrscheinlich sogar noch mehr. Wenn Sie in diesem Leben Harmlosigkeit, wahre Harmlosigkeit, erlangen können, dann werden Sie nicht umsonst gelebt haben.

Wie bereits angedeutet wurde, tritt der Rat des Urteils nicht zusammen, um Bestrafung zuzumessen. Diese irrige Annahme ist durch bestimmte organisierte Religionen geschaffen worden, die lehren, daß sich jeder Mensch nach dem Tod dem göttlichen Gericht stellen muß und dann entweder in den Himmel oder in die Hölle geschickt wird. Nichts könnte irriger sein. Der Hauptgedanke und die Absicht dieses Rates besteht darin, einen Weg zu finden, durch den jeder Seele die größtmögliche Gelegenheit gegeben wird, ihre Schuld an das Leben auszugleichen und zu lernen, die Energie so zu kontrollieren, daß sie ihre Entfaltung vollenden kann. Die schlimmste Erfahrung einer frisch verstorbenen Seele, und die Erfahrung, die der Hölle der religiösen Lehren vielleicht am nächsten kommt, ist das Gefühl der Reue und des Bedauerns, das sie empfindet, wenn sie in der Freiheit des ätherischen Körpers dasteht und auf das zurückblickt, was sie hätte erreichen können und doch nicht erreicht hat.

Dieser Rat handelt stets zum Wohl des Individuums und im besten Interesse der gesamten menschlichen Entwicklung. Nachdem die fortgeschrittene Seele und der Rat zusammen das soeben vergangene Leben untersucht und bewertet haben, wie nahe es an die Erfüllung der vor der Geburt gemachten Pläne und Versprechungen herangekommen ist, gelangt man gemeinsam zu einer Entscheidung. Gewöhnlich ist die Entscheidung der Seele viel zu streng und muß durch die Gnade und die Weitsicht des Rates gemäßigt werden. Die Seele macht sich dann auf geistiger Ebene daran, soviel wie möglich von ihrem Karma in der Astralwelt zu sühnen. Das hat nichts Schmerzhaftes an sich. Für den Emporstrebenden ist es ein freudevoller Dienst, der ihm ein Gefühl der Erfüllung gibt. Doch ist genau dies das Stadium, das manche Religionen als Fegefeuer bezeichnen. Viele halten es für eine Stätte der Bestrafung, doch das Gegenteil ist der Wahrheit näher.

Das Vorangegangene bezieht sich auf die fortgeschrittene Seele, den freundlich empfangenen Chela oder Jünger. Wenn ein Durchschnittsmensch das Übergangsstadium passiert, wird ihm gewöhnlich eine bestimmte Zeit der Ruhe gewährt, und in dieser Periode der Anpassung wird ihm der Kontakt mit geliebten Wesen, mit Vater, Mutter, Ehefrau oder Ehemann, die vor ihm hinübergegangen sind, erlaubt. Sie klären ihn über das „neue“ Milieu auf, helfen ihm sein Verständnis und seine Anpassung zu erreichen. Wenn er bereit ist, und das ist manchmal erst nach Verlauf von vielen Jahren der Fall, wird er vor den Rat des Urteils gerufen. Gewöhnlich folgt er diesem Ruf sofort, aber er muß nicht. Das ist eine Sache der individuellen Entscheidung. Manche ziehen es vor, in dem Traumzustand der Astralsphäre zu verweilen und lehnen es ab, sich der Realität zukünftiger Notwendigkeit und Entfaltung zu stellen. So verzögern sie ihre eigene Entwicklung, bis schließlich der Zeitpunkt kommt, an dem sie der Freuden, die sie sich selbst geschaffen haben, überdrüssig sind.

Geht man die Stufenordnung noch weiter hinunter, dann trifft man auf diejenigen, die davon überzeugt sind, daß es kein Dasein nach dem Tod gibt, und die sich weigern, dies anzuerkennen. Diese und bestimmte träge gesinnte Menschen fallen mit dem Tod in einen tiefen Schlaf, der sehr lange währen kann, manchmal mehrere hundert Jahre. Sie sind sich nicht bewußt, daß diese Zeit verstreicht, aber während der ganzen Zeit wirkt ein läuternder und nährender Prozeß auf sie ein. Sie erwachen schließlich erholt und sind viel eher bereit, die notwendigen Schritte zu unternehmen, die zu ihrer eigenen Entwicklung führen.

Noch weiter unten auf der Stufenordnung befinden sich diejenigen Seelen, die erdgebunden sind. Das sind Individuen mit einer so starken Liebe zu Erdendingen oder Erdenmenschen oder einem so mächtigen Haß darauf, daß sie gegen den Tod ankämpfen und sich sogar nach dem Tod weigern zu glauben, daß sie nicht mehr am Leben sind. Sie klammern sich an Menschen oder Dinge, die sie lieben oder hassen, und leben von der Lebenskraft und dem Magnetismus lebender Menschen. Vertreter dieser Art neigen dazu, ziemlich leichtfertig bei der ersten Gelegenheit, die sich ihnen bietet, wiedergeboren zu werden, und schaffen sich auf diese Weise ein weiteres chaotisches Dasein.

An dieser Stelle ist vielleicht ein Fall von Interesse, der vor einigen Jahren meine Aufmerksamkeit erregte. Ich hatte diesen Mann zu seinen Lebzeiten gekannt. Er war charmant und gutaussehend und nutzte diese Eigenschaften zu seinem Vorteil aus. Er besaß jedoch auch einen scharfen Verstand und war schon in relativ jungen Jahren ein recht erfolgreicher Geschäftsmann geworden. Aber er liebte das Nachtleben und leichtlebige Gesellschaft und hatte es geschafft, sich einen Ruf als Playboy zu erwerben. Als die Vereinigten Staaten 1941 in den Zweiten Weltkrieg eintraten, trat er seinen Dienst als Offizier in der Marine an und gehörte zu den ersten amerikanischen Kriegsopfern, als sein Schiff Anfang 1942 torpediert wurde und sank. Ungefähr um die Zeit, als die Nachricht von seinem Tod veröffentlicht wurde, begegnete ich ihm in der Astralsphäre. Er gehörte zu einer Gesellschaft in einem Nachtclub, ein sehr wirklich erscheinendes Geschöpf seines eigenen Wunschdenkens, und hatte keine Ahnung, daß er im physischen Sinn bereits tot war. Von da ab war es mir erlaubt, ihn ein oder zweimal im Monat zu sehen. Jedesmal trank und tanzte, scherzte und flirtete er in leichtlebiger Gesellschaft, vollkommen überzeugt, daß die Orte und die Leute wirklich seien und er sich immer noch unter den sogenannten Lebenden befand.

Dort nach ungefähr drei Jahren begann er nachzudenken. Hin und wieder bemerkte er jetzt meine Anwesenheit, was er zuerst nicht getan hatte, und dann warf er mir einen ängstlichen, besorgten Blick zu. Es war offensichtlich, daß er unglücklich war, also erbat ich Hilfe für ihn, und sie wurde gewährt. Ich fand ihn wie gewöhnlich in einem eleganten Nachtclub vor. Er saß allein an einem Tisch, auf dem halbleere Gläser und die üblichen Überreste eines langen Abends standen. Als ich ihn ansprach, schien er benommen, und es war schwierig, seine Aufmerksamkeit zu erringen. Obwohl es in der Astralsphäre so etwas wie Trunkenheit nicht gibt, schien er in dem apathischen Zustand eines Mannes zu sein, der über eine lange Zeit sehr viel getrunken hat. Es gelang mir schließlich, ihn aus diesem Zustand zu erwecken, und er sah mich direkt an und rief meinen Namen.

Ich sagte: „Steve, ich möchte Ihnen helfen. Wissen Sie, daß Sie tot sind?"

Benommen nickte er langsam und antwortete: „Ich denke mir das seit einiger Zeit. Aber ich scheine nicht tot zu sein. Es hat sich kaum etwas geändert. Ich bin so verwirrt."

„Ich verstehe, Steve. Sie glauben, daß das alles nur ein schlechter Traum ist und daß Sie bald aufwachen und sich mit einem dicken Katzenjammer im Bett vorfinden werden."

Sein Gesicht hellte sich auf. „Ja genau, das ist es. Aber wenn ich wirklich tot bin, was soll ich dann tun? Es scheint irgendwie nicht richtig zu sein, einfach so weiterzumachen."

Also sagte ich ihm, wozu man mich bevollmächtigt hatte. „Sie müssen eine Entscheidung treffen. Es liegt ganz bei Ihnen. Sie haben das Dasein noch einmal gelebt, das Ihnen am reizvollsten erschien, und bis jetzt haben Sie es anscheinend jedem anderen Dasein vorgezogen. Wenn Sie wirklich aus diesem Wiederholungsschema heraus wollen, wenn Sie etwas Besseres tun und sich selbst einen Wert geben wollen, dann können Sie das durch einen Willensakt tun, indem Sie eine Entscheidung, eine ehrliche Entscheidung, treffen. Dann werden sich Möglichkeiten vor Ihnen entfalten."

Er nickte zum Zeichen, daß er verstanden hatte, und verschwand dann vollkommen, während sich der Raum langsam auflöste. Ich habe ihn nie wiedergesehen. Es war nicht mehr notwendig.

Die Ereignisse nach dem Übergang sind für jedes Individuum verschieden und hängen von dem Bewußtseinsstand und von der vorausgehenden Ausbildung ab. Einige steigen in höhere Sphären auf und genießen einen ekstatischen Glückszustand, während sie dort studieren und weiter unterwiesen werden. Einige leben in Umgebungen, die sie sich erträumt haben, Geschöpfe ihres Wunschdenkens, solange sie noch am Leben waren. Das kann ein Blockhaus im Wald, ein Zuhause auf einer schönen Farm oder ein Ferienhaus am Meer sein – mit anderen Worten, ein selbstgeschaffenes Paradies. Aber selbst das verliert seinen Reiz, und nach einer gewissen Zeit streben auch sie gewöhnlich nach Höherem. Einige hassen den Tod und wehren sich, die Vorstellung zu akzeptieren. Mit allen ihnen zur Verfügung stehenden Mitteln versuchen sie, auf der Erdenebene zu bleiben und an dem physischen Leben anderer teilzuhaben. Sie haben nur den einen Gedanken, so schnell sie können in einem anderen Körper wiedergeboren zu werden. Gelegentlich gelingt ihnen das, und sie bringen den Eltern Kummer und sich selbst noch größere Schwierigkeiten. Manchmal werden diese Leben in einem jungen Alter abgeschnitten, ein Gnadenakt, und das erklärt gewisse unerklärliche Todesfälle bei Säuglingen und Kindern. Schließlich stehen alle wieder vor der Notwendigkeit der Wiedergeburt, und der Prozeß beginnt von neuem. Zwischen den Wiedergeburten wird die Seelenpersönlichkeit gehegt, unterwiesen und verbessert, so daß sie sich bei der Geburt in einem relativ hohen Schwingungszustand befindet und zu Großem fähig ist. Sicher haben sie schon bemerkt, daß Kinder im Durchschnitt einen ziemlich reinen Charakter besitzen. Erst im Laufe des Heranwachsens, wenn sie dem schlechten Beispiel der Älteren und den vielen Versuchungen, die ihren Weg kreuzen, ausgesetzt sind, verschieben sich ihre Maßstäbe und ihr Charakter und ihre Fähigkeiten degenerieren.

Ich beschwöre Sie deshalb, Kinder zu beschützen – Ihre Kinder, alle Kinder. Behüten Sie sie in der Abgeschirmtheit Ihres Heims ebenso wie in der Öffentlichkeit: in Schulen, auf Spielplätzen und an anderen Treffpunkten, wo Kinder zusammenkommen. Solange sie jung sind, sind sie in hohem Maße telepathisch und reagieren höchst sensibel auf jeden Gedanken und jedes Gefühl der ihnen Nahestehenden. In vielen Fällen sind diese Reaktionen richtiger und tiefsitzender als diejenigen, die Sie ihnen mit Worten aufnötigen. Es ist deshalb gut, wenn Sie in der Nähe von Kindern Ihre Gedanken im Zaum halten und Ihre Gefühle mäßigen. Umgeben Sie die Kinder mit Liebe und verhelfen Sie ihnen zu Vertrauen zu Ihnen und sich selbst, dann werden sie wie Blumen in der Sonne zu starken und schönen Persönlichkeiten heranwachsen.

Haben Sie schon einmal bemerkt, daß das zweite Kind in einer Familie nicht so schnell sprechen lernt wie das erste? Man würde eigentlich das Umgekehrte erwarten. Die Erklärung liegt darin, daß für das zweite Kind nicht die gleiche Notwendigkeit zum Sprechen besteht. Der ältere Bruder oder die ältere Schwester kennt seine Wünsche und Bedürfnisse und gibt sie an die Eltern weiter. „Sissy möchte, daß du sie auf den Arm nimmst“, wird das ältere Kind etwa erklären, oder: „Jo-jo möchte seinen Ball.“ Die Laute, die das Baby hervorbringt, sind für den Erwachsenen unverständlich, aber ein nicht viel älteres Kleinkind kann sie sehr leicht verstehen. Das ist telepathische Einstimmung.

Gewöhnlich ist die Verbindung zwischen einer Mutter und ihrem kleinen Kind sehr stark. Unglücklicherweise erkennen viele Mütter, die in telepathischer Weise auf die Bedürfnisse ihrer Kinder reagieren, nur selten, daß das Kind umgekehrt auch auf die Emotionen des Erwachsenen reagiert. Oft kann man beobachten, daß Mütter ihre törichten Ängste auf ihre Kinder übertragen – Angst vor Schlangen, vor Gewittern, vor Einbrechern, ja sogar Angst vor der Dunkelheit. Die Psychiater wissen, daß viele der unvernünftigen Ängste und

Vorurteile, die wir hegen, von unseren älteren Angehörigen in unser Bewußtsein eingepflanzt worden sind, als wir Säuglinge oder Kleinkinder waren. Sie sind verwurzelt und nur äußerst schwer wieder auszumerzen, und sie erklären viele seltsame Dinge, die Leute tun, ohne daß sie den Grund wissen.

Wie man frühere Leben ins Gedächtnis zurückruft

Den Rosenkreuzern wird gelehrt, wie sie vergangene Leben ins Gedächtnis zurückrufen können. Kein vorheriges Leben kommt jemals in allen Einzelheiten zurück, genausowenig wie Sie sich an alle Einzelheiten Ihres gegenwärtigen Lebens erinnern können. Aber bestimmte Ereignisse, die einen besonderen Eindruck hinterließen oder eine Bedeutung für das gegenwärtige Leben haben, fallen einem häufig wieder ein. Einem Mitglied ist es gelungen, sich an viele vorangegangene Leben zu erinnern. Einige dieser Erinnerungen sind vielleicht für Sie von Interesse, und ich gebe sie deshalb mit seinen Worten wieder.

„Diese Lebenseindrücke liegen zeitlich weit zurück. Der früheste stammt, soweit ich es ausmachen kann, aus einer Zeit, als ich zu einem ziemlich primitiven Menschenstamm gehörte. Es ist eine nächtliche Szene. Es war ziemlich dunkel, und das einzige Licht rührte von Fackeln, die fast genauso viel Rauch wie Licht gaben. In dem schwachen Lichtschein nahm ich dreißig oder vierzig Männer in meiner Nähe wahr, aber ich war mir sicher, daß noch mehr da waren. Es herrschte große Erregung und auch eine gewisse Jubelstimmung. Anscheinend hatten wir einen Sieg errungen, irgendeinen sehr wichtigen Sieg, und wir kehrten gerade in einem Triumphmarsch zurück. Ich fühlte mich sehr stark und behende und sprang auf und ab, wobei ich einen langen hölzernen Speer schwenkte. Wie die anderen war ich vollkommen nackt."

Dieses Mitglied versuchte, seine Erfahrungen in irgendeine Art von chronologischer Ordnung zu bringen. Es besteht keine Gewißheit über die Richtigkeit, denn der Betreffende hat niemals einen Kalender gesehen. Die Erfahrungen traten nicht in dieser Reihenfolge auf, so daß er seine Schlußfolgerungen aus der Kleidung und den Umständen zog.

„Diese zweite Erfahrung ist schwierig einzuordnen, aber ich glaube, daß sie weit in der Zeit zurückliegt. Ich stand in einem kleinen Raum mit Steinmauern. Hinter der Tür lag ein viel größerer Raum, in dem sehr viele Menschen versammelt waren. Nachdem gedämpften Stimmengewirr und dem Rascheln der Kleider zu urteilen, war es eine große Versammlung. Zwei Personen mit orientalischem Aussehen kleideten mich an. Die eine war ein Mann von ungefähr sechzig, klein und drahtig, mit einem runzligen Gesicht und kurzgeschorenem grauen Haar. Die andere war eine kleine, dunkle, ziemlich rundliche Frau. Sie hoben ein einteiliges weißes Gewand hoch und streiften es mir über den Kopf. Es schien so etwas ähnliches wie eine weiße Röhre aus Baumwolle oder Seide aus ziemlich leichtem Material zu sein, die bis zum Boden reichte, mit Öffnungen für den Kopf und die Arme. Der Mann legte mir dann ein stolenartiges Kleidungsstück um den Hals, so daß die Enden vorne über meiner Brust herunterhingen. Es war aus reichbestickter Seide. Die Frau brachte eine lange Goldkette, die sie mir um die Taille band. An beiden Enden der Kette war ein ausgefallen gearbeitetes goldenes Dreieck, und diese wurden als Schnallen benutzt, um die Kette eng um meine Taille zu halten. Dann traten die beiden zurück und musterten mich sorgfältig. Als sie mit dem, was sie sahen, offensichtlich zufrieden waren, brachte der Mann eine reichverzierte Stange oder Röhre aus getriebenem Metall mit herzförmigen Ausbuchtungen an beiden Enden. Er gab sie mir in die rechte Hand und sagte: „Jetzt bist du bereit.“ Bei diesen Worten drehte ich mich um und starrte durch die Öffnung der Tür in den größeren Raum, und damit endete dieses Erlebnis.“

„Das Leben, das mir am kostbarsten ist und zu dem ich in der Erinnerung sehr oft zurückkehre, war ein sehr schlichtes Leben. Anscheinend war ich ein Mönch oder irgendeine andere Art geistlicher Persönlichkeit. Alle Szenen aus diesem Leben, und es sind sehr viele gewesen, ereignen sich an demselben Ort, einen kleinen Raum, der auf das Meer hinausgeht. Manchmal ist es Morgen, manchmal später

Nachmittag, manchmal tiefe Nacht, aber ich bin immer in demselben Raum, einem Raum, den ich liebe. Es ist ein sehr einfacher und ziemlich kleiner Raum. Die Wände sind aus Stein, und das Fenster, das hoch über den Felsen und dem Meer liegt, ist ständig offen, ohne eine Möglichkeit, es zu verhängen oder zu schließen. In dem Raum stehen ein schmales Bett, ein Tisch und ein Holzstuhl mit hoher Rückenlehne. In einer Ecke steht eine Truhe, in der ich meine dürftigen Besitztümer, vor allem Bücher, aufbewahre. Ich blicke aus dem Fenster hinunter auf die Wellen, die sich an den Felsen brechen, ich rieche die salzige Gischt und höre die Schreie der Möven, die vor mir über dem Meer kreisen. Ich liebe diesen Raum. Er paßt mir wie angegossen, und ich fühle mich dort geborgen und glücklich."

„Ich erinnere mich an viele Tode. Manche waren schmerzhaft, manche langsam und schleichend, manche plötzlich. Zuweilen war ich eine Frau, aber häufiger ein Mann. Bei einem besonders schrecklichen Tod war ich eine Frau, ein junges Mädchen, eine Jungfrau. Es muß in der Römerzeit gewesen sein, denn die Soldaten, die unsere Stadt eingenommen hatten, trugen eine Art von primitiver Rüstung. Ein riesenhafter Rohling drang in unser Haus ein, packte mich bei den Haaren und schleifte mich in ein Schlafzimmer. Mit Schlägen zwang er mich auf ein niedriges, bettartiges Gestell und begann mich zu vergewaltigen. Der Schmerz in meinen Lenden war groß, aber der Ekel und die Erniedrigung waren noch größer. Sein Atem stank, und die Rüstung, die er nicht abgelegt hatte, schnitt in die weiche Haut meiner Brüste und meines Unterleibes. Als er zum Höhepunkt kam, näherte sich sein Gesicht ganz dicht dem meinen, und ich bekam mit den Zähnen sein Ohr zu fassen. Ich biß mit aller Kraft zu und riß ihm mit einer schnellen Bewegung meines Kopfes das rechte Ohr ab. Außer sich vor Wut fuhr er hoch, ergriff einen kurzen Streitkolben, den er als Seitenwaffe trug, und schlug mich auf den Kopf. Beim zweiten Schlag hauchte ich mein Leben aus."

„Ich hatte noch viele andere Lebenserfahrungen, oft ziemlich gewöhnlicher Natur und eine mehr oder weniger wie die andere, außer daß die Umgebungen wechselten. Eine vollständige Aufzählung würde viele Bücher füllen, aber ich möchte noch von zwei weiteren erzählen – von der einen wegen ihres lebhaften Realismus und von der anderen, weil sie eine Bedeutung für mein jetziges Leben hat. Die lebhafte Erfahrung muß aus einem Leben in den Vereinigten Staaten in den frühen Tagen der Kolonialzeit stammen. Sie begann in einem Raum, in dem ungefähr zwanzig Frauen und ebensoviele kleine Kinder versammelt waren. Die Frauen gehörten allen Altersgruppen an und waren ziemlich einfach gekleidet. Über dem ganzen Raum und all diesen Menschen hing eine Wolke der Angst, so dicht, daß man sie fast hätte schneiden können. Ich war ein Mann, das wußte ich, und es lag an mir, irgend etwas zu unternehmen, aber ich wußte nicht was. Also entschloß ich mich, einen zweiten Mann, einen Partner ausfindig zu machen, und mit ihm gemeinsam zu versuchen, eine Lösung zu finden. Ich verließ den Raum und schritt eine schmutzige Straße hinunter. Die Sonne war herausgekommen, und es waren Leute auf der Straße. Das Gehen wurde durch zwei parallele Holzplanken, die man über den dicken Schlamm gelegt hatte, etwas erleichtert, und während ich über diese schmalen Planken schritt, bemerkte ich, daß jeder, der mir begegnete, zur Seite in den Straßenschmutz trat, um mich vorbeizulassen.

Ob dies aus Furcht oder aus Achtung geschah, weiß ich nicht. Zu dem Zeitpunkt hatte ich nur einen Gedanken – wie ich diese Frauen und Kinder und dieses Dorf vor dem Schicksal bewahren konnte, das ihnen offensichtlich drohte. Worin diese Bedrohung bestand, ist mir nie klar geworden. Sie war einfach da, und ich nahm sie als gegeben hin. Während ich so weiterschritt, hielt ich angestrengt nach meinem Partner Ausschau. Ich öffnete verschiedene Türen und rief ein oder zwei Leuten eine Frage zu. Schließlich trat ich in einen dunklen Eingang und stieg eine Treppe hinauf, die ein Teppich bedeckte, der von Schlamm und Wasser völlig verkrustet war. Die Treppe führte zu einem großen Raum, auf dessen gegenüberliegenden Seite sich eine lange Theke erstreckte. An dieser Theke stand mein Partner, und ich erkannte zu meiner großen Bestürzung, daß er mir überhaupt keine Hilfe sein würde. Er war völlig betrunken. Er trug Bluejeans und Stiefel, ein schmutziges blaues Baumwollhemd und eine Lederweste. Den großen schwarzen Hut hatte er sich in den Nacken geschoben.

Um die Taille trug er zwei Patronengürtel, die auf jeder Hüfte in einem Halfter mit Pistole endeten. Aber er war harmlos und hilflos, weil er so betrunken war, daß er nicht mehr stehen konnte und schamlos an der Theke hing. Angesichts der hoffnungslosen Lage trat ich mit einem Achselzucken an die Theke und bestellte einen Whisky. Als ich das Glas hob, um den Inhalt hinunterzustürzen, fiel mein Blick auf mein Spiegelbild in dem mit Fliegendreck beschmutzten Spiegel, und ich sah überrascht, daß ich fast eine Kopie meines betrunkenen Kumpans war – der gleiche Hut, die gleiche Weste, die gleichen Pistolen und ein hageres, wettergegerbtes, faltiges Gesicht, das älter aussah, als es an Jahren war. Der pure Whisky brannte in meiner Kehle, und das Erlebnis endete genauso plötzlich, wie es begonnen hatte – eine unerklärte und ungelöste Skizze aus einem Leben, zu dem ich keine weiteren Schlüssel besitze."

„Diese Episoden sind mir alle im Laufe von meditativen Sitzungen erschienen, bei deren Beginn ich um Wissen über vorherige Leben bat, wie es in den Abhandlungen der Rosenkreuzer geraten wird. Jede Episode war nur ein Bild, ein Teil einer Geschichte, und die meisten hatten keine Einleitung und kein Ende. Die letzte, die ich hier anführen möchte, hatte einen tiefgreifenden Einfluß an mein jetziges Leben. Ich erfuhr sie vor einigen Jahren, als ich noch Junggeselle war. Zu der Zeit trug ich mich noch gar nicht mit dem Gedanken an Heirat, aber ich kannte und traf mich mit ungefähr zehn oder zwölf unterschiedlichen Frauen in meinem Alter. Sie waren alle attraktiv und intelligent, und jede hatte ihren eigenen Reiz und Charme. Die Erfahrung war sehr unerwartet und traf mich wie ein Schock. Ich war gerade dabei, ein Haus zu verlassen. Ich trug Hut und Mantel und einen kleinen Handkoffer. Als ich mich zur Tür wandte, rannte eine junge Frau in einem weißen Hauskleid aus Spitzen und Rüschen eine breite Treppe herunter in die Halle, in der ich stand. Sie hatte geweint und sah mich angsterfüllt an.

„Geh nicht, Darling", rief sie. „Es ist alles meine Schuld."

Ich wußte, daß es nicht ihre, sondern meine Schuld war. Weil ich zu feige oder zu dumm war, ihr einfach den Grund dafür zu sagen, warum ich sie verließ, hatte ich einen Streit vom Zaun gebrochen, eine Szene gemacht und dann so getan, als ob ich im Zorn davonlaufen würde. Damals wußte ich nur, daß ich fort mußte, um allein zu sein, und aus diesem Drang heraus wollte ich meine Frau verlassen. Sie warf sich in meine Arme und preßte ihre tränenfeuchte Wange an meine, und in dem Moment erkannte ich sie. Ich meine, ich erkannte wer sie in meinem gegenwärtigen Leben war. Sie war eine der jungen Frauen aus meiner Bekanntschaft, eine sehr schöne und begehrenswerte junge Frau.

Blitzartig wurde mir alles klar. Ich hatte ein Leben mit dieser Seele abgebrochen, und jetzt wurde mir die große Gunst zuteil, es wieder aufzunehmen, um es vielleicht angemessen zu Ende zu führen und seinen ursprünglichen Zweck zu erfüllen. Ich suchte diese Frau auf, machte ihr den Hof, verliebte mich erneut in sie (was leicht war), stellte fest, daß sie mich auch liebte, heiratete sie, und seither sind wir zusammen überaus glücklich. Meiner Meinung nach war dies die hilfreichste und glücklichste aller meiner Lebenserinnerungen."

Das Vorangegangene vermittelt Ihnen eine gewisse Vorstellung davon, in welcher Form man sich gewöhnlich an Fragmente aus vorherigen Leben erinnert. Die Erfahrungen dieses Mannes sind denen anderer Schüler sehr ähnlich. Er hat mehr Zeit und Anstrengung auf den Versuch verwendet, vergangene Leben ins Gedächtnis zurückzurufen, deshalb waren seine Ergebnisse umfassender und vollständiger. Die meisten Schüler verlieren nach ein oder zwei solcher Erfahrungen, die ihnen die befriedigende Gewißheit geben, daß sie tatsächlich schon vorher gelebt haben, das aktive Interesse und wenden ihre Aufmerksamkeit den produktiveren Seiten der Arbeit der Rosenkreuzer zu.

Astrale Vision: Das Durchdringen des astralen Schleiers

Heutzutage wird die Mauer zwischen dem Sichtbaren und dem Unsichtbaren wieder einmal durchscheinender. In nicht allzu ferner Zukunft werden sehr viele Menschen feststellen, daß sie das besitzen, was man übersinnliche Sehkraft oder astrale Vision nennt. Das ist die Fähigkeit, Auren zu sehen und die Gestalten von Menschen oder anderen Wesenheiten wahrzunehmen, die nur auf ätherischen oder astralen Ebenen existieren. Heute besitzen einige Menschen diese Fähigkeit, aber sie haben daran gearbeitet, sie zu entwickeln, und sich entweder in diesem oder in einem vorangegangenen Leben darin geübt. Aber in zukünftigen Zeiten werden viel mehr diese Fähigkeit erlangen.

Es gab eine Zeit, da alle gebildeten, geschulten und gutentwickelten Menschen die astrale Vision besaßen. Das war vor mehreren tausend Jahren. Sie konnten sowohl die physische als auch mit etwas zusätzlicher Anstrengung die nächstfeinere Stufe der Materie sehen. Darin hat jene alte Religion der Chinesen und anderer asiatischer Völker ihren Ursprung, die man Ahnenverehrung nennt. In jenen Tagen besaß der Vater in der Familie eine große Autorität, die er gewöhnlich mit Weisheit und Zurückhaltung ausübte. Alle wichtigen Entscheidungen wurden ihm überlassen, und jedes Familienmitglied beriet sich mit ihm und suchte seinen Rat in persönlichen Angelegenheiten. Fast jeder dieser Patriarchen war sich der großen Verantwortung für das Wohl seiner Familie, die auf diese Weise auf seinen Schultern lastete, vollauf bewußt, und er überlegte und handelte nach bestem Vermögen, um sich dieser Verantwortung ehrenvoll zu entledigen. Wenn dann seine Zeit zum Sterben kam, dann wurde ein besonderer Raum im Haus für ihn vorbereitet, eine Art Schrein, der dem Vater allein gewidmet wurde. Nach dem Tod kam er dann täglich im Geiste zu diesem Schrein zurück, wo ihn die älteren Familienmitglieder sehen konnten, um ihnen Rat und Hilfe zu geben. Das wurde solange wiederholt, bis ein Sohn ausgebildet und bereit war, seinen Platz einzunehmen, und auch danach zog sich der Sohn häufig in den Schrein zurück, um bei seinem Ahnherrn Rat zu suchen.

Als sich im Laufe der Zeit die menschliche Rasse mehr und mehr materiell ausrichtete, verloren die Menschen allmählich die Fähigkeit, den astralen Schleier zu durchdringen. Aber die Chinesen führten den Brauch fort, ihre unmittelbaren Ahnen zu verehren und zu versuchen, sie in wichtigen Angelegenheiten um Rat zu fragen. Die meisten traditionellen chinesischen Häuser besitzen immer noch einen solchen Schrein, vor dem die Kinder und Enkelkinder voll Hingabe ihre

Gebete darbringen. Zwar können sie heute ihren geliebten Verstorbenen nicht mehr sehen, aber es gab eine Zeit, als sie es konnten, und es wird wieder eine Zeit geben, in nicht allzu ferner Zukunft, in der sie die Fähigkeit dieser Vision wiedererlangen werden.

Es ist für Sie möglich, die astrale oder übersinnliche Sehkraft zu entwickeln. Das ist nur eine Frage der Übung, und in einem der folgenden Kapitel werde ich Ihnen Übungen und Verfahren angeben, die es Ihnen ermöglichen, sich dies zu beweisen.

Bevor ich diese Kapitel abschließe, möchte ich Sie gerne anhalten, wenigstens einmal jeden Tag an diejenigen ihrer Freunde und geliebten Menschen zu denken, die den Übergang bereits durchschritten haben. Das wird in den meisten Religionen als Gebet für die Toten betrachtet. Wir sind in dieser Welt alle zusammen Teil eines großen evolutionären Prozesses. Keiner kann auf diesem Weg zu weit vor den übrigen voranschreiten. Und in der gleichen Weise können nur wenige Übeltäter die Entwicklung aller anderen aufhalten. Aber wir können einigen davon helfen, wenn es für sie am schwersten ist, sich selbst zu helfen. Ich meine die Zeit unmittelbar nach dem Übergang, wenn man die Seele, sofern sie willig ist und mitarbeitet, soviel lehren und sie so gut schulen kann. Beten Sie für die Verstorbenen, sehen Sie sie von Licht umstrahlt. Senden Sie ihnen auf den Schwingen Ihrer Lebensenergie Liebe und gute Gedanken, und Sie können das Werkzeug sein, mit dem eine Seelenpersönlichkeit auf einen Punkt gehoben wird, an dem sie versuchen wird, sich selber zu helfen. Dieser große Schritt nach vorn kann mit Ihrer Hilfe erreicht werden.

Diese Aufgabe ist die Anstrengungen eines Studiums der Esoterik wirklich wert. Mit der Erfüllung dieser Aufgabe helfen Sie einem Individuum, sich selbst zu erlösen, tragen Sie zum Fortschritt der Evolution der gesamten Menschheit bei, und vor allem helfen Sie sich selbst. Das ist ein gutes Werk. Beten Sie für die Toten!

4. Kapitel

Die Macht des Denkens: Erste Schritte zur Kontrolle Ihres Schicksals

Bei der Geburt ist unser physisches Gehirn leer, ein unbeschriebenes Blatt. „Nackt und allein kommen wir ins Exil – in das unaussprechliche und unmitteilbare Gefängnis dieser Erde“, sagte Thomas Wolfe. Er verstand und beschrieb in lebendiger Sprache das Problem, dem wir alle bei der Geburt gegenüberstehen. Alles muß gelernt werden, alles ist neu. Der Säugling besitzt keine Fertigkeiten, keine geschulten Gehirnzellen, keine Gedanken- und Bewegungsfolgen, auf die er sich verlassen kann. Er ist nur zu den primitiven Reflexhandlungen fähig, die vom niederen Teil des Gehirns gesteuert werden – er kann weinen, wenn ihn etwas schmerzt oder peinigt, kann lächeln und glucksen, wenn er sich wohlfühlt. Mit der Entwicklung des Kindes beginnt der obere Teil des Gehirns, die Sinneswahrnehmungen zu registrieren, zu behalten und einander zuzuordnen. Dieser Vorgang läßt sich mit der Programmierung eines unserer modernen Computer vergleichen. Die Muskeln lernen durch praktisches Probieren, sich den unterschiedlichen Anforderungen anzupassen, und es wird eine ganze Serie von Bewegungsfolgen programmiert, die bei Bedarf abgerufen werden können.

Das Auge des Neugeborenen nimmt keine Tiefe oder Entfernung wahr. Das muß erst erlernt werden, indem zwischen Gesichtssinn und Tastsinn eine Wechselwirkung hergestellt wird. Das Kind muß herausfinden, wie weit und wie schnell es den Arm ausstrecken muß, um ein Glas vom Tisch zu nehmen. Dann müssen die zurückhaltenden Muskeln, die die Bewegung in der richtigen Entfernung abbremsen, geschult werden, da sonst das Glas umgestoßen wird. Auch die richtige Anspannung der Finger muß erlernt werden, damit das Glas nicht aus der Hand fällt. All das und Tausende anderer hochkomplizierter Bewegungen müssen in das neue Gehirn einprogrammiert werden. Das ist ein langwieriger Prozeß, der für jede Art von Muskeltätigkeit erlernt werden muß, und es braucht lange Zeit, gewöhnlich mehrere Jahre, bis ein heranwachsendes Kind das alles ausreichend beherrscht.

Die Körperbeherrschung ist natürlich nur der Anfang. Das nächste sollte die Disziplinierung der Gefühle und des Geistes sein, doch unglücklicherweise versäumen es die meisten heutigen Erzieher, diesem Bereich die gebührende Bedeutung einzuräumen. Sicher, die häusliche Erziehung und die Notwendigkeit, in der Schule und im Beruf „zurechtzukommen", legen gewisse Einschränkungen auf, aber niemand erreicht heutzutage auch nur annähernd die gleiche Beherrschung seiner Gefühle und seines Geistes wie er sie in den physischen Bereichen aufweist. Diese menschliche Schwäche ist der Kern einen großen Teils der heutigen Unrast, der Konflikte und politischen Unruhen. Wie kann jemand von sich annehmen, Ereignisse lenken zu können, wenn er zuläßt, daß seine eigenen Gefühle und Gedanken verrückt spielen?

Haben Sie darüber schon einaml nachgedacht? Ein Mensch mit einem Leiden wie Gehirnlähmung wird wegen seines offensichtlichen Mangels an Körperbeherrschung bemitleidet, und jemand, der es aus Bequemlichkeit oder Unwissenheit versäumt, elementare physische Fertigkeiten zu entwickeln, wird verachtet. Sollte der emotionalen und geistigen Disziplin nicht ein ähnlicher Wert beigemessen werden? Die Rosenkreuzer glauben das, und ihr Schulungsprogramm, das hier in gedrängter Form vorgestellt wird, ist dazu bestimmt, Ihnen zu helfen, diese Beherrschung zu erlangen. Sie empfehlen, daß man Schritt für Schritt in einer geordneten Weise vorgeht, die dem allmählichen Lernprozeß des Kleinkindes nicht unähnlich ist. Mit Hilfe des Denkens müssen dem Geist Prozesse eingegeben werden, die den Bewegungsfolgen, die im Gehirn des Kindes aufgebaut werden, ähneln.

Das Denken ist die größte Energie

Es ist schon oft mit Recht festgestellt worden, daß das Denken die größte Energie darstellt. Die Geschichte zeigt uns immer wieder, wie das Schicksal der Menschheit durch neue Ideen, durch die mächtigen Gedanken schöpferischer Denker verändert worden ist. Die Vision einer vereinigten Welt führte Alexander den Großen, Caesar, Dschingis-Khan, Napoleon und in jüngerer Zeit Hitler zu ihren Eroberungskriegen – der schlechten Verwirklichung eine großen Idee. Doch die Vision bleibt bestehen und wird schließlich die führende Kraft bei der Schaffung des Weltfriedens sein, allerdings eher mittels eines freiwilligen Instruments wie der UNO als durch eine gewaltsame Unterwerfung. Es ist auch klar, daß der wissenschaftliche Fortschritt unserer heutigen Welt, mit all seinem Luxus und seinen Annehmlichkeiten, das Ergebnis von Denken ist. Die bemerkenswerten Errungenschaften gemeinschaftlicher Anstrengungen, wie sie sich in der Leistungsstärke unserer großen industriellen und kommerziellen Zusammenschlüsse zeigt, sind auf das kreative Denken der Männer zurückzuführen, die diese Gesellschaften geplant haben.

Die Energie des Denkens kann Wunder vollbringen

Ja, niemand wird leugnen, daß das Denken eine Macht ist, und die meisten werden zugeben, daß es die mächtigste, dem Menschen verfügbare Energie ist. Aus diesem Grund ist es leicht, die Tatsache zu akzeptieren, daß das Denken Wunder vollbringen kann, daß das Denken Ihr Leben verändern, Ihnen Reichtum, Bequemlichkeit, Sicherheit und was immer Sie brauchen und sich erwünschen, bringen kann. Und das kann es, wenn Sie wissen, *wie* man denken muß.

Viele Studenten sind verwirrt und entmutigt, wenn sie versuchen, die Energie des Denkens zu nutzen, und das begehrte Ziel nicht erreichen. „Konzentrieren Sie sich auf den Erfolg, stellen Sie sich vor, wie Sie den begehrten Erfolg genießen“, lesen sie oder sagt man ihnen. Oder auf einer anderen Ebene: „Erheben Sie Ihre Gedanken zu Gott, und Sie werden Frieden und Glück finden." Diese Belehrungen sind richtig und wahr, aber auf den Durchschnittsmenschen wirken sie etwas so, als ob jemand auf ein Klavier deutet und sagt: „Spielen Sie das Zweite Klavierkonzert von Rachmaninoff, es wird Ihre Nerven beruhigen." Das mögen gute Ratschläge sein, aber alle drei Gebote setzen eine Ausbildung und Fertigkeit voraus, die nur wenige besitzen, und es ist deshalb nicht verwunderlich, daß die meisten von uns versagen, wenn sie versuchen, diese Vorschläge zu befolgen.

Um die Macht des Denkens einzusetzen, ist es notwendig, von vorne zu beginnen und den Gebrauch des Geistes und Gehirns in fast derselben Weise zu erlernen, wie der Säugling die Beherrschung seiner Muskeln erlangt. Das Kind lernt automatisch, angetrieben von seinen Bedürfnissen und Wünschen. Sie müssen sich bewußt schulen, eine schwierigere Aufgabe, weil sie den Gebrauch des Willens erfordert.

Das Beobachtungsvermögen

Bei der Methode der Rosenkreuzer beginnt man mit der Schulung des *Beobachtungs*vermögens. Diese Methode wurde von Gautama Buddha als ersten Schritt bei der Schulung des Geistes angewandt und empfohlen. Er ging zum Beispiel zwischen seinen Studenten herum, während er sie unterrichtete, blieb plötzlich stehen und fragte: „Wo bin ich gestanden, als ich das Wort Glaube aussprach?" Oder er hielt in seinen Belehrungen inne und fragte: „Welche Bewegungen habe ich mit meiner rechten Hand gemacht, als ich über das Schöne sprach?" So lehrte er seine Schüler Aufmerksamkeit und schulte ihr Beobachtungsvermögen. Hier sind drei Übungen, die als erste Schritte bei der Erlernung des Gebrauchs des Geistes gedacht sind. Sie sind ziemlich einfach, so einfach, daß Sie denken mögen: „Wie kann mir das helfen?" Unterschätzen Sie sie nicht. Ihr Geist besitzt ein riesiges Potential, und bis Sie nicht gelernt haben, wie Sie dieses ungeheure Kräftereservoir anzapfen können, werden Sie Ihre Fähigkeiten nicht einmal in kleinem Ausmaß erkennen. Diese Übungen sind der erste Schritt. Sie sollen Ihnen helfen zu lernen, wie man „einen Gedanken faßt". Führen Sie von jetzt an jede von ihnen wenigstens einmal am Tag durch. Das ist nicht beschwerlich – sie erfordern nur wenige Sekunden – und schon bald werden sie Ihnen fast zur Gewohnheit werden. Hier sind die Übungen. Sie werden selbst feststellen, wie einfach sie sind.

1. Wenn Sie einen Raum zum ersten Mal betreten, schließen Sie für ein paar Sekunden die Augen, und stellen Sie fest, wieviele Gegenstände in dem Raum Sie benennen können – Tisch, Stühle, Bilder, Aschenbecher, Schreibtische, an was immer Sie sich erinnern. Tun Sie das jedesmal, wenn Sie einen Raum oder einen Ort betreten, der Ihnen neu ist.
2. Wenn Sie eine Treppe hinauf- oder hinuntergegangen sind, rufen Sie sich ins Gedächtnis, wieviele Stufen sie hatte.
3. (Nur abends zu üben.) Rufen Sie sich ins Gedächtnis, was Sie taten, unmittelbar nachdem Sie am Morgen das Haus verlassen haben – oder, wenn Sie es nicht verlassen haben, was Sie nach dem Frühstück taten. Was haben Sie gesehen? Was haben Sie getan? Rufen Sie sich ungefähr drei oder vier Minuten von dieser Tätigkeit ins Gedächtnis, nicht mehr. Am nächsten Tag rufen Sie sich ins Gedächtnis, was Sie nach dem Mittagessen oder in irgendeiner anderen Dreiminutenzeitspanne Ihres Tages getan haben.

Wenn Sie die vorangegangenen Übungen zwei oder drei Wochen lang täglich praktiziert haben, werden Sie anfangen, ihren Zweck zu begreifen und wahrscheinlich selber eigene Übungen ähnlicher Art erfinden. Wie Sie bemerkt haben werden, unterscheidet sich die dritte Übung geringfügig von den anderen und ist ein Schritt auf eine höhere Ausbildungsebene. Wie ich bereits gesagt habe – lassen Sie sich durch die offensichtliche Einfachheit dieser Formeln nicht täuschen, unterschätzen Sie sie nicht. Sie stellen eine wesentliche vorbereitende Schulung dar, ohne die man keine wirkliche geistige Kontrolle entwikkeln kann.

Der nächste Schritt zur Geisteskontrolle ist die Schulung der *Konzentration.* Ebenso wie ich überzeugt bin, daß viele von Ihnen sich gesagt haben: „Ich brauche diese Beobachtungsübungen nicht, mein Beobachtungsvermögen ist bereits gut genug entwickelt“, so bin ich mir auch sicher, daß eine gewisse Anzahl von Ihnen jetzt sagen wird: „Ich brauche nicht zu lernen, mich zu konzentrieren. Ich kann mich gut genug auf alles konzentrieren, worauf ich mich konzentrieren möchte. Mein ganzer Beruf (oder mein ganzes Leben) erfordert Konzentration, und ich habe sie bereits lernen müssen.“ Ich möchte nicht mit Ihnen über Ihre Fähigkeiten streiten. Sie mögen das scharfe, in hohem Grade geschulte Beobachtungsvermögen eines Großstadtdetektivs besitzen oder die Konzentrationsfähigkeit eines Atomwissenschaftlers, doch Sie begreifen nicht, worum es hier eigentlich geht. Der Zweck dieser Übungen besteht darin, Sie zu lehren, wie man das Denken unter Kontrolle bekommt, wie man es „in den Griff bekommt“. Diese Übungen unterscheiden sich von der normalen, alltäglichen Beobachtung und Konzentration dadurch, daß sie bewußte Willensakte und nicht die automatische Folge einer zwingenden Notwendigkeit sind. Es besteht ein Unterschied zwischen emotionell motiviertem Denken und bewußt motivierten Emotionen, auf den ich später in diesem Kapitel noch eingehen werde. Aber hier sind zunächst einige Konzentrationsübungen. Sie sollten wenigstens einmal am Tag durchgeführt werden, und Sie können damit an dem gleichen Tag anfangen, an dem Sie mit den Beobachtungsübungen beginnen. Sie können sie gleichzeitig anwenden oder auch nicht, wie es Ihnen richtig erscheint.

1. Multiplizieren Sie zwei zweistellige Zahlen (z. B. 26 und 39) im Kopf – nicht mit Bleistift und Papier. Machen Sie das solange, bis Sie sicher sind, daß Ihr Ergebnis richtig ist. Tun Sie das gleiche mit zwei dreistelligen Zahlen (beispielsweise 413 x 765). Tun Sie das jeden Tag mit verschiedenen Zahlen.
2. Lernen Sie vier Zeilen eines Gedichtes auswendig, irgendeines Gedichtes, gleichgültig ob lang oder kurz. Tun Sie das einmal pro

Tag. Diese Übungen brauchen nicht für immer und ewig durchgeführt zu werden, aber Sie sollten sie solange durchhalten, bis Sie zu verstehen beginnen, was es bedeutet, „das Denken in den Griff zu bekommen".

3. Wenn Sie auf der Straße oder an einem anderen Ort an Menschen vorbeigehen, wo Sie eine Person nur für eine kurze Zeit sehen können, bevor sie wieder aus Ihrem Blickfeld verschwindet, dann wählen Sie sich eine Person aus, und sehen Sie ihr genau ins Gesicht. Dann schauen Sie weg und halten dieses Gesicht (ein Bild dieses Gesichts) ein oder zwei Minuten lang vor ihrem geistigen Auge fest. Studieren Sie seinen Ausdruck. Versuchen Sie die Person, die zu diesem Gesicht gehört, zu verstehen.

Wie Sie bemerkt haben werden, unterscheidet sich die dritte Übung von den Übungen 1 und 2, und Sie gehen recht in der Annahme, daß diese Übung Sie einen Schritt über das hinausführen soll, was Sie bereits wissen und verstehen. Ein gewissenhaftes Praktizieren dieser Übung wird sich als sehr lohnenswert erweisen. Ohne besondere Anstrengung werden Sie feststellen, daß Sie die Fähigkeit entwickeln, sich auf die Leute einzustimmen, deren Gesichter Sie vor sich haben. Sie werden ihrer beherrschenden Gefühle gewahr werden – sehr häufig wird es Angst sein, denn viel zuviele Menschen sind heutzutage von Ängsten geplagt, weniger häufig Mitleid oder Mitgefühl, manchmal Freude, manchmal Wut. Wenn Sie sensibel genug sind und diese Übung über eine längere Zeit machen, werden Sie allmählich ihrer Gedanken – oder besser, ihrer Gedankengebilde – gewahr werden.

Die bewußte Anwendung dieser Übungen setzt Ihr Gehirn in so einfacher Weise in Funktion, daß Sie es bei der Arbeit beobachten können. Durch die Beobachtung Ihres Gehirns bei der Arbeit werden Sie allmählich begreifen, was Denken ist. Denken ist eine Tätigkeit des Geistes, und der Geist kann gesondert vom Gehirn funktionieren. So ist es möglich, getrennt vom Gehirn zu denken, und bestimmte Leute haben sich darin geschult. Der durchschnittliche Mensch wird jedoch von Geburt an dazu erzogen, nur die Eindrücke, die über die physischen Sinne auf sein Bewußtsein treffen und sich seinem Gehirn einprägen, zu beachten. So geschehen alles wissenschaftliche Denken, alle Schlußfolgerungen, die auf sinnlich wahrnehmbaren Beobachtungen gründen, und alles logische Denken über das Gehirn. Fast alle Gedächtnisdaten, die Sie benutzen, sind in Gehirnzellen gespeichert. Ihr Geist besitzt einen viel besseren Gedächtnisspeicher als das Gehirn, aber weil wir in so starkem Maße über das Gehirn lernen, greifen wir nur selten auf den Geist zurück, um uns ein Ereignis aus der Vergangenheit ins Gedächtnis zu rufen. Wir alle sind so vom Gehirn abhängig, daß selbst Abstraktionen wie Liebe, Haß, Angst, Patriotismus und Gattungsbegriffe wie Hund, Pferd, Haus und Bauernhof – die klarerweise nichtmateriell sind und deshalb in den Bereich des Geistes gehören – ein entsprechendes Bild ins Gehirn oder auf jene innere Projektionswand des Gehirns einprägen, das manchmal Sinnestäuschung genannt wird.

Die Kräfte der Meditation

Wenn Sie alle Möglichkeiten des Denkens nützen und seine große Macht einsetzen möchten, dann müssen Sie lernen, losgelöst vom Gehirn bewußt zu denken. Das Gehirn ist ein wunderbares und nützliches Instrument, aber für die meisten kreativen Arbeiten, für Schöpfungen von höchstem Rang, ist das Gehirn wie eine Zwangsjacke, die die Geistestätigkeit einschränkt, bindet und begrenzt. Es ist also notwendig, zu einer weiteren Gruppe von Übungen fortzuschreiten, die Ihnen bei Ihren Bemühungen helfen soll, das Denken bewußt und zielstrebig einzusetzen. Es sind *Meditations*übungen.

Wie Sie zweifellos bemerkt haben, hat die dritte Konzentrationsübung teilweise meditativen Charakter. Es gibt viele Meditationsmethoden, die sich nach Bedarf und Zweck voneinander unterscheiden. Hier werden Ihnen nun drei Übungen gegeben, die alle auf dasselbe Ziel gerichtet sind: Sie zu schulen, das Denken zu begreifen und einzusetzen.

1. Suchen Sie sich einen Ort, an dem Sie für fünf Minuten ungestört sind. Setzen Sie sich auf einen Stuhl mit einer geraden Rückenlehne, so daß Ihre Füße sich berühren, aber nicht übereinandergeschlagen

sind. Lassen Sie die Hände locker im Schoß ruhen, und sitzen Sie entspannt, doch mit geradem Rücken und erhobenem Kopf. Atmen Sie ruhig und natürlich. Schließen Sie die Augen, und stellen Sie sich die Farbe Blau vor, irgendeinen Blauton aus der gesamten Skala von einem Hellblau, das fast weiß ist, bis zu einem tiefen Purpur. Stellen Sie sich in jeder Meditationssitzung jeweils nur einen Farbton vor. Sehen Sie ihn überall um sich herum. Sehen Sie den ganzen Raum davon ausgefüllt. Tun Sie es nicht länger als eine Minute, aber lassen Sie in dieser Zeit Ihre Gedanken nicht abschweifen. Das erfordert eine Willensanstrengung, und es wird Ihnen am Anfang vielleicht nicht ganz gelingen, aber versuchen Sie es immer wieder, und dann wird es Ihnen gelingen. Wenn die Minute (annähernd) vorbei ist, stellen Sie sich in der nächsten Minute Rosa vor, und in der dritten Minute auf die gleiche Weise ein reines Weiß, das Weiß von frisch gefallenem Schnee im Licht der Sonne, eine kristallklare Helligkeit. Verbringen Sie insgesamt nicht mehr als drei Minuten mit dieser Übung. Danach erheben Sie sich, atmen tief ein und entspannen sich. Dann gehen Sie zur nächsten Meditation über.

2. Nehmen Sie wieder die gleiche Position wie in der ersten Übung ein, und stellen Sie sich mit geschlossenen Augen einen Klang vor. Stellen Sie sich vor, eine Geige spielt – irgend etwas, das Ihnen bekannt ist. Aber es muß eine Geige sein, keine Singstimme oder ein anderes Musikinstrument. Sollte um die führende Melodie eine Orchesterbegleitung anschwellen, sondern Sie sie aus, bis Sie nur noch den klaren Ton der Geige hören. Nur eine Minute lang. Während der nächsten Minute hören Sie ein Horn oder ein Zungeninstrument, z. B. ein Saxophon. Aber denken Sie daran, hören Sie nur das eine Instrument, und schließen Sie alle anderen Klänge aus. Während der dritten Minute hören Sie im Geist ein Klavier, das ein Ihnen bekanntes Musikstück spielt. Dies ist schwieriger, weil Sie anstelle von einzelnen Tönen Akkorde und komplizierte Zusammenklänge hören müssen. Tun Sie das ungefähr eine Minute lang, nicht länger. Dann brechen Sie ab, erheben sich, atmen tief ein und entspannen sich.

Wie Sie sehen, sind dies Schulungsübungen. Sie entsprechen auf der

Ebene des Geistes den einfachen Schritten des Säuglings, der zum ersten Mal die physische Welt erkundet. Es sind Ihre ersten Bemühungen, mit der geistigen Welt zu experimentieren. Es ist anfangs unmöglich, sie perfekt durchzuführen. Sie werden viele Fehler machen. Es wird Ihnen nicht möglich sein, den Klang Geige oder des Klaviers klar zu halten, und schon lange bevor die volle Minute herum ist, werden sich andere Klänge hineinmischen. Die Farben werden sich vermischen, und Sie werden vielleicht einmal einen wahrhaften Regenbogen und ein anderes Mal gar keine Farbe sehen. Aber wenn Sie es immer weiter versuchen und daran festhalten, werden Sie allmählich immer besser werden.

3. Diese dritte Übung ist von anderer Art. In den Übungen 1 und 2 haben Sie Klänge gehört und Farben gesehen, und Ihr Wille wurde nur angewandt, um Ihre Aufmerksamkeit auf den gewünschten Gegenstand gerichtet zu halten und Störungen auszuschalten. In dieser dritten Übung sollen Sie Ihren Willen in einer anderen Weise gebrauchen. Setzen Sie sich also wie vorher hin, und sehen Sie, wenn Sie sich mit geschlossenen Augen entspannt haben, um sich herum die Farbe Rosa. Sehen Sie ein klares, helles Rosa, kein stoffliches Rosa, sondern das Rosa, wie es sich im Strahlenprisma findet. Es ist wichtig, daß Sie diese Farbe nicht nur vorne und seitlich sehen, sondern auch hinter sich, oben, unten und überall um sich herum. Sehen Sie sich völlig von einer rosa Wolke eingehüllt, die sich ungefähr sechs bis zehn Zentimeter von Ihnen in alle Richtungen ausdehnt. Halten Sie dieses Bild eine volle Minute lang fest, bevor Sie es aus Ihren Gedanken verbannen, sich erheben, tief einatmen und sich entspannen.

Dies sind grundlegende Übungen, die sich geringfügig voneinander unterscheiden. Es gibt viele, wahrscheinlich Hunderte von Variationsmöglichkeiten. In dem Maß, wie Sie voranschreiten, werden Sie den Charakter jeder Übung erfassen und eigene Variationen entwickeln können. Für den Augenblick sollten Sie sich jedoch an den gegebenen Anweisungen halten. Denken Sie daran, in der Welt des Geistes sind Sie wie ein Baby, das laufen oder greifen lernt. Genauso wie der Säugling seinem Bewußtsein die richtige Muskeltätigkeit einprogrammiert, die man braucht, um einen Löffel aufzuheben, so müssen Sie die feinfühlige Beherrschung lernen, die notwendig ist, um ein Gedankengebilde zur physischen Manifestation zu bringen.

An diesem Punkt möchte ich Ihnen eine wenig bekannte aber sehr wichtige Tatsache verraten. Bei jedem von uns ist der Geist der königliche Teil. Er ist von Natur aus und durch die Macht, die er ausüben kann, dazu bestimmt, Herrscher über unser Leben zu sein und alle Ereignisse darin zu kontrollieren. Doch die meisten von uns setzen ihn als Dienstboten ein. Wir machen den Geist zum Sklaven unserer Triebe und Gefühle. Der Geist nimmt diese Entwürdigung mit beträchtlichem Widerwillen hin. Er äußert leise Beschwerden, aber in unserer üblichen Achtlosigkeit bemerken wir sie nicht. Und wir versagen vollkommen darin, seine nachdrücklicheren Proteste zu verstehen, die häufig die Form von Krankheit oder Unglück annehmen. Kein Wunder, daß unsere Versuche, die Macht des Geistes zu gebrauchen, gewöhnlich in Mißerfolg enden.

Zu Darlegungszwecken haben wir die menschliche Natur so dargestellt, als bestehe sie aus drei Teilen: dem physischen, dem emotionalen und dem geistigen. In Wirklichkeit gibt es keine Trennung oder Einteilung. All dies sind wir. Normalerweise stellt man sich den physischen Körper als „Ich" vor. Er ist die sichtbare Ansammlung von Zellen und Molekülen, die als John Smith oder Sally Jones bekannt ist. Er ißt und atmet, um sich am Leben zu erhalten, und er ruht sich aus, wenn er müde ist. Seine wesentlichen Funktionen sind größtenteils automatisch und wurden von einer Intelligenz erdacht, deren kreativen Fähigkeiten die unseren weit übertreffen. Diese physischen Körper sind höchst bemerkenswerte Instrumente. Sie besitzen die Fähigkeit, sich selbst zu regenerieren, und wenn man sie in der reibungslosen, automatischen Weise, wie sie erdacht wurden, ungestört funktionieren ließe, würden sie wahrscheinlich ewig halten – oder wenigstens so lange, wie wir sie benutzen wollten. Aber die Menschheit – und das heißt, wir alle – hat gewisse Handlungs-, Gefühls- und Denkgewohnheiten entwickelt, die das normale Funktionieren des physischen Rüstzeugs stören und ihm Schaden zufügen.

Heutzutage beherrschen die meisten intelligenten und gebildeten

Menschen ihre physische Triebe sehr gut. Wir beginnen, die Kunst der Selbstbeherrschung zu lernen. Unglücklicherweise dominiert aber immer noch unsere emotionale Natur, und trotz unserer guten Vorsätze und besten Bemühungen übernimmt die emotionale Natur die Herrschaft und kommandiert den „ganzen Menschen" herum. Die großen Ängste, die in der Welt um sich greifen – und in der heutigen Zeit ist Angst wahrscheinlich die größte Sünde – stecken fast jeden an. Angst ist, wie auch einige andere elementare Gefühle, ein Handlungstrieb, ein mächtiger Antrieb zu körperlichem Handeln. Sie wurde uns ursprünglich zu einem guten Zweck eingepflanzt. Wenn der Mensch Angst empfand, und der primitive Mensch fühlte nur dann Angst, wenn er sich in Gefahr befand, dann wurde sofort Adrenalin in seinen Blutkreislauf ausgeschüttet, um seine Herztätigkeit anzuregen und einen schnellen Zuwachs an Kraft und Energie zu bewirken, um der Bedrohung zu begegnen. Heute empfinden wir sehr oft Angst, wenn gar keine Gefahr vorhanden ist. Da der Körper nicht analysiert, schüttet er Adrenalin aus, um eine Kraft und Energie zu schaffen, die dann nicht gebraucht wird. So bildet sich ein Rückstand, der zu einem Gift im Blutkreislauf wird und schließlich den physischen Organismus zerstört – eine Möglichkeit, wie ein Gefühl körperlichen Schaden verursachen kann. Es gibt zahllose andere. Man kann, ohne Widerspruch befürchten zu müssen, sagen, daß alle heftigen Gefühle schädliche physische Wirkungen nach sich ziehen.

Wenn man auf der emotionalen Ebene lebt, und das tun heute die meisten Menschen, wenn wir zulassen, daß unsere Gefühle unsere Handlungen beherrschen, dann behindert dies in ernsthafter Weise das Funktionieren unseres Geistes. Die Gefühle waren als Gebrauchswerkzeuge gedacht, als Antrieb zum Handeln. Wir lassen uns fälschlicherweise von ihnen beherrschen. Wenn Sie dieses Schema ändern wollen, wenn Sie Ihr Leben verbessern und sich eine Zukunft schaffen wollen, die Ihren Herzenswünschen entspricht, dann tun Sie den ersten Schritt nach oben. Lernen Sie zu denken. Lernen Sie, Ihren Geist Ihr Leben führen zu lassen und Ihre Gefühle von ihrem Thron zu stürzen.

Wer dies versucht hat, weiß, daß es schwieriger ist, als es klingt. Und doch ist es nicht so schwierig, als daß es nicht jeder, der dies hier liest, schaffen kann. Entschlossenheit, Wille und Arbeit sind dazu erforderlich. Und beginnen sollte man mit den einfachen Übungen, die an früherer Stelle in diesem Kapitel gegeben worden sind. Diese werden Sie Schritt für Schritt auf sanfte Weise von der Herrschaft der Gefühle wegführen und Ihren Geist in die beherrschende Position bringen, für die er gedacht ist.

Lassen Sie mich ein paar Punkte verdeutlichen. Ihre physischen Triebe sollen nicht blockiert werden, sie dürfen nicht verleugnet werden. Das wäre eine Unterdrückung, die stets mit einer Explosion endet. Steuerung und Lenkung sind die richtige Methode, durch die die physische Triebkraft umdirigiert und umgelenkt, jedoch nicht unterdrückt wird. Wenn Sie zum Beispiel ein Verlangen nach einem reichlichen Dessert haben und wissen, daß es nicht gut für Sie ist, dann ist es besser, etwas wie Obst als überhaupt nichts zu nehmen. Auf diese Weise verleugnen Sie Ihr Verlangen nicht, sondern lenken es nur auf ein gesünderes Nahrungsmittel um. Einige Lehrmeister empfehlen, „den Trieb abzutöten". Das bedeutet nicht, daß Sie Ihre Gefühle ausmerzen und zerstören sollen. Wenn Sie das täten, wären Sie nur noch ein halber Mensch. Auch hier ist wieder Umlenkung die beste Methode. Jedes Gefühl ist seinem Wesen nach dual. Es hat höhere und niedrigere Entsprechungen. Sie sollten danach streben, alle Ihre emotionalen Triebe zu der höheren Entsprechung umzulenken. Man lehrt uns zum Beispiel, daß Liebe das höchste Gefühl ist, dessen wir fähig sind; sie hat jedoch niedrige und höhere Ausprägungen – die Selbstliebe im Gegensatz zur Liebe zu anderen. In ihrer höchsten Form wird die Liebe zu anderen zur Liebe zu allen Menschen, ja sogar zur Liebe zu allem, was lebt und atmet. Ein anderes Beispiel ist die Angst, die höchst zerstörerisch ist und durch Vertrauen und Zuversicht ersetzt werden muß. Die höheren Entsprechungen sind schöpferisch und werden Ihnen die Kraft und die Vorteile bringen, die Sie brauchen. Jedes Gefühl sollte genau untersucht und nicht einfach als selbstverständlich hingenommen werden. Wenn sich in Ihnen die niedere Entsprechung zeigt, dann versuchen Sie, sie in ihre höhere Form umzuwandeln.

Es ist unklug, Gefühle direkt anzugreifen. Wenn Sie das tun, konzentrieren Sie Ihre Aufmerksamkeit auf Ihre Triebe, und dadurch werden sie tatsächlich noch gestärkt, denn die Engergie folgt dem Denken. Es ist viel besser, das Problem wie vorgeschlagen anzugehen und etwas zu unternehmen, um ein Gewahrsein Ihres Geistes und ein Interesse an Ihrem Geist zu entwickeln. In dem Maß, wie Sie sich mehr und mehr mit Ihren geistigen Prozessen beschäftigen, werden Ihre physischen Triebe und niederen Gefühle allmählich die Herrschaft über Sie verlieren, bis Sie schließlich fähig sein werden, die Macht des Denkens freizusetzen. Betrachten Sie deshalb die hier vorgeschlagenen Übungen nicht als banal. Gewiß, sie sind einfach, aber sie sind die ersten Schritte auf dem Weg, der Sie zur Kontrolle über Ihr Schicksal führt.

5. Kapitel

Die Macht des Denkens: Physisch-Ätherische und Emotionale Energie

Um das Denken zu begreifen und die Macht des Geistes zu gebrauchen, müssen Sie zuerst wissen, was Energie ist. Es gibt viele Arten von Energie. Die bekannteste ist natürlich die physische Energie, von der es unendlich viele Arten und Grade gibt: die Schwerkraft und den Magnetismus, das Licht und die Wärme, die Wasser- und die Windkraft, die Atomenergie und die stellare Energie, und von jeder tausend Unterarten.

Eine der nützlichsten und faszinierendsten physischen Energieformen ist die Elektrizität. In ihren unzähligen Formen hat die Elektrizität unser ganzes Leben verändert. Das Telefon, das Radio und das Fernsehen sind ein eindrucksvolles Zeugnis dafür, aber es gibt viele andere mehr, die genauso wichtig sind. Das Elektronenmikroskop beispielsweise, das uns das unendlich Kleine enthüllt hat, und das Radioteleskop, das uns das unendlich weit Entfernte sichtbar macht, haben in den wenigen Jahren seit ihrer Entwicklung unser Universum millionenfach erweitert.

Dies alles sind physische Energien, aber wie Sie wissen, werden vom Menschen auch subtilere Energien eingesetzt, menschliche Energien, die nicht so offensichtlich sind und folglich auch nicht so gut verstanden werden. Das sind die ätherische, die emotionale, die mentale und die psychische Energie, die fortschreitend aus immer feineren und schnelleren Schwingungen bestehen. Die anerkannten Wissenschaften wissen über sie sehr wenig zu sagen, und von den mageren Informationen, die sie anbieten, sind die meisten durch Vorurteile verzerrt. Die Rosenkreuzer haben dem Studium der Energien sehr viel Zeit gewidmet, aber der hier zur Verfügung stehende Raum läßt eine erschöpfende Darstellung, wie sie dieses Thema verdienen würde, leider nicht zu.

Ätherische Energie

Das ist die Energie, die der physischen Energie am nächsten steht. Tatsächlich ist es die Energie, die lebende Wesenheiten benutzen, um die physische zu manipulieren und zu bewegen, die Energie, die Sie unbewußt einsetzen, wenn Sie arbeiten oder einen Arm heben oder den Kopf drehen. Wir leben in einem großen Meer von Lebensenergie, aus dem wir kleine Mengen für unseren eigenen Gebrauch abzapfen. Die Lebensenergie mit dem niedrigsten Schwingungsgrad ist die ätherische Energie. Ihre Ansammlung und ihr Gebrauch durch einen Menschen geschieht fast gänzlich automatisch und unterhalb der Ebene der Bewußtheit. Durch Schulung können Sie jedoch lernen, die ätherische Energie zu manipulieren. Das ist für die Praxis des physischen Heilens von Wert, die ich in einem späteren Kapitel genauer erklären werde. Die meisten Schüler halten es jedoch für einen schnelleren und leichteren Weg, sich direkt mit dem Studium der mentalen Energie zu befassen, denn wenn sie verstanden und unter Kontrolle gebracht ist, geschieht die Kontrolle der ätherischen automatisch.

Emotionale Energie

Vielleicht ist es gut, den Begriff Energie zu definieren, bevor wir weitergehen. Das Lexikon beschreibt Energie als „die Kraft, durch die etwas wirksam handelt, um Dinge zu bewegen oder zu verändern oder eine Wirkung zu erzielen“ oder als „Kraft in aktiver Ausübung“ oder, einfacher, als „die Fähigkeit, Arbeit zu verrichten“. Es teilt Energie in „potentielle Energie“ und „kinetische Energie“ ein. Alles, was sich bewegt, besitzt kinetische Energie – ein fahrendes Auto, ein fallender

Stein, eine sich brechende Welle. Die potentielle Energie wird in „verfügbare Energie“ und „diffuse Energie“ unterteilt. Zur Erklärung könnten wir zum Beispiel sagen, daß eine gespannte Uhrfeder verfügbare Energie besitzt, während ein Stück Kohle diffuse Energie besitzt, wobei der Unterschied darin besteht, daß die gespannte Feder zur sofortigen Arbeit bereit ist, während das Stück Kohle erst angezündet werden muß, bevor seine Energie in Form von Wärme freigesetzt wird.

Alle Lebensenergie ist diffus. Sie muß in irgendeiner Weise umgewandelt oder transformiert werden, um in Arbeit umgesetzt zu werden. Jeder Mensch besitzt eine ganze Reihe von Energieumwandlern, die es ihm ermöglichen, von der Lebensenergie zu schöpfen, die ihn umgibt und in der er lebt, sich bewegt und sein Dasein hat. Der alte Hindu- oder Sanskrit-Ausdruck für diese Umwandler lautet Chakras oder Räder. Dieser Name kommt von ihrem Aussehen. Für eine Person, die das psychische Sehvermögen besitzt, sehen die Chakra wie schnell rotierende Räder aus verschiedenfarbigem Licht aus. Die unverarbeitete Lebensenergie ist rein und ohne Unterscheidungsmerkmale, aber wenn sie durch eines dieser Chakras in menschliche Energie umgewandelt wird, nimmt sie die Eigenschaft dieses besonderen Umwandlers an. Das am vollkommensten erschlossene und deshalb auch aktivste Chakra ist im Durchschnittsmenschen der Solarplexus, dessen Hauptprodukt emotionale Energie ist. Als Folge sind diese Menschen „emotional ausgerichtet“, das heißt, die meisten ihrer Handlungen sind die Folge eines emotionalen Impulses oder Triebs. Selbst einige Menschen mit einem sehr gut entwickelten Geist lassen zu, daß ihr gutes Urteilsvermögen durch die Macht ihrer Gefühle beeinflußt wird, obwohl das Umgekehrte der Fall sein sollte. Aus diesem Grund ist in jedem Menschen eine unterbewußte Sperre für den vollen Gebrauch der mentalen Kraft eingebaut, bis die Emotionen dieses Menschen unter die Herrschaft des Geistes gebracht worden sind. Auf unserem Weg zum Verständnis der Macht des Denkens werden wir also jetzt die Emotionen untersuchen und lernen, wie wir sie einsetzen können, um unsere Ziele zu erreichen.

Lassen Sie mich Ihnen jetzt etwas ganz Wichtiges über die Emotionen sagen. Außer in gewissen seltenen und ungewöhnlichen Situationen sind nur wenige der Emotionen, die Sie fühlen, Ihre eigenen, das soll heißen, selbsterzeugt. Die emotionale Welt ist wie ein Meer, und unsere emotionalen Körper sind wie Fische darin. Manchmal ist die See rauh, und wir sind erregt und werden hin- und hergeworfen. Zu anderen Zeiten ist sie relativ ruhig, und wir empfinden Gelassenheit. Sicher, gelegentlich sind wir erregt, obwohl um uns herum alles ruhig ist, aber umgekehrt ist es fast unmöglich, Gleichmut zu bewahren, wenn über unseren Köpfen ein emotionaler Sturm losbricht. Emotionen werden durch eine Art emotionaler telepathischer Verbindung sehr leicht von einer Person auf eine andere übertragen. Das ist ein Gebiet für sich, das wir in dem Kapitel über Telepathie genauer untersuchen werden.

Um ein Gewahrsein der emotionalen Wogen und Antriebe, die uns bewegen, zu entwickeln, müssen wir zuerst bestimmen, welche selbsterzeugt sind und welche von außerhalb stammen. Manchmal ist diese Unterscheidung leicht. Vor nicht allzu langer Zeit machte ich eine kurze Reise mit dem Zug. Nachdem ich mich auf meinen Platz gesetzt hatte, stellte ich überrascht fest, daß ich Empörung verspürte. Da ich sehr gut wußte, daß ich keinen Grund hatte, empört zu sein, suchte ich nach dem Grund. Er war nicht schwer zu finden. Überall um mich herum lasen Leute Zeitungen, in denen Berichte über Unruhen und Plünderungen standen, die an dem Tag in einer nahegelegenen Stadt vorgefallen waren. Es war die Empörung und Entrüstung dieser Leute, die ich empfand – nicht meine eigene. Wenn ein Freund oder ein Familienmitglied mit einem langen Gesicht und irgendeinem Jammergeschichte zu Ihnen kommt, nehmen Sie das zweifelhafte emotionale Geschenk, das Ihnen so dargeboten wird, nicht an. Der andere steckt in der Klemme. Sie können ihm nicht helfen, indem sie ebenfalls hineinspringen. Eine gewisse Zurückhaltung und ein gutes Urteilsvermögen sind erforderlich. Sie müssen nicht kalt und gefühllos sein –

lassen Sie nur nicht zu, daß Sie von der emotionalen Woge der anderen Person davongeschwemmt werden.

Wenn Sie das Gefühl, das Sie empfinden, als von außen kommend, mit anderen Worten, nicht als ihr eigenes, identifizieren, dann ist es nicht allzu schwer, sich davon zu lösen, wenn Sie das wollen. Lassen Sie mich diese letzten vier Worte besonders betonen – wenn Sie das wollen. Sehr oft werden Sie feststellen, daß das Gefühl angenehm, erregend oder in anderer Weise reizvoll ist und daß Sie es nicht aufgeben wollen. Aber wenn Sie sich entschließen, sich von einer emotionalen Welle zu trennen, die nicht zu Ihnen gehört, dann ist es nur erforderlich, daß Sie aus ihr heraustreten – so wie Sie etwa aus einer Dusche heraustreten, aus einem Umhang oder aus einem Raum oder einer Zelle. Die Trennung kann vollständig oder teilweise erfolgen. Das liegt an Ihrer Entscheidung.

Die Volksmeinung ist ein sehr mächtiger Einfluß. In der Regel ist sie emotional gefärbt, und Sie können sich von diesem Hemmnis genauso einfach lösen, wie Sie sich vom Zorn eines Nachbarn oder von den Ängsten eines Kindes befreien können. In der gleichen Weise, wie Sie durch die unangenehmen und heftigen Gefühle anderer berührt sein können und es oftmals sind, können Sie aus dem Kontakt mit angenehmen und wohlwollenden emotionalen Wellen Nutzen ziehen. Sie wissen wohl, daß sich viele Menschen an andere anlehnen und aus diesem Kontakt einen gewissen emotionalen Trost ziehen. Es kann also geschehen, daß ein anderer versuchen wird, Ihnen zu helfen, oder daß er seine Unterstützung vielleicht gibt, ohne daß es ihm bewußt wird. In jedem Fall wirken Emotionen nur selten auf Entfernung, und je näher die physischen Körper einander sind, um so mächtiger ist die emotionale Übertragung.

Ihr Geist ist mächtiger als Ihre Emotionen, und Ihren Geist müssen Sie benutzen, um unerwünschte emotionalen Müll, den andere hinterlassen haben, zu beseitigen und auch Ihre eigenen unwillkommenen Emotionen zu entfernen. Sie sollten Ihren Geist als Werkzeug benutzen und sich sozusagen aus Emotionen, die unangenehm oder schädlich sind, herausargumentieren. Wenn Sie Angst fühlen, sollten Sie sich sagen: „Wovor soll ich mich fürchten? Ich bin sicher. Dies ist keine neue Situation für mich. Ich bin in ihr – oder in einer ähnlichen Situation – schon mehr als einmal gewesen, ohne daß es schlimme Folgen hatte. Warum soll ich mich also fürchten?" Das sind die ersten Schritte, die man unternehmen muß. Dabei wird nicht der Wille gebraucht. Der Gebrauch des Willens führt zur Unterdrückung und damit zur Gefahr des unerwarteten, explosiven Ausbruchs. Gebrauchen Sie Ihren Geist. Er kann es schaffen, Sie von den augenscheinlichsten emotionalen Bürden zu befreien. Die subtileren wie Stolz, Selbstgerechtigkeit und Eitelkeit sind nicht so leicht aufzuspüren. Oft vergehen Jahre, ohne daß wir erkennen, daß viele unserer Entscheidungen und Handlungen durch einige dieser Torheiten gelenkt sind. Aber wenn wir beginnen, unsere Aura von den dunkleren Emotionen zu reinigen, dann werden sich auch diese subtileren auf ihre Weise jeweils ein wenig verraten. Gewöhnlich sind sie tief verwurzelt und folglich nur sehr schwer auszumerzen. Aber wenn Sie Ihre Entscheidung getroffen haben und immer weiter streben, sich nach jeder Niederlage wieder aufraffen und von neuem beginnen, dann ist Ihnen der Erfolg letztlich sicher.

Dieses Kapitel über die Macht des Denkens besteht aus drei Teilen und faßt einen Lehrstoff der Rosenkreuzer zusammen, der normalerweise drei Jahre in Anspruch nimmt. Vieles davon entspricht gegenwärtigen Lehren der Psychologie; es ist jedoch wesentlich, es hier einzufügen, damit Sie zu einem klaren Verständnis Ihrer inneren Prozesse gelangen können, bevor Sie weiter fortschreiten. Es ist wohl wahr, daß Sie es schaffen könnten, die Macht des Denkens ohne ein angemessenes Verständnis all dieser Fakten einzusetzen – die Gesetze des Zufalls erlauben dies –, aber die Rosenkreuzer halten nichts von Blindversuchen und Zufallstreffern. Sie ziehen Wissen vor. Und Wissen möchte auch ich Ihnen vermitteln.

Es gibt bestimmte einfache Übungen, die Sie als Hilfe verwenden können, um emotionale Beherrschung zu erlangen. Hier sind drei, die ich Ihnen empfehlen möchte. Führen Sie jede einmal oder mehrmals täglich durch, bis Sie sich sicher sind, daß Ihre emotionale Natur fügsamer auf Ihren Verstand reagiert, als sie es gegenwärtig tut.

1. Nehmen Sie eine Schachtel gewöhnlicher Küchenstreichhölzer mit

roten Köpfen, und schütten Sie sie alle auf einen Tisch aus. Mischen Sie sie gründlich, und legen Sie sie dann alle wieder in die Schachtel zurück, so daß die Köpfe alle in die gleiche Richtung weisen. Sinnlos? Durchaus nicht. Eine ausgezeichnete und dabei sehr einfache Übung. Tun Sie es einmal am Tag.

2. Setzen Sie sich in einen Raum, in dem ein Fernsehgerät in normaler Zimmerlautstärke eingeschaltet ist, aber schauen Sie nicht auf den Bildschirm. Drehen Sie, wenn nötig, den Kopf in die andere Richtung, so daß Sie nicht auf das Bild blicken – auch nicht flüchtig. Wenn Sie es geschafft haben, „nicht hinzuschauen“, dann versuchen Sie zu hören oder zu verstehen, was gesagt und getan wird. Das ist schwieriger. Wenn Sie kein Fernsehgerät besitzen, führen Sie die gleiche Übung mit einem Radio durch, indem Sie Ihre Aufmerksamkeit vom Ton ablenken. Das ist ebenfalls schwierig. Als Übung zum Aufwärmen können Sie den Vorgang umkehren und alle Wahrnehmungen außer dem Radioprogramm ausschalten. Das ist leichter. Wenn Sie das geschafft haben, schalten Sie auf ein Musikprogramm um und versuchen Sie, die Wahrnehmung aller Klänge außer dem eines einzigen Musikinstruments auszuschalten. Wenn Sie den Klängen einer Geige oder einer Klarinette für einen Zeitraum von drei Minuten folgen können, dann sind Sie bereit, mit dem ersten Teil dieser Übung anzufangen. Machen Sie das so oft, wie es Ihnen paßt, aber mindestens einmal am Tag, bis Sie es beherrschen. Diese Übung mag vielleicht nicht wie eine Schulung zur emotionalen Beherrschung erscheinen, aber glauben Sie mir, sie enthält alles Wesentliche.

Sie haben wahrscheinlich bemerkt, daß diese und die anderen Übungen, die ich vorgeschlagen habe, eines gemeinsam haben. Sie alle erfordern Bemühung von Ihnen. Das ist wahr. Sie lernen etwas über Engergie und über den Einsatz der Macht des Geistes durch den einfachen Vorgang, daß Sie sich Mühe geben, es zu tun. In der heutigen Welt bekommen Sie nichts umsonst. Alles hat seinen Preis. In diesem Fall ist Ihnen der Erfolg sicher, wenn Sie die Mühe auf sich nehmen.

Die dritte Übung können Sie jeden Tag an jedem Ort und zu fast jeder Zeit durchführen. Sie unterscheidet sich von den anderen beiden darin, daß sie Ihr Verhältnis zu anderen Menschen mit einbezieht. Hier ist sie:

3. Ich möchte, daß Sie sich im Verhältnis zu anderen Menschen bewußt zurückhalten. Wenn Sie eine Straße entlanggehen, lassen Sie die anderen vorgehen, anstatt sich vor sie zu drängen. Wenn Sie mit dem Wagen fahren, bleiben Sie unter der gesetzlichen Geschwindigkeitsgrenze. Wenn Ihnen auf der Straße ein anderer Wagen begegnet, lassen Sie ihm die Vorfahrt. Wenn Sie einen Raum, ein Flugzeug, einen Zug oder ein Büro betreten oder verlassen, lassen Sie die Leute um Sie vorgehen. Tun Sie das alles mit einem liebenswürdigen Lächeln und einer heiteren, freundlichen Einstellung. Das ist eine großartige Übung. Wenn Sie sie nur einen Monat lang täglich praktizieren, dann sind Sie ein neuer Mensch.

Bevor wir zum dritten Teil übergehen, möchte ich noch auf eine weitere menschliche Funktion eingehen, die Sie verstehen sollten. Wie Sie wissen, beeinflussen sich die physische und die emotionale Natur gegenseitig. Eine emotionale Störung wirkt anregend oder hemmend auf den normalen Funktionsablauf des physischen Rüstzeugs. In gleicher Weise werden Sie sich wahrscheinlich gefühlsmäßig depri-miert fühlen, wenn Ihre Lebenskraft auf einem Tiefpunkt ist. Diese Wechselwirkung führt gelegentlich zu sonderbaren Erscheinungen. Ein Rosenkreuzerschüler schrieb den folgenden Bericht über eine Reaktion dieser Art:

„Als ich ein junger Mann war, machte ich einmal einer bekannten und sehr schönen Schauspielerin den Hof. Ich hatte es mir zur Gewohnheit gemacht, mich jeden Abend nach der Vorstellung mit ihr zu treffen, und da sie, bevor sie auftrat, nie viel aß, war sie gewöhnlich sehr hungrig, wenn ich sie um 23.30 Uhr abholte. Wir gingen deshalb dann in ein Restaurant oder einen Nachtclub, und sie bestellte sich ein herzhaftes Mahl. Obwohl ich selbst zu dieser Zeit selten hungrig war, aß ich gewöhnlich auch etwas, um ihr Gesellschaft zu leisten.

Sie war ein nettes Mädchen, aber wie jede schöne junge Frau war sie stolz auf ihre Erscheinung und genoß die Macht, die ihre Schönheit ihr über die Männer gab. Sie wurde von vielen Bewunderern bedrängt, und während sie eifrig ihr Steak oder eine große Portion Roastbeef aß, berichtete sie mir von ihren Abenteuern mit dem einen oder anderen Mann. Sie wußte, daß mich das eifersüchtig machte, und ich vermute, daß sie mit Genuß zusah, wie ich mich wand, ohne daß ich erkannte, daß sie bei mir auch eine Verdauungsstörung hervorrief, an der ich körperlich weitaus mehr litt als an dem leichten, vorübergehenden Gefühl der Eifersucht.

Nach ungefähr einem Jahr ging sie wegen eines Filmvertrags nach Kalifornien, und ich habe sie nie wiedergesehen, aber die Folgen dieser mitternächtlichen Mahlzeiten hängen mir immer noch an. Zuerst habe ich es gar nicht begriffen. Ich wußte, daß ich eine Veranlagung für Verdauungsstörungen hatte und beim Essen vorsichtig sein mußte. Aber erst etwa zehn Jahre später begriff ich endlich, daß ich mich auch in eine viel ernstere Reaktion hineingesteigert hatte. Ich wurde häufig eifersüchtig, unbegründet eifersüchtig, und nach einer solchen Erfahrung, als ich wieder einmal offensichtlich keinen Grund zur Eifersucht gehabt hatte, versuchte ich endlich zu analysieren, was in mir vor sich ging. Da erst begann es mir zu dämmern. Ich hatte irgendetwas Minderwertiges gegessen, das Verdauungsstörungen bei mir hervorrief. Diese körperliche Störung löste in irgendeiner Weise die entsprechende emotionale Reaktion aus, die vor vielen Jahren die Verdauungsstörungen verursacht hatte – Eifersucht. Da wurde mir klar, daß oft, wenn ich andere unbegründet und fälschlich beschuldigt hatte, Dinge zu tun, die mich eifersüchtig machten, der wirkliche Schuldige sich in meinem Bauch befunden hatte – die Schmerzen und die Pein einer Verdauungsstörung.“

Dieser Bericht regte eine Untersuchung an, durch die aufgedeckt wurde, daß physische Umstände und physische Zustände häufig emotionale Reaktionen auslösen, die unbegründet erscheinen und sicherlich nicht vorhersehbar sind, es sei denn, man ist sich des Grundmusters bewußt, das ganz zu Anfang ins Bewußtsein eingeprägt worden ist. Nur Sie selbst können diese Anfangsursache aufspüren, aber wenn sie gefunden und begriffen worden ist, kann die körperlich ausgelöste emotionale Reaktion kontrolliert und schließlich ganz ausgelöscht werden. Viele menschliche Probleme stammen von solchen Mustern, die dem Bewußtsein, manchmal in sehr jungen Jahren, eingeprägt worden sind. Die moderne Psychiatrie ist sich dessen heute bewußt und versucht, den Menschen dabei zu helfen, sich von diesen Mustern zu befreien. Das Wesentliche daran ist, sich selbst zu befreien. Kein guter Psychiater oder Analytiker wird sich für fähig halten, jemand anderen befreien zu können. Ihre besten und erfolgreichsten Bemühungen sind darauf gerichtet, dem Patienten zu Einsicht und Erkenntnis zu verhelfen, so daß er selbst sein normales Gleichgewicht wiederherstellen kann.

Das gleiche gilt für Sie bei Ihren Bemühungen, die Macht des Denkens zu erschließen. Sie müssen sich selbst bemühen. Sie müssen die physischen und emotionalen Gewohnheiten und Hemmnisse aufspüren und auslöschen, die Ihre Gedanken in fruchtlose Bahnen ablenken. Sie müssen für sich selbst eine reine Linie des Denkens aufbauen.

Wir haben bis jetzt die physisch-ätherische Energie und die emotionale Energie besprochen. Im nächsten Kapitel werden Sie erfahren, wie man die mentale Energie kontrollieren kann.

6. Kapitel

Die Macht des Denkens: Die Beherrschung der mentalen und psychischen Energie

Wer lernen möchte, die Macht des Verstandes einzusetzen, muß sich an das Gebot halten: „Suche, finde und verfolge eine reine Linie des Denkens." Die Hindu-Schriften nennen das auf einen Punkt gerichtetes Denken. Wie Sie sicher bemerkt haben, wird das Wort „rein" hier nicht als Gegensatz zu „unrein" verwendet. Es bezieht sich nicht auf Moral oder Sünde, sondern hat die Bedeutung von „entwirrtem Denken". Ein großer Lehrmeister hat einmal gesagt: „Leistung wird in erster Linie weniger durch Zweifel behindert als durch unvollkommenes Denken, das auf alten Gewohnheiten beruht." Das Verlangen nach geistiger Macht sollte wie ein Pfeil sein, den man an einen Bogen anlegt. Er muß mit einer gewaltigen Anstrengung abgeschossen werden, und das Richten auf das Ziel muß perfekt erfolgen. Aber selbst nach einem guten Abschuß kann der Pfeil manchmal durch unvorhergesehene Hindernisse abgelenkt werden. Das Denken ist der Pfeil, und jeder Gedanke ist potentiell schöpferisch. Wählen Sie die besten Ziele aus, und mögen dann Ihre Pfeile ihre Ziele treffen.

Als der Mensch auf diesem Planeten ins Dasein kam, fand er sich in einer Umwelt, die für all seine Bedürfnisse sorgte. Ein gutes Beispiel dafür sind einige Südseeinseln. Das Klima war mild, die Luft klar, die Sonne warm. Kleider waren nicht erforderlich, es gab frisches Wasser im Überfluß und Nahrung, die man nur vom Baum zu pflücken brauchte. Diese ideale Umwelt wird für uns in der biblischen Geschichte vom Garten Eden symbolisch dargestellt. Der Mensch hatte alles, was er brauchte. Arbeit war nicht notwendig, und jeder Wunsch schien ihm schon gewährt, noch bevor er ihn ausgesprochen hatte. Das war – und ist – das Produkt des Denkens eines Erhabenen Wesens.

Aber der Mensch ist auch ein Denker. Er besitzt das einzigartige Vermögen, durch Denken zu schaffen. Schließlich entdeckten also fortgeschrittenere Menschen, daß sie diese Umwelt verändern konnten, und sie veränderten sie, aber nicht immer zum Besten. Diese ersten „Verbesserungen“ waren höchst einfach, aber aus den bescheidenen Anfängen, die sich wahrscheinlich über eine Millionen von Jahren erstreckten, wuchs das Verlangen des Menschen, sich selbst und seine Umgebung „zu verbessern“. Zunächst waren seine Anstrengungen nur physischer Art, und bis zum heutigen Tag kommt diesem Bereich immer noch die größte Beachtung zu. Aber heute gibt es einige, die die Notwendigkeit erkennen, nicht nur ihre Umwelt zu verbessern, sondern auch ihre Reaktion auf diese Umwelt. Von diesen relativ wenigen ringenden Seelen hängen die größten Zukunftsmöglichkeiten des Menschen ab.

In unklarer Erinnerung an vergangene herrliche Zeiten versucht der Mensch, über die Elemente zu gebieten, sie seinem Willen zu beugen, aber es gelingt ihm nur teilweise. Manchmal sind sogar seine Erfolge in dem höherem Sinn Mißerfolge, als sie Mißgestaltungen und Häßlichkeit hervorbringen. Vieles von dem, was der Mensch geschaffen hat, ist von geringem Wert und manchmal sogar schädlich. Nur wenige haben im Lauf der Jahrhunderte wirklich danach getrachtet, Böses zu schaffen, aber viele Menschen haben blind Schöpfungen ins Leben gerufen, die sie selbst zerstörten und anderen schadeten. Dies ist in der Geschichte von Frankenstein symbolisiert. Fast jeder will für sich selbst und für andere Gutes, und doch bringen viele in ihrer Blinheit Böses hervor. Sie streben nach dem, was sie für „gut“ halten, aber aus Selbstsucht oder Angst oder Stolz wenden sie sich gegen andere und schädigen sie. Das ist die schlimmste aller Sünden, andere zu schädigen, und aus diesem Grund weisen uns die meisten esoterischen und religiösen Lehren an: „Trachtet danach, zu heilen und nicht zu schädigen.“

Ich erwähne dies gleich zu Beginn der Anleitung über den Gebrauch der mentalen Kraft, damit Sie verstehen und gewarnt sind, daß der selbstsüchtige Gebrauch der mentalen Kraft für andere gefährlich sein kann und für sich selbst immer gefährlich ist. Das soll nicht bedeuten, daß Sie Ihren Geist nicht dazu gebrauchen sollten, um gewisse materielle Vorteile zu erlangen. Im Gegenteil, genau dazu ist die mentale Kraft bestimmt, zur Beherrschung der Umwelt. Aber es gibt einen richtigen und einen falschen Weg, und der falsche Weg besteht darin, sich selbst auf Kosten oder zum Schaden anderer Vorzüge zu verschaffen. Tatsächlich ist es einfacher, neue Dinge, neuen Reichtum zu schaffen, als mit anderen um etwas bereits Existierendes zu wetteifern. Es steht Ihnen eine ungeheure Fülle zur Verfügung, die nur darauf wartet, von Ihrem Geist angezapft zu werden, daß es eine Verschwendung Ihrer Energie ist, wenn Sie um Reichtümer kämpfen, die bereits von anderen in Anspruch genommen oder angestrebt werden. Wenn Sie etwas haben *müssen,* was ein anderer begehrt oder bereits besitzt, dann ist mit Ihrer eigenen emotionalen Struktur etwas nicht in Ordnung, und ich möchte Sie ernstlich beschwören, sie in Ordnung zu bringen.

Das Erlernen der wahren Beherrschung des Denkens

Als ersten Schritt zur Erlernung der Beherrschung des Denkens sollten Sie den Denkprozeß analysieren und versuchen zu verstehen, was dabei geschieht. Das ist möglich, weil uns allen ein einzigartiges Vermögen eigen ist – wir können denken, und während wir denken, können wir gleichzeitig uns selbst und unseren Denkprozeß analysieren. Eigentlich denken wir immer, ganz sicher in jedem wachen Moment, aber wir nehmen es nur selten zur Kenntnis. Wir nehmen es als selbstverständlich hin, genauso wie unser Atmen und unsere Verdauungsvorgänge. Ständig durchströmen Gedanken unseren Geist, und diese Gedanken sind ihrem Wesen nach schöpferisch. Sie machen uns zu dem, was wir sind, und schaffen unsere Umgebung, die Welt um uns herum, die Dinge, die mit uns geschehen. Denn alles, was wir sehen, alles, was wir hören, alles, was wir vermittels irgendeines unserer Sinne wahrnehmen, hat zuerst als Gedanke im Geist eines denkenden Wesens existiert.

Diese Behauptung ist nicht leicht zu beweisen. Wie bei vielen anderen Behauptungen, die nicht sofort einsichtig sind, liegt der Beweis ihrer Wahrheit hauptsächlich im Tun. Wenn ein perfekter Pianist zum Beispiel behauptet, daß das Erste Klavierkonzert von Tschaikowsky schwerer zu spielen ist als ein Walzer von Chopin, wird der Durchschnittsmensch seine Behauptung akzeptieren, weil er keine Möglichkeit hat, festzustellen, ob es stimmt oder nicht. Nur indem man beide Kompositionen selbst zu spielen lernt, kann man es sich beweisen. Die meisten von uns werden die Meinung des Musikers akzeptieren. In der gleichen Weise akzeptieren wir die Behauptung eines fortgeschrittenen Wesens, daß das Denken, was unsere Welt betrifft, allesdurchdringend und alleserzeugend ist.

Ein Student befragte einmal darüber seinen Lehrmeister. Er wollte wissen, warum eine physische Welt überhaupt notwendig ist, wenn das Denken alleserzeugend und allesdurchdringend ist. Er stellte seine Frage nicht in genau dieser Weise, sondern formulierte sie so, wie Sie sie vielleicht schon mehr als einmal gestellt haben. Er fragte: „Warum bin ich geboren worden? Warum existiere ich als körperliches Wesen?" Sein Lehrmeister, der ein Großer Weiser war, erwiderte: „Um dich im richtigen Denken schulen zu können." Dann erklärte er seine Worte. In der Gedankenwelt gibt es keinen wahrnehmbaren zeitlichen Abstand zwischen dem auslösenden Gedanken und der Schöpfung des Gedankengebildes. Für die menschliche Wahrnehmung geschehen sie gleichzeitig. Aus diesem Grund ist es allen ungeschulten und schlecht disziplinierten Wesen, wie wir Menschen es sind, unmöglich, in der mentalen Welt zwischen Ursache und Wirkung zu unterscheiden. Aber in der physischen Welt, in der alle Schwingungen viel langsamer sind, gibt es zwischen dem auslösenden Gedanken und der physischen Manifestation immer eine wahrnehmbare Zeitverzögerung. Manchmal, wie beispielsweise im Falle menschlichen Handelns, kann dieses Zeitintervall sehr kurz sein, vielleicht nur Sekunden betragen; in der Regel ist es jedoch viel länger. Wenn eine Veränderung in der bestehenden physischen Welt erforderlich ist, kann es zehn Tage, Monate oder sogar Jahre dauern, bis sie stattfindet. Diese zeitliche Verzögerung gibt unserem schwerfälligen Beobachtungsvermögen die

Gelegenheit, Ursache und Wirkung zu entdecken und zwischen ihnen zu unterscheiden. Das ist der Grund, warum wir in der physischen Welt leben.

Das Zeitintervall zwischen geistiger Ursache und physischer Wirkung kann von jedermann wahrgenommen werden, aber die Verbindung oder Beziehung zwischen den beiden ist nicht immer offensichtlich. Deshalb besteht ein Teil Ihrer Schulung darin, Ursachen aufzuspüren. Nehmen Sie nichts als gegeben hin, denn alles hat eine Ursache, manchmal unmittelbar, manchmal indirekt. Beginnen Sie mit offensichtlichen Zusammenhängen, etwa damit, daß die Hitze einer Flamme Schmerz verursacht, wenn Sie einen Finger hineinhalten, oder daß ein Handtuch naß wird, wenn Sie es in einen Kübel mit Wasser halten. Gehen Sie dann zu subtileren Zusammenhängen über, zum Beispiel zu den Ursachen eines Aufruhrs. Hier werden wir vielleicht feststellen, daß viele Menschen, die nichts zu tun hatten, auf der Straße waren, weil die Nacht zu heiß war, um im Haus zu bleiben. Zudem hatte die anhaltende Hitzewelle die Menschen reizbar gemacht. Drittens war da ein Mann gewesen, der ihnen eine leidenschaftliche Rede darüber gehalten hatte, wie unglücklich sie seien und wieviele Ungerechtigkeiten ihnen aufgebürdet würden. Und ganz unten, bedeutungsmäßig fast am Ende der Ursachenliste kommt dann der eigentliche Vorfall, der den Aufruhr schließlich herbeiführte.

Sie sollten jeden Tag drei oder vier Ereignisse aus der Zeitung heraussuchen und analysieren. Sie werden in Ihrer Beurteilung der Ursachen nicht immer richtig liegen, weil Ihre Informationen vielleicht unvollständig sind oder weil der Bericht voreingenommen geschrieben ist. Aber Sie verschaffen sich auf diese Weise die notwendige Übung. Viel schwieriger ist es, die Ursachen Ihres eigenen Handelns aufzudecken. Wir sehen uns selbst immer gern in einem guten Licht, und das verleitet uns dazu, die wahren Ursachen vieler Dinge, die wir tun, (vor uns selbst) zu verschleiern. Immer wenn wir innerlich glauben, daß eine Ursache der Vorstellung, die wir von uns selbst haben, unwürdig ist, vergraben wir sie tief im Unterbewußtsein und geben uns selbst irgendeinen oberflächlichen aber akzeptableren Grund für unser Verhalten an. Wenn Sie in Ihrem Selbststudium beharrlich fortfahren – und das sollten Sie tun – dann wird Ihnen das, was Sie finden werden, wahrscheinlich nicht gefallen. Das geht jedem so. Aber die Entdeckungen, die Sie machen, und die Korrekturen, die Sie vornehmen, werden Sie zu einem besseren Menschen, einem glücklicheren Menschen und einem erfolgreicheren Menschen machen.

Gedankenausstrahlung

Lassen Sie uns nun mit dem Studium des Denkens fortfahren. Jeder Gedanke erzeugt von Beginn an eine doppelte Wirkung. *Erstens* ist da eine schwingende Welle, eine Ausstrahlung vom Zentrum, die der Ausbreitung einer Radiowelle vom Sendeturm aus nicht unähnlich ist. Diese Welle breitet sich gleichmäßig in alle Richtungen aus, wobei ihre Intensität, die je nach Entfernung variiert, allmählich abnimmt. Sie strahlt solange aus dem Geist des Denkenden aus, wie der Gedanke festgehalten wird, hört jedoch sofort auf, wenn das Denken sich ändert oder aufhört. Wie alle anderen Schwingungen neigen diese geistig bewirkten Schwingungen dazu, sich selbst wieder hervorzubringen, wann immer sich die Gelegenheit bietet. Sicher ist Ihnen das physikalische Experiment vertraut, bei dem eine Stimmgabel dadurch zum Schwingen gebracht wird, daß man den entsprechenden Ton auf dem Klavier anschlägt. In der gleichen Weise erregen diese mentalen Schwingungen in einem anderen mentalen Körper ihre eigene Frequenz. Mit anderen Worten, sie neigen dazu, in einem empfangenden Geist Gedanken der gleichen Art zu erregen wie im Geist des Denkenden, der sie hervorgebracht hat. Die Entfernung, bis zu der diese Gedankenwellen vordringen, und ihre Wirkung auf den Geist anderer hängen von der Kraft und der Klarheit des ursprünglichen Gedankens ab.

Der Vorgang ähnelt in gewisser Weise dem Sprechen. Die Stimme erzeugt Klangwellen, die sich in alle Richtungen ausbreiten. Die Entfernung, bis zu der die Stimme vordringt, hängt von der Kraft und Klarheit der ursprünglichen Lautäußerung ab. Auch wird Hören nicht immer schon Verstehen bedeuten. In der gleichen Weise treffen viele Gedankenschwingungen auf einen Geist auf, die er gar nicht registriert, weil ihm die Möglichkeit fehlt, sie mit seinem gegenwärtigen Wissen in Verbindung zu setzen. Ein Faktor ist auch die nötige Aufmerksamkeit. Ein Mann, der sich gerade mit der Lösung eines geschäftlichen Problems abmüht, wird selbst die wertvollste geistige Botschaft über etwas, das mit seinem Problem in keinem Zusammenhang steht, wohl kaum registrieren. Aber im großen und ganzen wird ein kraftvoller Gedanke weiter ausstrahlen als ein schwacher und unentschiedener, und klare, deutlich umrissene Gedanken dringen besser vor als solche, die vage und verworren sind.

Im allgemeinen vermitteln diese Gedankenausstrahlungen mehr das Wesen des Gedankens als seine Einzelheiten. Wenn beispielsweise ein hoch entfalteter und hingebungsvoller Mensch einen Raum voller Menschen betritt, dann werden die Wellen der Gedanken und Gefühle, die von ihm ausströmen, jeden Anwesenden berühren. Aber die Reaktion wird nicht in jedem Fall dieselbe sein. In jedem einzelnen werden in einer ihm höchst vertrauten Weise die eigene Hingabe und die eigenen Ideale angesprochen, und das würde wahrscheinlich für jeden anders sein. Gemeinsam wäre allen nur die allgemeine Anhebung der Schwingungsart. Jeder, der erhabene Gedanken denkt, strömt die Art von Schwingungen aus, die dazu neigt, eine ähnliche Gedankenebene in anderen anzuregen. Sie haben eine starke Wirkung auf jeden Geist, der erhabenes Denken gewohnt ist, aber daneben berühren sie in gewissem Grade jeden Geist, der sich innerhalb ihres Ausstrahlungsradius befindet. Auf diese Weise können stumpfsinnigere Geister zu höheren Möglichkeiten erweckt werden und diejenigen, die sich normalerweise nicht mit metaphysischen Vorstellungen abgeben, angeregt werden, so daß jeder, der auf einer erhabenen Ebene denkt, eine Form von missionarischer Tätigkeit erfüllt, auch wenn er sich dessen selber nicht bewußt ist.

Die *zweite* Wirkung des Denkens ist die Schöpfung einer Form. Wie bereits dargestellt wurde, bewegen wir uns in einem Meer der Energie, die für das Denken höchst empfänglich ist. Jeder Impuls, der vom Geist ausgesendet wird, kleidet sich sofort in eine Form dieser belebten Materie. Auf diese Weise wird der Gedanke für eine längere oder kürzere Zeitdauer zu einem gleichsam lebenden Geschöpf, wobei die Gedankenkraft als Seele und die belebte Substanz als Körper fungiert. Diese seltsamen Gebilde existieren sowohl auf emotionalen wie auch auf mentalen Ebenen, und manche Autoren bezeichnen sie als „Elementargeister". Wenn es sich um einen Gedanken über einen anderen Menschen handelt, dann zieht diese Gedankenform (oder dieser Elementargeist) zu dieser anderen Person und entlädt seine modifizierte Energie über dessen mentalen Körper. Wenn es ein Gedanke über einen selbst ist, wie die große Mehrheit der Gedanken des durchschnittlichen Menschen, dann bleibt diese Gedankenform in der Nähe, bereit, auf ihren Schöpfer einzuwirken, wann immer er sich in einem entspannten oder passiven Zustand befindet.

Ein Mann, der gerne ißt, denkt beispielsweise an ein üppiges Bankett, gekrönt von reichhaltigen Desserts. Während er arbeitet und sich auf seine Aufgabe konzentriert, wird er das alles vielleicht vergessen, obwohl die von ihm erzeugten Gedankenformen wie eine Wolke über ihm schweben. Sobald er aber sein Büro verläßt und seine Aufmerksamkeit nicht länger auf seine Arbeit gerichtet ist, wird ihn ein heftiges Verlangen nach Essen befallen. Er selbst wird vielleicht glauben, daß er lediglich wieder Appetit bekommen hat, aber in einem Land des Überflusses hat man so gut wie nie Zeit, zwischen den Mahlzeiten wirklichen Hunger zu entwickeln. In seinem Fall ist sein Verlangen nach Essen nur die Reaktion seiner eigenen Gedankengebilde auf ihn. Das würde in gleicher Weise auf eine Person zutreffen, die unreine Gedanken hegt, und es trifft natürlich in zahllosen anderen Fällen zu. Wenn die Aufmerksamkeit anderwärtig beansprucht ist, werden die Gedankenformen abgehalten, unter die Bewußtseinsebene gedrückt, aber sobald sich der Geist entspannt, kehren sie zurück und erfüllen das Bewußtsein. Ein religiöser Mensch würde das vielleicht eine Versuchung durch den Teufel nennen; tatsächlich sind es aber nur seine eigenen Gedankengeschöpfe, die zurückkehren und seine Aufmerksamkeit und Duldung fordern.

Jeder Mensch durchschreitet das Leben eingeschlossen in einen wahrhaften Käfig von Formen, die er mit seinen Gedanken und Begierden selbst erzeugt hat. Durch dieses trübe Medium betrachtet er die Welt, und alles, was er sieht, ist natürlicherweise eingefärbt und modifiziert durch das Schwingungsraster, das er sich aufgebaut hat. Das meint der Heilige Paulus mit seiner Feststellung: „Wir aber sehen nur undeutlich durch ein dunkles Glas." Bis man eine zufriedenstellende Beherrschung des Denkens und der Gefühle erreicht hat, lebt man in einer Welt der Illusionen, in der nichts wirklich so ist, wie es einem erscheint. Zusätzlich zu dem Einfluß, den sie auf unsere Handlungen ausübt, besitzt jede Gedankenform die Neigung, sich selbst in der physischen Welt als eine Handlung, ein Ereignis oder ein physischer Gegenstand zu reproduzieren. Eine sehr schwache und unbedeutende Gedankenform wird sich längst aufgelöst haben, bevor ihre „Abbildung" stattfinden kann. Aber eine machtvoll ausgestattete Gedankenform wird gewöhnlich in relativ kurzer Zeit eine physische Manifestation nach sich ziehen. Es heißt hier „gewöhnlich", weil in jeder Minute eines jeden Tages viele Millionen von Gedankenformen ins Leben gerufen werden, wovon oft bestimmte in diametralem Gegensatz zueinander stehen. In dem Fall heben sie sich in ihrer Wirkung auf. Es ist unser Glück, daß sie das tun, denn die Menschheit bringt in der Regel nicht unbedingt gute Gedankenformen hervor. Es wurde einmal gesagt, daß selbst der kleinste Gedanke, wenn er ohne Widerstand in den Trichter des Alls gelangt, viele gleichgeartete Parasiten anzieht und auf diese Weise die dunstige Atmosphäre dieses Planeten erzeugt. Man kann sich gut vorstellen, wie Millionen von niederen Gedanken gleich dunklen Heuschreckenschwärmen über die Oberfläche der Erde kreisen und um sich herum eine undurchdringliche und dunstige Atmosphäre erzeugen.

Oft wenden Schüler ein: „Ich verstehe nicht, inwieweit das mich betreffen soll. Ich sehe keine undurchsichtige Atmosphäre. Am Tag scheint die Sonne strahlend zu scheinen, und in der Nacht leuchten die Sterne am klaren Himmel." Es ist schwierig, die konkrete Wirklichkeit des Denkens zu erfassen. Man lehrt und schult uns in einer Weise, daß nur dem hörbaren Wort Bedeutung zugemessen wird. In unserem Erziehungssystem wird kein ernsthafter Versuch unternommen, die Macht des Denkens zu studieren. Den kraftlosen Bemühungen von J. B. Rhine an der Duke University und anderer gleich ihm ist kein wissenschaftlicher Rang zuerkannt worden, und wahrscheinlich wird irgendein bedeutender Schritt, wie beispielsweise das Interesse der Regierung einer bedeutenden Macht, erforderlich sein, damit überhaupt irgendeine wirklich umfassende und produktive Forschung in Angriff genommen wird. Angesichts der Ungläubigkeit, von der wir umgeben sind, ist es deshalb nicht überraschend, daß es uns nicht gelingt, dieses Wissen auf unser tägliches Leben anzuwenden. Gedanken sind für die meisten stumm und unsichtbar, und das erzeugt die Illusion, daß sie wirkungslos und unbedeutend sind. Aber wir sollten unsere Gedanken so sorgfältig wählen wie unsere Worte und ihnen nicht erlauben, ziellos herumzustreifen und für uns und für andere eine Zukunft zu schaffen, von der wir keine Ahnung haben.

Jeder Gedanke neigt dazu, sich in physischer Gestalt zu reproduzieren

Lassen Sie mich zur Hervorhebung nochmals wiederholen, daß jedem Gedanken die Neigung innewohnt, sich in physischer Gestalt zu reproduzieren. Manche Gedanken sind zu schwach, andere zu kompliziert, um das physische Stadium jemals zu erreichen, aber ein klarer Gedanke, den man ständig wiederholt, wird früher oder später fast sicher eine Kopie seiner selbst erzeugen. Manchmal wird eine lange Zeitspanne dazwischenliegen, doch ein klarer Gedanke, der mit keinem anderen konkurriert, der gut veranschaulicht und häufig wiederholt wird, wird sich immer physisch manifestieren.

Lassen Sie mich Ihnen eine wahre Geschichte erzählen, die dies verdeutlicht. Da war ein junger Mann, der arbeitslos war und dringend eine Arbeit brauchte. Er hörte von der Macht des Denkens und versuchte, sie einzusetzen, um sich eine Stellung in der Geschäftswelt zu schaffen. Er hatte keine Ahnung, was für eine Gelegenheit sich ihm bieten würde, und da er keine Möglichkeit von vornherein ausschließen wollte, beschränkte er seine visuelle Vorstellung auf ein Bild von sich selbst, wie er in einem Privatbüro, seinem eigenen Büro, saß; zunächst nicht mehr als vier Wände, ein Fenster und ein kleiner Schreibtisch. Aber als Tage und Wochen vergingen und er jeden Tag getreulich diese Visualisierung fortsetzte, gestaltete er das Bild immer weiter aus. Allmählich wurde es größer. An den Wänden erschienen Bilder, aus dem einfachen Blechschreibtisch, den er sich zuerst vorgestellt hatte, wurde einer aus geschnitztem Holz. In dem Maße, wie das Büro wuchs, weiteten sich auch seine eigenen Vorstellungen davon aus und er dachte: „Warum nicht auch noch ein Schrank, wo ich einen Ersatzanzug aufbewahren kann, falls ich den Abend in der Stadt verbringen muß?"

Als er so weit gegangen war, dachte er an ein Ankleidezimmer und ein Bad in einem kleinen Anbau zu dem Büro. Er stellte sich Bücherregale an der Wand hinter sich vor und ein großes Panoramafenster zu seiner Rechten. So veränderte sich seine Visualisierung und weitete sich aus. Er hielt getreulich an seiner täglichen Meditation fest und verzweifelte nie, während die Wochen verstrichen. Schließlich schlichen sich kleine Details in das Bild ein, Details, die hineinzubringen er nie beabsichtigt hatte. Obwohl er in New York lebte und erwartete, dort zu arbeiten, konnte er zum Beispiel eine Palme sehen, die sich vor dem Fenster im Wind bewegte. Ungefähr zu dieser Zeit fand er eine Stellung, eine gute Stellung, mit einem einfachen Büro, das lediglich aus vier Wänden und einem Blechschreibtisch bestand. Es glich zwar nicht dem Bild, das er sich zuletzt vorgestellt hatte, aber es war eine Stellung, und er war zufrieden. Also gab er die Visualisierung auf.

Doch jetzt folgt ein Nachspiel. Vierzehn Jahre später, nachdem er ein recht erfolgreicher Mann geworden war, kaufte er sich ein Haus in Florida. Es hatte ein großes Wohnzimmer mit Panoramafenstern, und als er dort eines Tages hinter einem geschnitzten Schreibtisch saß, der zu der Ausstattung des Hauses gehört hatte, und müßig aus dem

Fenster zu seiner Rechten starrte, kam ihm plötzlich die Erinnerung. Die Palme, die sich vor dem Fenster im Wind bewegte, löste sie aus. Dieser Raum, in dem er saß, war eine Kopie des Raumes, den er sich vor vielen Jahren vorgestellt hatte. Sicher, damals hatte er ihn sich als Büro und nicht als Wohnzimmer vorgestellt, aber die Bücherregale standen hinter ihm, es gab ein Ankleidezimmer und ein Bad, und draußen schwankte eine Palme im Wind. Ich kann mich für die Richtigkeit dieses Berichts bis ins kleinste Detail verbürgen, denn der betreffende Mann ist kein anderer als ich selbst.

Wie man einen Gedanken zur physischen Manifestation bringt

Der wichtigste Faktor, um einen Gedanken zur physischen Manifestation zu bringen, ist die Klarheit der damit verbundenen bildlichen Vorstellung. Dies wird genauer in dem Kapitel über „Gebet" behandelt werden. Ich muß nun voraussetzen, daß Sie bisher die Schulungsübungen, die ich Ihnen gegeben habe, und andere ähnliche, die Sie für sich selbst erdacht haben, durchgeführt haben. Nach einigen Wochen dieser Schulung sollten Sie zu verstehen beginnen, wie man seinen Geist gebraucht. Um bei dem Bild des Kindes zu bleiben, das lernt, seine Muskeln zu gebrauchen: Sie werden die Stufe des Kleinkindes hinter sich gelassen haben und sind bereit, sich einige differenziertere geistige Fertigkeiten anzueignen. Beginnend mit dem nächsten Kapitel werden Ihnen entsprechende Anleitungen und Übungen gegeben, aber hier möchte ich Ihnen gern ein paar praktische Vorschläge übermitteln, die ein fortgeschrittener Schüler empfiehlt.

1. Vermeiden Sie chaotisches Denken, und versuchen Sie, logisch zu denken. Menschen, die chaotisch denken, sind wie jene, die in der Dunkelheit mit den Händen herumfuchteln, ohne sich der Dinge, die sie treffen, bewußt zu sein. Da wir es nicht vermeiden können, zu denken, sollten wir wenigstens lernen, in einer geordneten Weise zu denken. Wir selbst sind lebendes Denken, und es ist höchst schwierig, den unaufhörlichen Strom von Materie, der Substanz unseres Bewußtseins, der von unserem Geist in das All fließt, zu

kontrollieren. Wenn wir das könnten, wären wir wirklich Übermenschen. Wir wollen aber tun, was wir können. Sobald Sie sich eines negativen Gedankens bewußt werden, stoßen Sie ihn fort. Ersetzen Sie ziellose Gedanken durch präzise. Sie sind tatsächlich viel weniger ermüdend. Jeder Mensch sollte, da er sich von jedem anderen Menschen unterscheidet, seinen eigenen, speziellen Pfad zum logischen Denken entwickeln.

2. Vermeiden Sie unwahres oder verzerrtes Denken. Wieviel unerklärliches Pech läßt sich durch verzerrtes Denken erklären! Achten Sie, soweit Sie dazu in der Lage sind, auf die Folgen unwahren oder verzerrten Denkens, das man manchmal auch Vorurteil nennt. Hören Sie auf, Ihre eigene Zukunft zu gefährden. Hören Sie auf, dunkle, gefährliche Gedanken freizusetzen, denn diese kommen wie ein Bumerang in der Gestalt von „Pech“ zu ihnen zurück. Hier ist sehr viel Sprengstoff im Umlauf, der sowohl auf persönlicher, wie auch auf nationaler Ebene erforscht werden sollte. Natürlich ist es nicht leicht, geradlinig zu denken. Die meisten Menschen sind durch ihre unbewußten Gedanken und Vorurteile so gelähmt, daß sie nicht wissen, ob sie unwahr denken oder nicht, und wenn dann etwas falsch läuft, sind sie sich des Zusammenhangs nicht bewußt.
3. Zusätzlich zur Korrektur und zum Gegengewicht sollten Sie eine positive Einstellung annehmen. Ein Segensspruch, der in die Welt gesandt wird, ist die reinste und feinste Form von Gedankenenergie. Ihre eigenen Vorhaben können durch Segenswünsche wachsen. Unglücklicherweise sind die Menschen gewöhnlich so von ihren persönlichen Problemen eingenommen, daß ihnen dies selten klar wird. Ihr Verlangen nach Verbesserung, nach einer besseren sozialen Stellung und der Anerkennung durch andere beherrscht ihr Denken in einer wirren Weise. Es ist unmöglich, diese Neigungen zu ignorieren, es ist zwecklos zu versuchen, sie loszuwerden. Der beste Kurs, den man anschlagen kann, besteht in dem Versuch, sie auf einen besseren und höheren Kurs hinzusteuern. Es ist eine Frage der Richtung. Die gleichen äußeren Einflüsse bringen Sie vielleicht wieder auf den gleichen alten Handlungskurs zurück, aber wenn Ihr Ziel auf einen höheren Zweck gerichtet ist, dann wird Ihr

Handeln zu einer Bewegung in der richtigen Richtung. Niemand wird über Nacht vollkommen, und es ist nicht so, daß Sie keine Fehler mehr machen werden. Aber in dem Maß, wie Sie sich der Energiegesetze bewußt werden und anfangen, mit dem Instrumentarium des Denkens sachkundiger umzugehen, werden Sie feststellen, daß sich Ihr ganzes Leben zum Besseren hin verändert. In dem Maß, wie Ihre Macht über Ihre Umwelt wächst, werden Sie glücklicher und ausgeglichener werden und mit sich selbst und anderen mehr im Frieden sein. Und das wird ganz sicher geschehen, wenn *Sie* aufrichtig und gewissenhaft den Anweisungen in diesem Buch folgen.

7. Kapitel

Heilen durch die Kraft der Psychischen Energie

Im 1. Kapitel haben wir kurz die Notwendigkeit von Gleichgewicht im menschlichen Organismus berührt, und ich habe Ihnen zwei Übungen gegeben, die Ihnen helfen sollten, dieses Gleichgewicht zu erlangen und zu bewahren. Jetzt wollen wir das gesamte Heilungskonzept der Rosenkreuzer ausführlicher erforschen, wobei weitere nützliche Übungen und Behandlungen dargestellt werden.

In seinem Buch „Der Mensch, das unbekannte Wesen" schreibt Dr. Alexis Carrel:

„Diejenigen, die das Phänomen des Lebens erforschen, sind wie verloren in einem unentwirrbaren Dschungel inmitten eines Zauberwaldes, dessen zahllose Bäume unaufhörlich ihren Standort und ihre Gestalt verändern. Diese Forscher werden von einer Masse von Fakten erdrückt, die sie zwar beschreiben, aber nicht mit algebraischen Gleichungen definieren können."

Dr. Carrel, einer der größten Biologen der Welt, entschuldigte sich damit für die große Mehrheit seiner Kollegen und versuchte zu erklären, warum sie immer noch bei dem Versuch herumstolperten, an Wirkungen herumzubessern, anstatt Ursachen zu korrigieren.

Ein anderer tiefgründiger Denker sagte über dem Problem der menschlichen Krankheiten: „In keinem Bereich des menschlichen Denkens ist die Finsternis größer als hinsichtlich der Gesetze, die Krankheit und Tod betreffen." Unsere größten Geister tasten nach einem Verständnis dieser Gesetze und haben dabei ein gewisses Maß an Erfolg, und doch befinden sie sich immer noch in relativer Unwissenheit. Wie es Dr. John Erdmann, damals Chefchirurg des New York

City's Post Graduate Hospital (heute Universitätsklinik) einmal bedauernd formulierte: „Es gibt so viel, was wir nicht wissen."

Die Hauptursache von Krankheit liegt in der Tatsache, daß der durchschnittliche Mensch seinen Körper ständig mißbraucht. Wenn man alles bedenkt, dann ist es eigentlich erstaunlich, daß wir uns überhaupt noch in einem so guten Zustand befinden. Unser selbsttätiger Regenerierungsmechanismus ist so leistungsfähig, daß wir einen ernsten und schädlichen Mißbrauch oft jahrelang wiederholen, bevor wir schließlich gezwungen sind, den Folgen in Gestalt eines physischen Zusammenbruchs ins Auge zu sehen. Manchmal läßt sich die Ursache leicht aufspüren, manchmal entzieht sie sich der gründlichsten Analyse. Ganze Bücher ließen sich zu diesem Thema schreiben, aber ich kann bestenfalls hoffen, in dieser Abhandlung einige weitverbreitete Mißverständnisse richtig zu stellen, dadurch die Grundlage für ein besseres Verständnis des Heilungsprozesses selbst zu liefern und Sie zu lehren, was Sie tun können, um sich selbst und andere zu heilen.

Es gibt drei grundsätzliche Methoden, Heilung herbeizuführen. Alle drei haben ihren eigenen Rang und Wert.

Erstens ist da die allgemein anerkannte Behandlung durch einen Arzt. Unter diese Rubrik fallen die allopathischen und homöopathischen Schulen der Mediziner, die Strahlen- und Wärmebehandlungspraktiker und die Vertreter der verschiedenen osteopathischen und chiropraktischen Disziplinen. Sie alle haben viel gute und konstruktive Arbeit geleistet und leisten sie immer noch, und wir schulden der Weisheit, der Fertigkeit und den selbstlosen Bemühungen dieser Mediziner sehr viel. Sie befassen sich ständig mit kritischen Zuständen, denn kaum einer sucht einen Arzt auf, bevor er nicht ziemlich krank ist oder dringend Hilfe nötig hat. Tatsächlich behandeln sie häufig die gefährlichen Wirkungen von Ursachen, die an der Oberfläche nicht sichtbar sind und von denen sie nur wenig oder gar nichts wissen. Angesichts dieser Handicaps grenzt ihr Erfolg fast schon an ein Wunder. Sie haben ihren Platz auf dem Gebiet der Heilung, und Sie sollten nicht zögern, sie im Notfall zu konsultieren. Aber vergessen Sie nicht, wenn Sie das tun, begeben Sie sich in die Hände eines Außenstehenden, zu dem Sie Vertrauen haben sollten, und in diesem Vertrauen sollten Sie deshalb passiv, still und empfänglich sein.

Zweitens ist da die Gruppe der Heilpraktiker und geschulten Psychologen, die wissen, daß viele physische Leiden auf einer geistig-seelischen Verdrängung, Verwirrung und Störung beruhen, und versuchen, diese subjektiven Zustände zu behandeln. Sie spüren die falschen Geisteshaltungen, die Psychosen, Hemmungen und Komplexe auf, die im Körper die Krankheit hervorrufen und Neurosen und Geisteskrankheiten heraufbeschwören. Mit den Methoden dieser Gruppe wird der Patient gelehrt, mit dem Psychologen oder Analytiker zusammenzuarbeiten, damit er zu einem angemessenen Selbstverständnis gelangen und lernen kann, jene inneren unwiderstehlichen Triebe zu entwurzeln, die für die unangenehmen äußeren Folgen verantwortlich sind. Diese Ärzte haben einen großen Schritt in die richtige Richtung getan und bemerkenswerte Arbeit geleistet. Unglücklicherweise ist ihre Aufgabe nicht so leicht, wie manche von ihnen vielleicht denken. Die menschliche Psyche besitzt viele Feinheiten, von denen nur wenige an der Oberfläche erscheinen, und das führt oft zu einer Überbetonung des Wahrnehmbaren und in der Folge zu einer Vernachlässigung anderer Faktoren, die in der Gedanken- und Gefühlswelt des Patienten von viel größerer Bedeutung sind. Deshalb beschwöre ich Sie, überaus vorsichtig damit zu sein, sich in die Hände eines Psychologen oder Psychoanalytikers zu begeben. Einen praktischen Arzt zu konsultieren ist oftmals gut, weil Sie in seinen Händen passiv und negativ sind oder sein sollten. Das Wesen der modernen Psychotherapie besteht jedoch darin, die Kooperation des Patienten zu suchen und zu gewinnen. Man lehrt Sie, positiv und aktiv zu sein, und für einen Menschen wie Sie es sind, dessen psychischen Zentren sich zu öffnen beginnen, ist es höchst unklug, sich dieser Art von Behandlung auszusetzen, es sei denn, sie liegt in den Händen des besten, mit anderen Worten, eines wirklich intuitiven Praktikers. Normalerweise ist es besser, eine äußere Einmischung in etwas zu vermeiden, das letztlich eine Reise zur Selbsterforschung ist. Auf den einen, der Ihnen helfen und Sie auf den richtigen Weg führen kann, kommen zwanzig oder mehr, die Sie auf eine sinnlose und manchmal gefährliche Suche schicken werden. In diesem Buch finden Sie genügend Informationen und Anleitungen, die Sie befähigen, sich selbst zu verstehen, wenn Sie es nur versuchen. Nützen Sie es.

Das beste Heilmittel – das Goldene Elixier

Drittens ist da die Anwendung der psychischen Energie. Das ist die Energie, die Leben erzeugt und erhält. Sie ist auch das beste Heilmittel, das goldene Elixier. Wenn sie in ausreichender Zufuhr vorhanden ist, belebt sie mit ihrer Kraft die Materie und beseitigt jene Ansammlung und Verstopfungen, die eine so fruchtbare Quelle von Krankheiten sind. Man kann sagen, alle Krankheit ist die Folge von einer unzureichenden Zufuhr von psychischer Energie. Die wahre Kunst des Heilens besteht deshalb darin, psychische Energie so freizusetzen, daß sie alle Organe und Teile, die irgendeine Art von physischer Gestalt bilden, durchströmt. Das klingt ziemlich einfach, aber die damit verbundenen Prozesse sind alles andere als einfach. Sie erfordern, daß Sie bestimmte Beherrschungen erlernen, die man sich nur durch Übung aneignen kann. Aber es sind Beherrschungen, deren Anwendung jeder lernen kann und die Sie zu einem bestimmten Grad vielleicht sogar schon gebrauchen. Lassen Sie mich das erklären.

Es gibt viele Ursachen für Schmerz und Tod. Sie reichen von äußeren Umständen, für die Sie in keiner Weise verantwortlich sind, wie etwa Unfälle oder Angriffe durch Tiere oder andere Menschen, bis zu allen möglichen Arten von Leiden, für die Sie teilweise oder ganz verantwortlich sind. Diese umfassen Infektionen, Krankheiten, die auf schlechte Ernährung in der Kindheit oder auf Vererbung zurückgehen, und jene physischen, emotionalen und geistigen Zusammenbrüche, die sich direkt auf Ihre eigenen Handlungen und Schwächen zurückführen lassen. All diese Bedingungen, die sich im physischen Körper zeigen, sind Wirkungen einer Ursache. Wenn Sie die Ursache finden und verändern können, werden Sie andere und hoffentlich bessere Wirkungen erhalten. Aber selbst wenn Sie die Ursache nicht finden, können Sie die Wirkung mildern und oft sogar beseitigen, indem Sie psychische Energie hineinbringen. Ich werde zunächst beschreiben, wie Sie sich selbst heilen können, und dann, wie Sie andere heilen können.

Sich selbst zu heilen ist schwerer als andere zu heilen. Viele erfolgreiche Heiler, die wegen ihrer bemerkenswerten Heilungen berühmt sind, haben bei den seltenen Gelegenheiten, wo sie selbst einmal eine Krankheit befällt, fast gar keinen Erfolg. Aber das muß nicht so sein. Der wesentliche Faktor ist, daß Sie anfangen, sich zu heilen, bevor das Leiden es Ihnen unmöglich macht. Niemand kann sich selbst oder einen anderen heilen, wenn der Betreffende im Delirium ist, hohes Fieber hat oder so geschwächt ist, daß er nicht mehr klar denken kann. Lassen Sie Ihre Energieladung sich niemals erschöpfen, dann werden Sie immer in der Lage sein, sich selbst zu heilen, solange Sie Ihre Gedanken beherrschen können.

Den ersten Schritt zur Selbstheilung sollten Sie jetzt sofort tun, heute, bevor mit Ihnen irgend etwas nicht in Ordnung ist. Sie sollten etwas unternehmen, um Ihren Energievorrat zu erhöhen und auf einem hohen Niveau zu halten. Das allein wird Sie vor den meisten Infektionen und anderen Krankheiten schützen. Und es wird Ihnen eine solide Grundlage verschaffen, von der aus Sie einen bewußten Heilungsprozeß beginnen können, sollte ein Unfall oder eine plötzliche Krankheit Sie niederwerfen.

Wie man seine heilsame Energie außerordentlich steigern kann

Die meisten Menschen nehmen ihre Energie oder ihren Mangel daran als gegeben hin. Sie wissen zwar, daß manche Menschen mehr Energie haben als andere, aber abgesehen von einem gelegentlichen Neidgefühl denken sie nicht weiter darüber nach. Es fällt ihnen niemals ein, sich zu fragen, warum das so ist und ob sie nicht etwas tun können, um es zu korrigieren. Und doch können Sie wie jeder andere auch die Energiemenge, die Ihnen normalerweise zur Verfügung steht, außerordentlich steigern. Es gibt viele Methoden dafür. Hier ist eine solche Übung, die ziemlich einfach ist und ungefähr eineinhalb Minuten in Anspruch nimmt.

1. Sitzen Sie aufrecht aber nicht verkrampft – oder stehen Sie bequem, das Gewicht gleichmäßig auf beide Füßen verteilt.
2. Atmen Sie tief ein, und zählen Sie dabei bis fünf.
3. Entspannen Sie sich langsam, und atmen Sie aus, wobei Sie bis zehn zählen.
4. Wiederholen Sie das zehnmal hintereinander.
5. Pressen Sie, während Sie diese Übung durchführen, Ihre Kinnbakken fest aufeinander, und ballen Sie beide Hände zu Fäusten. Ihr ganzer Körper soll entspannt sein, außer den Händen und dem Kiefer. Stellen Sie sich, während Sie ein- und ausatmen, vor, daß jeder Atemzug eine große Welle von Energie und Kraft bringt, die Sie in sich speichern.

Schon 15 oder 20 Minuten nach Beendigung dieser Übung werden Sie eine bemerkenswerte Anregung verspüren. Nicht so deutlich ist eine allgemeine Erhöhung der Gesamtenergie, die mehrere Stunden lang anhalten wird. Sie werden nur nützliche Wirkungen beobachten, und die Übung kann mehrmals täglich, wenn es Ihnen paßt, vier- oder fünfmal, durchgeführt werden. Wenn Sie sie von heute an mindestens einmal am Tag praktizieren, werden Sie allmählich Ihren Energievorrat steigern, und innerhalb eines Monats werden Sie so gekräftigt sein, daß die meisten Infektionen und Krankheiten an Ihnen vorbeigehen werden.

Eine weitere sehr praktische und anregende Übung ist jene, die oft als „Kind der Sonne“ bezeichnet wird. Sie enthält eine Visualierung, und ihre Wirksamkeit wird in direktem Verhältnis dazu stehen, wie gut diese Visualisierung gelingt.

1. Sitzen Sie aufrecht und entspannt, so daß die Füße sich berühren und die Hände gefaltet im Schoß liegen.
2. Stellen Sie sich die Sonne vor, einen großen weißen Feuerball von gewaltiger Energie.
3. Heben sie geistig Ihr Bewußtsein von Ihrem Körper empor, und gehen Sie „im Geist“ zur Sonne. Dringen Sie in ihre flammende Aura ein, und schreiten Sie zum Sonnenkörper selbst vor.
4. Haben Sie keine Angst. Sie sind ein Sohn der Sonne, und dies ist Ihr rechtmäßiges Heim. Lassen Sie die ungeheure Energie der Sonne

Ihr ganzes Wesen durchströmen und jedes Teilchen stärken und beleben.
5. Nach einer Minute kehren Sie in Ihren Körper zurück, erheben sich und nehmen Ihre tägliche Arbeit wieder auf.

Sie werden eine sofortige Anregung und Erfrischung feststellen, aber der größere Nutzen aus dieser Übung wird erst nach mehreren Stunden bemerkbar werden. Dann werden Sie, wenn Sie aufmerksam sind, erkennen, daß Sie mehr Arbeit mit weniger Ermüdung geschafft haben, als es normalerweise möglich ist.

Wenn Sie etwas unternehmen, um Ihre Energie zu steigern, ist es klug, wenn Sie gleichzeitig versuchen, schädliche Eß-, Trink- und Denkgewohnheiten zu korrigieren. Jeder Mensch ist anders, und es heißt in einem Sprichwort: „Des einen Tod ist des anderen Brot." Es ist deshalb unmöglich, Ihnen hinsichtlich Ihrer Ernährung Empfehlungen zu geben. Sie müssen selbst lernen, an Ihren eigenen Reaktionen zu beobachten, was Ihnen nützt und was Ihnen schadet. Die meisten Menschen sind Gewohnheitswesen. Sie trinken, was ihr Nachbar trinkt, und essen, was auf der Speisekarte steht oder was man ihnen vorsetzt. Das ist nicht weise. Finden Sie den Kurs heraus, der für Sie persönlich am besten ist, und haben Sie dann den Mut, ihn zu verfolgen. Es wird Ihnen einen beträchtlichen Gewinn an Gesundheit und Wohlergehen einbringen.

Ein gewisses Maß an täglicher körperlicher Bewegung ist ebenfalls wichtig. Ich möchte Ihnen damit nicht nahelegen, ein Gesundheitsfanatiker zu werden. Alle Extreme sind schädlich. Aber Ihr Kreislauf muß in Bewegung gehalten werden, und ein täglicher Spaziergang oder irgendeine andere Form von leichter Bewegung ist die beste Art, ihn anzuregen. Unnötig sollte es sein, Sauberkeit und die Wichtigkeit eines täglichen Bades zu erwähnen. Auf diese Weise ist Ihre Gesundheit geschützt.

Alle Leiden und Störungen lassen sich beheben

Es kann jedoch einmal eine Zeit kommen, in der durch einen Unfall oder andere Umstände, die außerhalb Ihrer Kontrolle liegen, Ihre Gesundheit angegriffen wird. Es ist dabei gleichgültig, ob es sich um eine Krankheit, um Muskelschmerzen oder um eine nervöse Störung handelt. Alles läßt sich beheben und heilen, wenn man es nur früh genug angeht. Der Schlüssel ist das Denken und die Fähigkeit, sich etwas bildlich vorzustellen. Hier ist ein Weg, mit den meisten derartigen Situationen fertigzuwerden.

1. Setzen Sie sich (am besten) in einen bequemen Sessel. Ihr Kopf sollte erhoben und der Rücken gerade sein. Stellen Sie die Füße auseinander, und lassen Sie die Hände lose im Schoß ruhen.
2. Stellen Sie sich selbst von einer weißen Wolke umgeben vor, einem leuchtenden, strahlenden weißen Licht wie das Licht der Sonne auf frisch gefallenem Schnee.
3. Sehen Sie dann, wie sich dieses weiße Licht mehr und mehr in dem schmerzenden Bereich konzentriert.
4. Wenn es sich um Beschwerden im Bereich des Herzens oder der Lunge handelt, stellen Sie sich die Lichtkonzentration anschaulich im Bereich zwischen dem fünften und siebten Brustwirbel Ihres Rückgrats vor. Das ist die Region in der Mitte, etwas unterhalb der Schulterblätter. Das sympathische Nervensystem kontrolliert die meisten automatischen Körperfunktionen. Führt man dem sympathischen Nervensystem an der richtigen Stelle, wo es parallel zum Rückgrat verläuft, zusätzliche Energie zu, dann wird das System dadurch angeregt, seine Regenerationstätigkeit zu steigern, um auf diese Weise die Rückkehr des schmerzenden oder geschädigten Bereichs in den normalen Zustand zu beschleunigen.
5. Bei einer nervösen Störung (keiner geistigen Verwirrung) konzentrieren Sie das weiße Licht in der Umgebung des fünften Halswirbels. Das wird einem erschöpften Nervensystem Erleichterung und Stärkung bringen.

Wenn Sie so starke Schmerzen oder Qualen fühlen, daß Ihr Imaginationsvermögen beeinträchtigt ist, dann kann die oben beschriebene

Behandlung schwierig sein. Suchen Sie in einem solchen Fall die Hilfe eines anderen, der Ihnen die richtige Behandlung geben kann, oder nehmen Sie Zuflucht zu einem Anruf Ihres höheren Selbst, wie es in dem Kapitel über Gebet beschrieben wird.

Wie man andere heilt

Andere zu heilen ist gewöhnlich viel leichter als sich selbst zu heilen. Die beste Methode besteht darin, Energie zu sammeln und dem Patienten zuzuführen. Das klingt einfach, aber es gibt viele Methoden, und sie alle bedürfen einer Erklärung. Aber bevor wir damit beginnen, möchte ich Sie daran erinnern, daß es Ihnen durch die Gesetze der meisten Staaten ausdrücklich verboten ist, eine Diagnose zu stellen und Behandlungen zu verordnen oder innerlich anzuwendende Arzneimittel irgendeiner Art vorzuschlagen, zu empfehlen oder zu verschreiben, wenn Sie nicht ein approbierter Arzt sind. Diese Gesetze sind gut und richtig und dienen dazu, Sie vor Kurpfuschern und Quacksalbern zu schützen. Die hier gegebenen Heilbehandlungen der Rosenkreuzer übertreten jedoch kein Gesetz, weil sie in einer übernatürlichen Weise, die dem Beten ähnlich ist, angewandt werden. Denken Sie nur immer daran, dem Patienten keine Diagnose anzubieten. Sagen Sie ihm nie: „Sie haben dies – oder das ist mit Ihnen los." Behalten Sie Ihre Meinung für sich. Sie sind gebeten worden, zu heilen oder in einer entsprechenden Weise zu helfen, also beschränken Sie sich darauf, die angemessene Behandlung in der wirkungsvollsten Weise durchzuführen.

Bevor wir versuchen, andere zu heilen, wollen wir zunächst einmal Sie selbst, den Heiler, betrachten.

(a) Es ist wichtig, daß Sie in einer guten gesundheitlichen Verfassung sind. Das ist nicht immer notwendig, aber in der überwiegenden Mehrheit der Fälle ist es ein „Muß" für den Erfolg.

(b) Sie müssen aus einem reinen Motiv handeln. Das bedeutet nicht, daß Sie ein vollkommen reines Herz haben müssen. Wenn nur die wirklich Reinen im Herzen als Heiler tätig sein könnten, dann hätten wir nur sehr wenige Heiler. Aber Ihr Motiv muß rein sein, mit anderen Worten, Ihr einziges Ziel muß sein, dem Leidenden in jeder Ihnen zur Verfügung stehenden Weise zu helfen. Sie dürfen sich zum Beispiel nicht „aufspielen". Diese „Reinheit" ist wichtig, um dem Strom der psychischen Energie durch Ihren eigenen Träger einen ungehinderten Durchgang zu verschaffen, bevor er in den Patienten freigesetzt wird. Das Ideal der sogenannten „magnetischen Reinheit" ist erreicht, wenn die beiden hauptsächlichen Kopfzentren, die der Zirbeldrüse und der Hirnanhangdrüse entsprechen, miteinander verbunden sind und zusammen funktionieren. Das erreicht man durch Meditation und Reinheit des Lebens. Nur wenige haben dieses Ideal erreicht, aber glücklicherweise ist ein geringerer Wirksamkeitsgrad auch ohne dieses vollkommen funktionierende Rüstzeug möglich, und für die meisten von uns ist es das beste, was wir erwarten können.

(c) Es ist wertvoll, wenn der Heiler zu einem gewissen inneren Verständnis des Wesens der Krankheit oder des Leidens des Patienten gelangen kann. Das läßt sich oft dadurch erreichen, daß man ein gewisses Maß an Einstimmung schafft. Wenn der Heiler die inneren Stufen des Denkens, Begehrens und Fühlens des Patienten wahrnehmen kann, kann er die Ursache der Beschwerden haargenau bestimmen und die psychische Energie unfehlbar dorthin lenken. Diese ideale Behandlung übersteigt das durchschnittliche Vermögen bei weitem, es gibt jedoch viele, die sich dafür geschult haben. Wenn Sie diese Methode anwenden, sollten Sie sich aber versichern, daß Sie sich ganz genau darüber im klaren sind, was Sie tun, denn selbst eine nur teilweise Einstimmung auf einem kranken Patienten kann dazu führen, daß sich ein unvorbereiteter Heiler einige Symptome des Patienten zuzieht. Sofern Sie ausreichend mit Energie erfüllt sind, werden Sie sich das Leiden nicht zuziehen, aber Sie könnten einige unangenehme Momente auszustehen haben. Obwohl eine solche Einstimmung hilfreich ist, ist sie normalerweise nicht notwendig. Jeder intelligente Patient ist in der Lage, ziemlich genau zu beschreiben, was ihn quält, und Sie können daraufhin die richtigen Schritte unternehmen, um ihn zu heilen.

(d) Vergessen Sie nicht, bevor Sie eine Heilbehandlung beginnen, in sich selbst ein Reservoir an psychischer Energie aufzubauen. Dies geschieht wie die meiste esoterische Arbeit mit Hilfe einer Visualisierung, aber sie muß von der Anziehungskraft des Wunsches nach Energie begleitet sein und vom Willen als einem bedingenden und lenkenden Faktor. Sie müssen sich bildlich vorstellen, wie die Energie in Sie hineinströmt, und ihre Kraft wirklich fühlen. Sie müssen *wollen,* daß sich die Energie für den selbstlosen Zweck, den Sie im Sinn haben – die Heilung eines anderen – in Ihnen ansammelt, und Sie müssen danach streben, einen fühlbaren, bewußten Kontakt zu dieser Energie herzustellen, um sie richtig zu beeinflussen. Atmen Sie dreimal tief ein, wobei Sie bei jedem Atemzug den Atem anhalten, bis Sie bis zehn gezählt haben, und dann langsam wieder ausatmen. Während dieser Atemzüge sollen sich Zeigefinger, Mittelfinger und Daumen jeder Hand berühren, wobei Sie die Hände voneinander getrennt halten. Dann sind Sie bereit, mit der Behandlung zu beginnen.

Ich möchte hier betonen, daß die Heilbehandlungen der Rosenkreuzer in keiner Weise Wunder bewirken. Meistens beschleunigen sie lediglich den normalen Heilungsprozeß, indem sie den richtigen Stellen mehr Energie zuführen und dadurch den menschlichen Organismus bei seiner Regenerierungstätigkeit unterstützen. Dabei kann Suggestion eine Rolle spielen und tut es manchmal auch. Aber in vielen Fällen kann oder will der Patient die Suggestion nicht annehmen. Es ist zum Beispiel höchst schwierig für einen Menschen, der unter den qualvollen Schmerzen einer Athritis leidet, die Suggestion anzunehmen, daß er vollkommen wohlauf ist. Deshalb stützen sich die Behandlungen der Rosenkreuzer nicht auf Suggestion, obwohl man diese Methode in bestimmten Fällen, in denen sie gute Erfolge erzielen kann, nicht ignorieren sollte. Im allgemeinen besteht die Methode der Rosenkreuzer darin, den Stellen zusätzliche Energie, psychische Energie, zuzuführen, wo sie am erholsamsten wirkt.

Jetzt wollen wir den Patienten betrachten. Über das Thema des Patienten und der unzähligen Leiden, denen er unterworfen sein kann, ließe sich ganze Bücher schreiben. Es ist nicht einfach, eine wahrhafte

Enzyklopädie auf wenigen Seiten zusammenzufassen. Deshalb kann ich hier erst gar nicht versuchen, die Ursachen des Leidens eines Patienten mitzuberücksichtigen, obwohl sie wichtig sind, oder die Art seiner Krankheit, die noch wichtiger ist, wenn Sie mit Verstand und größter Wirksamkeit handeln wollen. Für den Augenblick nehmen Sie einfach an, daß der Patient an einer unbekannten Ursache leidet und Sie um Hilfe gebeten hat.

(a) Wenn er fähig und willens ist, mit Ihnen zusammenzuarbeiten, bitten Sie ihn, sich zu entspannen und seinen Geist und seine Gefühle so weit wie möglich zu beruhigen. Schlagen Sie ihm vor, an einen ruhigen, klaren Teich in einem tiefen Wald zu denken. Nicht einmal ein Kräuseln regt sich auf seiner glatten Oberfläche, und die weißen Wolken spiegeln sich vollendet in seinen Tiefen, während sie majestätisch am strahlend blauen Himmel dahinziehen. Erklären Sie dem Patienten, was Sie tun und warum Sie es tun, wenn Sie von einem Schritt zum nächsten übergehen. Auf diese Weise wird die Macht der Suggestion Ihre Bemühungen unterstützen.

(b) Nachdem Sie den Patienten beruhigt und in eine empfängliche Stimmung versetzt haben, wiederholen Sie die Energiespeicherung in sich selbst. Begleiten Sie Ihre tiefen Atemzüge mit der bildlichen Vorstellung, daß die psychische Energie von oben in Ihren Körper strömt und sich dort im Bereich Ihres Herzens ansammelt. Die Energie muß dort durch einen Akt Ihres Willens festgehalten werden, bis Sie bereit sind, sie in den Patienten freizusetzen. Wenn Sie wie in dem vorliegenden imaginären Fall das Leiden nicht genau kennen, sollten Sie die Energie in das Herzzentrum des Patienten übertragen. Das geschieht, indem Sie sie in seinen Rücken, links neben der Wirbelsäule zwischen den Schulterblättern, hineinleiten. Das kann man auf zweierlei Weise tun.

(c) *Durch Berührung.* Legen Sie den Zeigefinger, den Mittelfinger und den Daumen der rechten Hand, die sich alle berühren, auf eine Stelle links neben der Wirbelsäule zwischen den Schulterblättern des Patienten. Lassen Sie dann die aufgespeicherte Energie durch das Herzzentrum, mit dem Sie den physischen Kontakt herstellen, in den Körper des Patienten einströmen. An diesem Punkt ist es wichtig, die richtige bildliche Vorstellung zu haben. Sie setzen nicht ein begrenztes Maß an gespeicherter Energie frei, als ob Sie einen Behälter ausschütten, der irgendwann leer sein wird. Statt dessen öffnen Sie ein Ventil zu einer unbegrenzten Energiezufuhr, die solange durch Sie in den Patienten hineinströmen wird, wie Ihre bildliche Vorstellung klar ist. Ihre anfängliche Speicherung ist der Art nach mit einer Einspritzpumpe zu vergleichen. Der dann folgende Strom ist viel größer als Ihr persönlicher Anteil. Normalerweise können Sie mit Übung dreißig bis vierzig Sekunden lang eine klare bildliche Vorstellung aufrechterhalten. Sobald sie undeutlich wird oder sich verändert, nehmen Sie die Hand fort, entspannen sich und warten ungefähr fünf Minuten. Dann wiederholen Sie den ganzen Vorgang, angefangen bei Ihren Atemübungen und der Speicherung von Energie. Gewöhnlich werden jeweils drei solcher Behandlungen, die in ihrer Gesamtheit in einem Abstand von zwei bis drei Stunden wiederholt werden, innerhalb von zwölf Stunden erste Erfolge zeigen und häufig innerhalb von vierundzwanzig Stunden eine Heilung herbeiführen.

Warnung: Berühren Sie niemals einen Patienten, es sei denn, er oder sie bittet Sie ausdrücklich um eine Kontaktbehandlung. In diesem Fall berühren Sie ihn wie beschrieben nur leicht mit den Fingerspitzen, ohne zu massieren oder zu reiben.

(d) *Durch Ausstrahlung.* Diese Methode erfordert keine physischen Kontakt. Gewöhnlich funktioniert sie besser, wenn Sie mit dem Patienten im selben Raum sind und ihn sehen können. Das gibt Ihnen die Möglichkeit, die Energie visuell auf den Punkt hinzuleiten, den Sie auswählen. Die Methode läßt sich jedoch auch auf Entfernung anwenden. Die Hände bleiben hier ohne Bedeutung, und der ganze Vorgang wird durch den Gebrauch des Geistes, des Willens und des Herzens durchgeführt.

Für beide oben beschriebenen Methoden ist es wichtig, daß Sie das Folgende sehr genau beachten. Solange die psychische Energie gesammelt, sozusagen beschworen wird, gebrauchen Sie Ihren Willen, aber in dem Augenblick, da Sie Ihre Aufmerksamkeit dem Patienten zuwenden, muß der Wille verstummen, und von da an muß die Macht der Liebe einsetzen. Mit anderen Worten, der Akt des Heilens ist ein Akt der Liebe. Wenn die Kraft der Liebe stark empfunden wird, kann sie dem Patienten höchst erfolgreich Erleichterung und Heilung verschaffen, wobei gleichzeitig dem Heiler selbst ein Gewinn in Form einer gesteigerten Vitalität zukommt. Vergessen Sie das nicht, und wenn Sie nach einer durchgeführten Behandlung feststellen, daß Ihre Energie erschöpft ist, oder wenn sie sich einige Symptome des Patienten zugezogen haben, dann wissen Sie, daß Ihnen bei irgendeinem grundlegenden Schritt ein Fehler unterlaufen sein muß. Untersuchen Sie denn rückblickend, was Sie getan haben, und bemühen Sie sich auf diese Weise zu entdecken, was Sie falsch gemacht haben. In den meisten Fällen, in denen so etwas auftritt, liegt der Fehler darin, daß Sie sich nicht vergewissert haben, daß von dem Augenblick an, da Sie Ihre Aufmerksamkeit von sich selbst abwenden und auf dem Patienten richten, die Liebe, eine große, offenherzige, freigiebige, dynamische Liebe wirksam wird. Das schließt alle Furcht und Angst, die Kernstück einer Ansteckung sind, aus.

Bei der Besprechung dieser Behandlung haben einige Schüler die Frage gestellt: „Störe oder unterbreche ich das Karma des Patienten, indem ich Ihn heile?“ Die Antwort lautet: „Nein.“ In unserer Vorstellung von Karma gibt es viele Verschwommenheiten und Ungenauigkeiten, und die Unausweichlichkeit von Ursache und Wirkung ist eine davon. Tatsächlich ist Karma nicht eine so festgelegte Angelegenheit, wie es das moderne Denken annimmt, sondern es ist mit den Gesetzen des Denkens viel enger verwandt, als man vermutet. Wir müssen nicht immer für eine unbesonnene Handlung oder einen dummen Fehler die gleiche Strafe zahlen.

Diejenigen, die als erste zu uns über Karma sprachen, haben versucht, ein sehr kompliziertes Gesetz zu verdeutlichen, und es als Folge zu stark vereinfacht. Sie ließen das Gesetz des Karma und das Gesetz der Vergeltung als ein und dasselbe erscheinen. Tatsächlich ist das Vergeltungsgesetz nur ein Aspekt des Karmagesetzes, und das alttestamentarische Gebot „Auge um Auge, Zahn um Zahn“ gilt nicht in allen Fällen. Sie sollten Hilfe und Energie geben, wann immer sie verlangt werden und wo immer Sie können. Halten Sie Ihre Gabe nie zurück, weil Sie fürchten, sie könnte vielleicht im Sinne des Karma nicht richtig sein. Wie könnten Sie sich anmaßen, das zu beurteilen? Und selbst wenn Sie mit Ihrem Urteil recht hätten, wie können Sie wissen, wann der Augenblick für Gnade gekommen ist?

Lernen Sie zu heilen. Eignen Sie sich durch Übung die nötige Fertigkeit an, und teilen Sie dann, wo Sie können, großzügig davon aus. Man kann auf vielfache unauffällige Weise Heilung spenden. Als ich vor kurzem einmal in einem Flugzeug flog, gerieten wir in böiges Wetter und wurden hin und her gerüttelt. Ein Baby, das in den Armen seiner Mutter lag, bekam Angst und begann zu weinen. Der Grund dafür lag teilweise in seiner Einstimmung auf seine Mutter und teilweise in dem Gefühl zu fallen, den Halt entzogen zu bekommen, was eine der instinktiven Ängste aller Babies ist. Es war nicht schwierig, in sein Bewußtsein einzudringen und ihm ein Gefühl der Wärme und Sicherheit zu vermitteln. Die Ängste verschwanden, das Baby hörte auf zu weinen und war innerhalb von ein oder zwei Minuten eingeschlafen. Das ist eine Form der Heilung, die man zu jeder Zeit, an jedem Ort praktizieren kann. Dabei muß das Objekt nicht unbedingt ein Säugling sein. Ein Rosenkreuzer berichtete kürzlich von einem Erlebnis, das er während einer Fahrt in einem Vorstadtzug spät in der Nacht hatte. Ein offensichtlich angetrunkener Mann wurde unangenehm und begann einen Fremden zu belästigen, der neben ihm saß. Die Situation drohte in Gewaltätigkeiten auszuarten, da beide Männer groß und stark waren. In diesem Moment sandte der Rosenkreuzerschüler dem Angreifer eine Aura der Liebe. Fast augenblicklich wich die wütende Streitsucht von ihm. Er begann zu kichern, rollte sich schließlich nach ein oder zwei einfältigen Bemerkungen auf seinem Fensterplatz zusammen und schlief ein.

Das psychische Heilen hat viele Seiten, aber die soeben beschriebenen Methoden sind grundlegend. Psychische Energie ist die Energie des menschlichen Lebens. Wenn ein Mensch sie im Überfluß besitzt, ist er frei von allen lästigen Krankheiten und Infektionen. Wenn Sie einem anderen zusätzliche Energie zuführen, helfen Sie ihm, sich zu befreien. Auch heilen Schnitte, Wunden und Abschürfungen schneller, wenn psychische Energie reichlich vorhanden ist. Man kann auf diese Weise sogar Tieren helfen. Ein fortgeschrittener Rosenkreuzerschüler berichtete beispielsweise folgendes:

„Als ich eines Tages mit meinem Hund, einem Irish Setter, auf dem Land spazieren ging, stöberte er ein Kaninchen auf und verfolgte es ins Unterholz. In seiner Aufregung stürmte er in einen abgestorbenen Busch, und einer der Zweige drang in sein Auge ein und brach ab. Es war schrecklich anzusehen, wie das Ende des abgebrochenen Zweiges aus seinem Auge herausstand und das Blut heruntertropfte. Ich rief ihn zu mir, nahm seinen Kopf in meinen Schoß und zog ihm mit einem schnellen Ruck den Zweig aus dem Auge. Die Wunde war groß und klaffend, aber ich hielt ihn ruhig und gab ihm mehrere positive Behandlungen, wobei ich die Energie in sein Rückgrat direkt hinter dem Kopf lenkte und mir gleichzeitig vorstellte, wie sie in sein Auge strömte und es heilte.

Nach ungefähr zehn Minuten hob ich seinen Kopf und sah mir das Auge an. Die Blutung hatte aufgehört, und die Wunde war viel kleiner geworden. Ich konnte jetzt deutlich sehen, daß sich das Loch im unteren Teil des Augapfels unterhalb der Pupille befand. Ich nahm den Hund an die Leine, damit er ruhig war, und dann machten wir uns auf den Heimweg, fast eine Stunde Fußweg. Als wir am Haus ankamen, zeigte mir ein weiterer Blick, daß die Wunde fast auf Stecknadelkopfgröße zusammengeschrumpft war, und am nächsten Morgen war keine Spur, nicht einmal eine Narbe, zurückgeblieben."

Die Linderung von Kopfschmerzen durch direkte Zuführung psychischer Energie

Manchmal sind bei einem normal energetischen Menschen die lebensspendenden psychischen Säfte in bestimmten Regionen seines Körpers blockiert, was sich dann in Schmerzen äußert. Gewöhnlich hat das eine emotionale Ursache, die man aufspüren und ausschalten sollte. Sie können jedoch die Spannung lindern und den Schmerz kurieren, indem Sie dem betroffenen Bereich direkt psychische Energie zuführen. Kopfschmerzen zum Beispiel lassen sich lindern, indem Sie die Fingerspitzen des Zeigefingers und Mittelfingers Ihrer rechten Hand an die linke Schläfe und Zeige- und Mittelfinger der linken Hand leicht an die rechte Schläfe des Leidenden legen. Dann stellen Sie sich bildlich vor, wie ein Strom psychischer Energie von den Fingern Ihrer rechten Hand in den Kopf hinein und auf der anderen Seite durch die Finger Ihrer linken Hand wieder hinausfließt. Nach drei oder vier Minuten wird der Schmerz verschwinden und, wenn die Ursache beseitigt wird, nicht wiederkehren. Vor und nach der Durchführung dieser Behandlung und selbstverständlich jeder Art von Kontaktbehandlung sollten Sie sich stets die Hände waschen.

Im Falle einer Erkältung oder bei den nervösen und gereizten Symptomen, die gewöhnlich eine nahende Erkältung oder Virusinfektion ankündigen, wendet man am besten eine negative Behandlung an, wie ich sie im 1. Kapitel beschrieben habe. Hier bringen Sie die psychische Energie auf die physische Ebene und wenden sie in der Weise an, die am besten geeignet ist, das Leiden zu kurieren. Der Ausdruck „negativ“ ist rein relativ und bedeutet in keiner Weise eine negative Beschaffenheit im Sinne einer passiven oder nicht-aktiven Energie. In solchen Situationen fungieren Sie, der Heiler, als Umwandler. Sie sammeln die psychische Energie, transformieren sie auf die ätherische Ebene herunter und lassen sie dann durch die Liebe dem Patienten zufließen.

Schmerzen und Leiden lindern, indem man der gereizten Region Energie zuführt

Leiden und Schmerzen lassen sich mit Hilfe einer positiven Behandlung lindern und oft beseitigen, also indem man der gereizten Region Energie zuführt. Ich muß jedoch daran erinnern, daß Behandlungen mit psychischer Energie keinen Erfolg haben werden, wenn der physische Verfall schon zu weit fortgeschritten ist. Wenn beispielsweise ein Zahnverfall schon bis zur Wurzel vorgedrungen ist und sich bereits ein Abszeß gebildet hat, dann ist es viel einfacher und besser, den Zahn zu ziehen oder eine Wurzelbehandlung vorzunehmen.

Ebenso sollten Knochenbrüche von einem kompetenten Knochenspezialisten gerichtet werden, und es ist besser, gerissene Bänder fachkundig zusammenzufügen, als wenn man sie einfach zusammenwachsen läßt. Man kann das natürlich tun, aber die Operation ist hier die wirksamere Methode. Sie kann und sollte durch die Heilbehandlungen der Rosenkreuzer ergänzt werden. Es sind buchstäblich Tausende von Fällen schriftlich belegt, in denen die nachfolgende Genesung ungewöhnlich schnell und ohne Komplikationen verlief. Um Ihnen an einem Beispiel zu zeigen, wie das abläuft, möchte ich hier eine tatsächliche Krankengeschichte anführen.

Ort: Universitätsklinik von Pensylvania

Datum: 11. März 1967

Befund: Bei der Patientin war eine vaginale Hysterectomie vorgenommen worden, und nachdem die Patientin auf ihr Zimmer zurückgebracht worden war, wurde festgestellt, daß aus dem Vaginaltrakt klares Wasser, aber nur sehr wenig Urin aus dem normalen Ausgang floß. Der behandelnde Chirurg machte eine Blasenspiegelung und stellte dabei keine Verletzung der Blase fest – zuvor war eine Farbflüssigkeit in die Blase eingebracht worden. Die weitere Untersuchung ergab jedoch, daß bei der Operation der linke Harnleiter verletzt worden war. Da Blase, Nieren und Harnleiter der Patientin jedoch von gesundem Gewebe zu sein schienen, entschied sich der Chirurg, zehn Tage zu warten, um zu sehen, ob eine natürliche Heilung eintreten würde, bevor er eine chirurgische Korrektur versuchen wollte.

Behandlung: An diesem Punkt suchte die Patientin um Hilfe nach, und es wurde von fern mit (Ausstrahlungs-)Behandlungen der Rosenkreuzer begonnen. Innerhalb von zwölf Stunden hörte der abnorme Ausfluß auf, und eine Untersuchung ergab, daß die Patientin vollkommen geheilt war. Der behandelnde Chirurg drückte sein Erstaunen aus und erklärte, daß er noch nie eine so schnelle Selbstregulation des Organismus gesehen hätte. Normalerweise würde eine natürliche Heilung mehrere Tage in Anspruch nehmen, und in den meisten Fällen sei eine chirurgische Korrektur erforderlich.

Zum Schluß eine Bemerkung über die Vergeudung von Energie, ohne die dieses Kapitel nicht vollständig wäre. Sie haben gehört, wie Sie Ihre Energie speichern und erhöhen können. Sie sollten auch wissen, wie Sie sie bewahren können. Wir alle verschwenden Energie. Wenn wir nur durch Arbeit Energie verbrauchen würden, dann wären wir alle vollkommen gesund und würden tatsächlich ein Vielfaches der Arbeit leisten können, die wir gegenwärtig leisten. Aber wir vergeuden unsere kostbare Energie auf tausenderlei Arten, alle unklug und die meisten unnötig. Hier gebe ich Ihnen nur einige große Energieverbraucher, die man meiden sollte – Sorge, Angst, Haß und Hast. Jeder davon verschlingt große Mengen von Energie, und ich wage zu behaupten, daß Sie sich von einem oder mehreren davon jeden Tag quälen lassen. Sie sind der Chef. Lassen Sie nicht zu, daß diese emotionalen Parasiten an Ihnen zehren. Vergessen Sie nicht: Alles, was von Ihnen Beachtung erfährt, ist Empfänger eines Teils Ihrer Energie. Sie verschenken sie buchstäblich. Manchmal bekommen Sie einen Teil oder alles zurück, wenn Sie zum Beispiel die Schönheit einer Blume oder eines Sonnenuntergangs bewundern und sich daran erfreuen. Aber viel häufiger vergeuden Sie sie unnötig durch Ihre Augen und ihre anderen Sinne. Sie sehen hierhin und dorthin, manchmal aus Neugier und manchmal nur, weil Ihre Aufmerksamkeit von etwas gefesselt oder gefordert wird, und jedesmal verschenken Sie etwas von sich selbst. Ihre Augen vergeuden eine große Menge Energie. Diese Erkenntnis hat früher die Lehrmeister dazu veranlaßt, ihre Schüler anzuleiten, bei ihren Meditationsversuchen den Blick auf die Nasenspitze zu heften. Das hat keinen anderen Wert, als die Energievergeudung des Schülers zu verringern und ihm zu helfen, seinen Geist auf den Ursprungsgedanken zu konzentrieren. Unter unseren gegenwärtigen Lebensbedingungen ist es natürlich unmöglich, nicht zu schauen. Gewöhnlich hängt sogar unser Leben von dieser Art von Wachsamkeit ab. Aber wenn Sie auf die potentielle Energieverschwendung aufmerksam gemacht worden sind, können Sie sie gewaltig reduzieren. Denken Sie darüber nach. Sie können ein viel mächtigerer Mensch sein, wenn Sie nur in diesem einem Bereich etwas Sparsamkeit üben.

Im nächsten Kapitel werde ich das Gesetz der Zyklen erklären und Ihnen sagen, wie Sie diese Gesetze zum Nutzen Ihres Lebens, Ihrer Gesundheit und Ihres Schicksals einsetzen können.

8. Kapitel

Einsicht in das Gesetz der Zyklen

Die Leute fragen oft, ob der Rosenkreuzerorden Astrologie oder okkulte Zahlenkunde lehrt, und reagieren überrascht, wenn dies verneint wird. „Ich dachte, die Rosenkreuzer seien moderne Mystiker", drückte es ein Mann aus. „Und gehören denn nicht sowohl Astrologie wie auch die okkulte Zahlenkunde zum Arkanum des Mystizismus?"

Die Rosenkreuzer sind moderne Mystiker, aber von sehr praktischer Natur. Ihre Schulung ist dazu gedacht, den aufrichtig Strebenden anzuleiten, Herr seines Schicksals zu werden, wie es im Tarot durch die „Der Weise" bezeichnete Karte symbolisiert ist. Diese Karte zeigt einen Mann von selbstbewußter Haltung, der am Ufer eines Flusses oder Sees steht. Zu seinen Füßen blühen Blumen, und in dem Wasser schwimmen Fische. Aber sein hocherhobener Kopf weilt unter den Sternen. Die Symbolik ist klar. Dies ist ein Mann, der mit beiden Füßen fest auf dem Boden steht. Seine Basis ist sicher, und er weiß, daß er keinen Fehltritt machen wird. Aber seine Aufmerksamkeit ist nicht nach unten auf die Erde und das Wasser gerichtet. Die Blumen wiegen sich im Wind und verströmen ihren Duft, und die kleinen Wellen brechen sich zu seinen Füßen, aber sein Blick ist zum Himmel erhoben, und seine Gedanken sind bei den Sternen. Das ist der Weise, der ideale Mensch, nach dem wir alle, bewußt oder unbewußt, streben sollten. Das ist das Vorbild, das durch das Studium und die Praxis der Rosenkreuzerlehren erreicht werden soll.

Bezeichnend ist, daß dieser Weise mit beiden Füßen auf dem Boden der Erde steht. Das gilt auch für den idealen Rosenkreuzer. Er kennt die Kunst der Astrologie und der okkulten Zahlenkunde, aber er stützt sich nicht darauf. Nicht, weil sie falsch sind, denn sie sind mehr als wirklich, sondern weil sie unvollständig sind. Beide schließen zu viele Unbekannte in sich ein. Der Rosenkreuzer führt statt dessen ein gründliches Studium der Lebenszyklen durch und ist so in der Lage, die bloße Möglichkeit durch praktische Gewißheit zu ersetzen. Lassen Sie mich das erklären.

Alles ist der zyklischen Gesetzmäßigkeit unterworfen

Alles, was Sie sehen, hören oder fühlen, alles, was Sie auf irgendeine Weise wahrnehmen können, ist der zyklischen Gesetzmäßigkeit unterworfen. Das bedeutet, es schwingt in einem oder reagiert auf einen oder wird bewegt durch einen ganz bestimmten Rhythmus. Die Erde dreht sich in vierundzwanzig Stunden einmal um ihre Achse und erzeugt dadurch Tag und Nacht. Sie wandert in 365 ¼ Tagen um die Sonne, und das hat den rhythmischen Wechsel der Jahreszeiten zur Folge. Berge erheben sich scharf und klar gegen den Himmel. Aber Wind, Regen und Sonne fordern ihren Tribut, die Gipfel runden sich zu Hügeln und werden nach vielen tausend Jahren schließlich wieder zu welligen Ebenen. Aus winzigen Samen wachsen große Bäume, verdorren und sterben schließlich, jeder zu seiner Zeit. Alles im Kosmos, und auch der Kosmos selbst, lebt und bewegt sich in Zyklen.

Niemand weiß, warum das so ist, aber jeder weiß, *daß* es so ist. Wir werden geboren, wachsen heran, lernen, arbeiten, spielen, lieben, pflanzen uns fort und werden schließlich alt und sterben. Auch wir Menschen haben unsere Zyklen, aber anders als die Erde und die Pflanzen und die Sterne können wir das Was und Wann unseres Daseins in einem hohen Maß beeinflussen. Wir müssen nicht Sklaven unseres Schicksals sein. Wir haben einen freien Willen!

Manche werden dies bestreiten. Sie behaupten, daß die Umstände uns zwingen, eine Wahl treffen, die frei zu sein scheint, in Wirklichkeit aber eine konditionierte Reflexhandlung und als solche für uns im voraus bestimmt ist. Das trifft nur teilweise zu. Es gibt viele Entscheidungen, denen wir nicht ausweichen können, aber andererseits *wissen* wir, daß es täglich viele Augenblicke gibt, in denen wir vollkommen in der Lage sind, jeden der sich bietenden Wege einzuschlagen. Das ist keine Illusion oder Selbsttäuschung. Wenn wir im Rückblick auf eine getroffene Wahl feststellen, daß sie uns nicht den größten Nutzen erbracht hat, dann können wir ohne die geringste Beschränkung dazu übergehen, einen genau entgegengesetzen Kurs einzuschlagen. Damit soll nicht geleugnet werden, daß der Mensch ständig Neigungen, Trieben, Reizen, Beeinflussungen und vorteilhaft erscheinenden Angeboten in Form von günstigen Gelegenheiten und Verlockungen zu guten, bösen und neutralen Handlungen unterworfen ist. Dasselbe kann man auch von den kosmischen Einflüssen sagen, die die Menschen in Form von Tendenzen berühren, aber es gibt keine Macht, die dem Menschen ihre Annahme *aufzwingen* kann. Er ist immer ein frei Handelnder, der zwischen einem Impuls und einem anderen, zwischen einer Beeinflussung und einer anderen oder zwischen einer Versuchung und einer anderen wählen kann. Hat er jedoch gewählt, muß er die Verantwortung für seine Entscheidung übernehmen.

Aber obwohl wir die Tatsache anerkennen, daß der Mensch ein frei handelndes Wesen mit dem Vermögen der freien Wahl ist, ist es doch notwendig, das Wesen und den Ursprung der Impulse, Triebe und Versuchungen zu berücksichtigen, die vor ihm auftauchen und von ihm verlangen, eine Wahl zu treffen. Wenn sich diese mannigfaltigen Gelegenheiten nicht bieten und wenn diese wechselnden Impulse und Triebe nicht jeden Augenblick auftauchen würden, dann gäbe es für den Menschen keinen Grund, eine freie Wahl zu haben. Er würde auch keine Gelegenheit haben, zu überlegen oder zu denken oder seinen Willen zu gebrauchen.

Von allen Lebewesen besitzt allein der Mensch das einzigartige Vermögen, frei zu handeln, aber unglücklicherweise wählt die Mehrheit meist unklug, und die Erlösung und der Fortschritt der Menschheit sind einer relativ kleinen Minderheit inspirierter, klar denkender, weitsichtiger Männer und Frauen überlassen. Sie können und sollten unter diesen Führern sein. Beginnen Sie also jetzt damit, in Harmonie mit dem Gesetz der Zyklen zu leben, wie ich es im Folgenden erläutern werde. Sie werden dann feststellen, daß Sie „mit dem Wind im

Rücken" durch das Leben gehen, wie es bei den Iren so anschaulich heißt.

Wirken Sie in Harmonie mit den kosmischen Rhythmen Ihrer Natur

Wir alle sind täglich mit den Notwendigkeiten gültiger Entscheidungen konfrontiert. Der Mann in seinem Beruf, die Frau im Haus, das Kind in der Schule stehen vor verwirrenden Problemen, die eine ernsthafte Auswirkung auf ihre Zukunft haben könnten. Durch ihre Entscheidungen bestimmen diese Menschen ihr Geschick und schaffen ihr Schicksal. Doch einer Beeinflussung, einem Impuls oder einer Versuchung nachzugeben, mit keiner anderen Sicherheit als einem Urteil, das auf analytischem Denken gründet, kommt in den meisten Fällen einem Glücksspiel gleich. Es ist für die menschliche Vernunft unmöglich, über das Wissen und die Informationen in Verstand des Denkenden hinauszugehen, so daß selbst in den seltenen Fällen, in denen der logische Gedankengang klar und vollkommen ist, die Entscheidung immer noch falsch sein kann, weil die Informationen unvollständig waren. Es gibt jedoch Perioden oder Zyklen im Leben eines jeden, in denen das Befolgen eines Antriebs auf einen erfolgreichen Ausgang hinwirkt, gleichgültig ob es sich dabei um ein geschäftliches Unternehmen, um eine Reise, um den Bau eines Hauses, um den Kauf und Verkauf von Waren oder um irgend etwas anderes handelt, das durch die Naturgesetze oder durch den Willen des Menschen hervorgebracht wird. Durch ein harmonisches Zusammenwirken mit den richtigen Perioden läßt sich der größte Erfolg erzielen; wenn man aber unbeirrt fortfährt, gegen sie zu wirken, ist es, als ob man gegen den Strom schwimmt, und es endet gewöhnlich mit einer Niederlage. Sie sind ein frei handelndes Wesen. Sie können in Harmonie mit den Rhythmen Ihrer Natur wirken oder auch gegen sie. Sie können so Herr über Ihr Schicksal oder ein Sklave der Umstände werden. Wählen Sie!

Viele Menschen versuchen, das Ungewöhnliche im Leben zu ignorieren, weil sie die logische Theorie, die es erklärt, nicht verstehen oder nicht lernen können. Es ist nicht allzu schwierig, gegen die Möglichkeit eines kosmischen Rhythmus, der Ihre Handlungen und Ihr Wohlergehen beeinflußt, zu argumentieren. Man kann eine Menge dagegen vorbringen. Aber folgen Sie nicht vorschnell einer rein logischen Argumentation. Es besteht die Möglichkeit, daß Sie nicht alle Fakten kennen. Vielleicht kennen Sie die Geschichte des Rancharbeiters der zum ersten Mal in seinem Leben auf einen elektrisch geladenen Zaun stieß. Sein ganzes Leben lang hatte er mit Drahtzäunen zu tun gehabt. Er hatte viele Koppeln mit Draht umzäunt und war überzeugt, daß er alles wußte, was es über Drahtzäune zu wissen gibt. Aber eines Tages kam er zu einer dieser modernen Koppeln, deren ganze Umzäunung aus einem dünnen Doppeldraht besteht. Er reagierte natürlich verächtlich, weil er nicht begreifen konnte, wie dieser Draht ein zwei Tage altes Kalb, geschweige denn einen ausgewachsenen Stier oder ein Pferd zurückhalten sollte. Der Besitzer warnte ihn, den Draht nicht zu berühren, da er geladen sei. Der Rancharbeiter wußte nicht, was das bedeutete, und griff nach dem Draht, um ihn geringschätzig von einem der Pfähle herunterzureißen.

Nun, Sie wissen, wie es weiterging. Der Schlag warf ihn um und erschreckte ihn zu Tode. Da begann er endlich zu begreifen, warum die Tiere auf der Koppel sorgsam darauf achteten, den Draht nicht zu berühren, und er verstand, daß die Dinge nicht immer so einfach sind, wie sie zu sein scheinen. Nehmen Sie sich diesen Cowboy nicht allzu sehr zum Vorbild.

Alle Energie im Kosmos hat eine einzige Quelle. Manche nennen sie Urstoff, manche Erste Ursache, manche nennen sie Gott. Was immer diese Quelle sein mag, wir wissen nicht sehr viel darüber. Wir mögen versuchen, sie logisch zu ergründen, aber selbst die in höchstem Maß erleuchteten Weisen geben nicht vor, sie zu kennen oder zu verstehen. Wenn diese Energie unsere Ebene erreicht, können wir beginnen, sie zu begreifen; je weitreichender und höher unsere Entwicklung ist, um so besser ist unser Verständnis. Die weisen Männer aller Zeiten und aller Völker beschreiben sie in ganz ähnlicher Weise. Die alten Chinesen stellten sie als eine Dreiheit dar, als die gegensätzlichen Kräfte Yin und Yang, die bei ihrer Vereinigung den kosmischen Kreis bilden. Die christlichen Theologen verweisen auf die Dreiheit der

Personen in Gott und die Rosenkreuzer auf die drei Seiten des Dreiecks. Die Seher der Hindus waren in ihren Beschreibungen ausführlicher. Sie erklären, daß sich die Urenergie zuerst in drei und dann in sieben verschiedenen Energien aufgeteilt hat. Die alte Kabbala der Juden sagt mit ihrer Beschreibung der zehn Sephiroth, wiederum drei und sieben, das gleiche auf andere Weise. Alles im Kosmos hat seinen ersten Impuls zum Dasein von dem einen oder anderen dieser Sieben erhalten, ist aber gleichzeitig auch dem Einfluß der Millionen und Abermillionen von Verzweigungen, feiner und grober Art, der Energien unterworfen gewesen, die von allen sieben ausgingen.

Die frühen Experimentatoren auf dem Gebiet des Raktenantriebs waren durch die scheinbare Untauglichkeit dieses offenbar idealen Verfahrens frustriert. Sie hatten es versäumt, eine Grundwahrheit zu beachten, und hatten versucht, ihre Fahrzeuge mittels eines ununterbrochenen Zuflusses von brennendem Treibstoff wie eine Feuerwerksrakete anzutreiben. Sie übersahen, daß es in unserem All so etwas wie steten Druck nicht gibt. Als sie erkannten, daß alles durch wiederholten Impuls bewegt wird, bauten sie diesen Gedanken in den Plan ihrer Maschine ein und hatten Erfolg. Das Ergebnis sind unsere heutigen Düsenjets und die Raumflüge zum Mond.

Das Gesetz, das auf der menschlichen Ebene gilt, ist auch auf der höchsten Ebene, die wir uns vorstellen können, gültig. Der Große Sephiroth oder der Große Strahl (nennen Sie es wie Sie wollen), der Ihnen bei Ihrer Geburt Energie verliehen hat, versorgt Sie weiter mit Impulsen, die für sein einzigartiges Wesen charakteristisch sind. Jeder Ihrer Gedanken und jede Ihrer Handlungen, die Sie beginnen, während diese antreibende Energie an Stoßkraft gewinnt, wird ganz mühelos zum Erfolg führen, während diejenigen, die auf einer abfallenden Kurve begonnen werden, fast immer zu Enttäuschung und Mißerfolg verurteilt sind. Sie können dieses Gesetz mit Hilfe eines einfachen Experiments selbst beweisen. Werfen Sie einen Ball nach vorn, während Sie vorwärtslaufen. Achten Sie darauf, wie weit er fliegt. Dann werfen Sie den Ball mit der gleichen Energie noch einmal nach vorn, während Sie stehenbleiben oder sich zurückbewegen. Bemerken Sie den Unterschied? Sobald dieses Gesetz entdeckt worden war, erforschten es die Rosenkreuzer mit großem Interesse, aber sie standen vor dem Problem, lernen zu müssen, wie man es anwendet, und das erforderte ein jahrhundertelanges Studium. Heute sind die Früchte dieser langjährigen Bemühungen allen zugänglich. Eine detaillierte Unterweisung in der Anwendung des zyklischen Gesetzes ist Teil der Lehre der Rosenkreuzer und nur Rosenkreuzerschülern zugänglich, aber die Grundprinzipien können offenbart werden, und ich werde Sie Ihnen in diesem Kapitel erläutern.

Der Zyklus des Daseins

Alles auf der Welt, ob von der Natur oder vom Menschen geschaffen, besitzt seinen eigenen, charakteristischen Daseinszyklus. Das trifft nicht nur auf Menschen und Berge zu, auf Maschinen und Gemüse, sondern auch auf Aktiengesellschaften und Krankheiten und sogar auf Gedanken und Gefühle. Sie alle besitzen einen eindeutigen Anfang und eine charakteristische Schwingung oder einen charakteristischen Daseinsrhythmus. Diese Zyklen gleichen Linien von unterschiedlicher Länge, die ihrer Länge und Dauer nach in gleiche Abschnitte unterteilt sind.

Die Linie Ihres Lebens kann man mit der Linie vergleichen, die der Kapitän eines Schiffes auf einer Karte für den Kurs einzeichnet, dem er folgen will. Ein Ozeandampfer, der von New York nach Gibraltar fährt, braucht dazu vielleicht sieben Tage; der Kapitän wird also auf der Karte die Position eintragen, die das Schiff voraussichtlich am Ende jedes Tages erreicht haben wird. Aber nicht jeder Tag wird gleich sein. Vielleicht ist es zu Anfang der Reise neblig und kalt, der nächste Tag ist rauh und windig, der dritte Tag wärmer aber mit Gegenwind, der die Fahrt des Schiffes verlangsamt, der vierte Tag strahlend und sonnig und so weiter. Man kann also sagen, daß die Schwingung oder Frequenz der Reise sieben Tage beträgt, von denen jeder seine eigenen charakteristischen Einflüsse besitzt. Die Lebensreise ist einer solchen Seereise sehr ähnlich. Jedes Leben beginnt zu einem bestimmten Zeitpunkt und an einem bestimmten Ort und ist entsprechend der Tage der Seereise in verschiedene Perioden unterteilt. Der durchschnittliche Mensch ist sich dieser Perioden, die ihm zu verschiedenenZeiten günstige Gelegenheiten oder Hindernisse bieten, nicht bewußt, und ist deshalb nicht darauf vorbereitet, ihnen zu begegnen, bis sie sich bereits voll offenbaren. Dann ist ihm durch sein mangelndes Wissen über die unterstützenden oder hemmenden Tendenzen, die in dieser Periode existieren, die richtige Analyse erschwert. Nicht nur Ihr Leben selbst, sondern jede Unternehmung, die Sie beginnen, hat ihre Zyklen, die mit ihrem Anfang beginnen. Deshalb sind die folgenden Informationen nicht nur für Sie persönlich von Wert, sondern sie lassen sich auch auf Ihren Beruf, auf jedes Geschäft, jede Organisation und jedes Projekt, wofür Sie sich vielleicht interessieren, anwenden.

Die medizinische Wissenschaft und die Studenten der Biologie und Physiologie stimmen darin überein, daß sich das menschliche Leben in eine Folge von Perioden von jeweils sieben Jahren unterteilt. Von der Geburt bis zu einem Alter von sieben Jahren erstreckt sich eine Periode der Selbstentdeckung, in der das heranwachsende Kind seine Beziehung zur materiellen Welt lernt und beginnt, sich ihr anzupassen. Vom siebten bis zum vierzehnten Lebensjahr sind das körperliches Wachstum und die Körperbeherrschung wichtig, und obwohl sich auch der Geist entfaltet, ist dies nur von zweitrangiger Bedeutung. Gegen Ende dieser Periode zeigt sich der Unterschied zwischen den Geschlechtern. Die dritte Periode ist eine Periode sowohl des geistigen wie auch des physischen Wachstums, und die vierte ist eine Periode der wachsenden geistigen Bewußtheit. Die fünfte ist eine kreative Periode usw. Der Mensch wurde vom Schöpfer dazu angelegt, zwanzig und eine halbe Periode von je sieben Jahren oder ungefähr einhundertvierundvierzig Jahre zu leben. Natürlich lebt heutzutage keiner so lange. Tatsächlich gilt die Hälfte oder zweiundsiebzig Jahre gewöhnlich als ein gutes langes Leben, und diejenigen, die länger leben, werden als Ausnahme betrachtet. Diese Verkürzung der potentiellen Lebensdauer ist die Folge des menschlichen Versagens, in Harmonie mit den Naturgesetzen zu leben, aber unser Wissen und unsere Selbstdisziplin wächst, und das menschliche Leben wird allmählich verlängert.

Die meisten Zyklen haben sieben Einteilungen wie die sieben Tage der Woche oder die sieben Noten der musikalischen „Oktave". Das hat einen Grund, der mit dem Ursprung der Energie selbst zusammenhängt, aber da uns in diesem Buch nur ein begrenzter Raum zur Verfügung steht, können wir uns lediglich mit den Wirkungen und nicht auch mit deren Ursachen befassen. Es gibt auch Zyklen mit drei, vier und zwölf Perioden, aber am häufigsten sind die mit sieben.

Ihr persönlicher Jahreszyklus

So wie ein menschliches Leben in Perioden von sieben Jahren unterteilt ist, so hat auch jedes Jahr dieses Lebens sieben Perioden. Angefangen bei Ihren Geburtstag gibt es sieben Perioden von annähernd zweiundfünfzig Tagen, und jede dieser Perioden hält für Sie unterschiedliche Möglichkeiten, Gelegenheiten, die Sie ergreifen oder Probleme, die Sie lösen sollen, bereit. Das Kalenderjahr hat mit diesem Zyklus nichts zu tun. Es ist Ihr persönlicher Zyklus, und er erstreckt sich von Ihrem Geburtstag im einen Jahr bis zu dem Tag vor Ihren Geburtstag im nächsten. Um mit Ihren eigenen jährlichen Zyklus richtig arbeiten zu können, nehmen Sie sich einenKalender zur Hand und zählen, beginnend mit Ihrem Geburtstag, zweiundfünfzig Tage ab. Wenn Sie also am 5. Januar geboren sind, kreisen Sie dieses Datum sowie den 26. Februar ein, der der zweiundfünzigste Tag ist. Das ist Ihre erste Periode. Machen Sie sich für das ganze Jahr eine solche Tabelle, damit Sie mit einem schnellen Blick immer wissen, in welcher Periode Sie sich gerade befinden. Wenn Sie das getan haben, schreiben Sie sich mit der Hand oder mit der Maschine das Folgende ab und verwahren es so, daß Sie es immer schnell zur Hand haben.

Lebenszyklus, Erste Periode

(Datum ... bis Datum ...)
Dies ist die Periode der günstigen Gelegenheit. Es ist die beste Zeit, um Ihre Interessen bei anderen, die vielleicht die Macht oder den

Einfluß haben, um Ihnen zu helfen, zu fördern. Dies ist die Zeit, Gefälligkeiten zu erbitten, eine Anstellung zu suchen, Kredite aufzunehmen, geschäftliche Konzessionen zu erwirken, Partnerschaften zu gründen oder Investitionen zu tätigen. Es ist ebenfalls eine günstige Zeit, um Ihre Stellung unter den Leuten Ihrer Stadt, Ihres Staates oder Ihres Landes zu verbessern, um Ihre Kreditwürdigkeit oder Ihren Ruf auszubauen. Dies ist für Sie die beste Zeit, sich in bezug auf Ihren Namen, Ihre Integrität und Ihr Ansehen mit Entschlossenheit vorwärtszubringen.

Lebenszyklus, Zweite Periode

(Datum ... bis Datum ...)

Die zweite Periode ist deutlich anders. Es ist die beste Zeit, um kurze Reise oder Fahrten von unmittelbarer Wichtigkeit zu planen. Es ist ebenfalls eine ausgezeichnete Zeit für einen Ortswechsel, falls er erforderlich sein sollte. Mit anderen Worten, dies ist eine günstige Periode für Veränderungen, die innerhalb dieser Periode selbst begonnen und abgeschlossen werden können. In geschäftlicher Hinsicht ist es eine gute Periode für bewegliche Güter wie Frachten, Ladungen, Autos, Züge, öffentliche Beförderungsmittel oder auch öffentliche Vorträge oder Aufführungen, die möglicherweise von Ort zu Ort weiterziehen. Ebenso bietet sie hervorragende Gelegenheiten für diejenigen, die mit Flüssigkeiten, Milch, Wasser, Chemikalien, Benzin, Öl und anderen Gütern dieser Art zu tun haben. Geschäfte mit Leuten, die mit dem Vorangegangenen in irgendeiner Verbindung stehen, werden in dieser Zeit erfolgreicher sein als zu jeder anderen. Es ist auch eine gute Periode für Unternehmer, die Durchgangseinrichtungen wie Hotels, Restaurants, Autovermietungen und ähnliche Dienstleistungsbetriebe beliefern. Man sollte jedoch in dieser Periode keinen Geschäftswechsel planen, keine neue Karriere anfangen oder irgendwelche dauerhaften Veränderungen vornehmen, und man sollte keine Verträge oder andere Vereinbarungen eingehen, die über eine lange Zeit laufen sollen. Es ist eine ungünstige Periode, um Geld zu leihen oder zu verleihen, und sie ist auch nicht gut, um mit dem Bau eines Gebäudes zu beginnen oder sich an einem Projekt zu beteiligen, das eine beträchtliche Investition erfordert. Ganz sicher ist es die ungünstigste Periode, um an der Börse zu spekulieren oder in irgendeiner Form Glücksspiel zu treiben.

Lebenszyklus, Dritte Periode

(Datum ... bis Datum ...)

Diese Periode verlangt von Ihnen Scharfblick und ein gutes Urteilvermögen. Gewöhnlich bringt sie einen großen Zustrom von Energie, der in Ihnen den Wunsch weckt, große und wichtige Dinge zu unternehmen. Bei sorgsamer Lenkung kann dies für Sie die beste Zeit im Jahr sein, um Ihre Gesundheit zu verbessern oder Ihr Geschäft aufzubauen oder irgend etwas zu unternehmen, was einen Aufwand an Energie erfordert. Es bedarf jedoch eines guten Urteilsvermögens. Sie werden in Versuchung geraten, Projekte anzufangen, die keine Erfolgsaussichten haben oder deren Entwicklung so lange dauert, daß Sie sie vor ihrer Vollendung wieder aufgeben müssen. Aber es ist eine ausgezeichnete Zeit, um Hindernisse, die sich in der Vergangenheit einer Weiterentwicklung hemmend in den Weg gestellt haben, in Angriff zu nehmen und zu überwinden, um einen zweiten kraftvollen Anlauf zur Lösung von Problemen zu wagen, die Sie zu einem früheren Zeitpunkt wegen mangelnder Energie aufgegeben haben. Es ist eine großartige Zeit für Geschäfte mit Dingen, die große Energie erfordern, wie beispielsweise Eisen und Stahl, Elektrogeräte, Schneidewerkzeuge, scharfe Instrumente und Feuer. Es ist ebenfalls eine besonders gute Periode, um sich Konkurrenten entgegenzustellen oder mit Gegnern fertigzuwerden, die sich Ihnen bis dahin hemmend in den Weg gestellt haben. Es ist für Männer *wie Frauen* eine ungünstige Periode, um sich mit Frauen auseinanderzusetzen, aber andererseits ist es für Frauen eine ausgezeichnete Periode, um sich an Männer zu wenden, wenn Sie Gefälligkeiten oder Bevorzugung oder Unterstützung in geschäftlichen wie gesellschaftlichen Dingen wünschen. Auseinandersetzungen oder Streit sollte man meiden, da sie sehr wahrscheinlich schlecht ausgehen, aber wenn Sie etwas zu verkaufen haben, das Sie in einem einzigen wirkungsvollen Gespräch vermitteln können, dann ist dies die beste Periode dafür.

Lebenszyklus, Vierte Periode

(Datum ... bis Datum ...)

In dieser Periode wird die geistige und spirituelle Natur angeregt. Es ist deshalb eine ausgezeichnete Periode, um Bücher zu schreiben, Bühnenstücke zu produzieren, Pläne zu machen, kurz, für alle Dinge, die Phantasie, schnelles Überlegen und die Fähigkeit, seine Gedanken klar auszudrücken, verlangen. Ihr Geist wird voller neuer Ideen sein, die in sehr schneller Folge kommen, deshalb ist es wichtig, daß Sie sie schnell erfassen und in die Tat umsetzen, bevor sie vergessen sind oder von den neuen Gedanken, die ihnen schon auf dem Fuß folgen, verdrängt werden. Es ist also eine gute Periode, um impulsiv oder auf Verdacht zu handeln. Sie werden in dieser Periode optimistisch, aber irgendwie nervös und ruhelos sein, was angesichts Ihrer hochgradig angeregten Phantasie zu erwarten ist. Es ist eine gute Periode für Geschäfte mit Literaten, Autoren, Journalisten, Buch- oder Zeitschriftenverlegern, aber achten Sie darauf, alle rechtlichen oder sonstigen Dokumente aufs sorgfältigste zu prüfen, denn ein Betrug ist möglich, und es ist eine Periode, in der die Wahrheit genauso beredt und frei ausgesprochen wird wie die Unwahrheit. Die meisten Verluste durch Diebstahl, Betrug oder mißverstandene Rechtslagen treten in dieser Periode auf, und Sie sollten Vorsichtsmaßnahmen ergreifen, um sich dagegen zu schützen. Es ist jedoch eine gute Zeit, um zu studieren und Informationen und Wissen zu erlangen, aber es ist keine günstige Periode, um eine Ehe einzugehen, Hilfen einzustellen oder Häuser, Geschäfte oder Land zu kaufen.

Lebenszyklus, Fünfte Periode

(Datum ... bis Datum ...)

Dies ist die Periode, in der es für Sie möglich ist, Ihren größten Erfolg in Ihren persönlichen Angelegenheiten zu erzielen. Dies ist die Zeit in Ihrem jährlichen Zyklus, in der sich Ihre Interessen erweitern und Ihr Wohlstand wachsen wird. Ihr Geist wird ebenso schärfter und klarer und entwickelt sich zu einem wirkungsvolleren Instrument. Sie werden in Ihren Beziehungen zu anderen offener, bewegen sich mit mehr Selbstvertrauen, sind gesellig und zeigen Güte und Zuneigung. Dies ist die beste Periode für Rechtsgeschäfte, Geschäfte mit Rechtsanwälten und Richtern, mit den Gerichten, mit Regierungsbeamten, mit herausragenden Vertretern Ihres Berufsstandes und mit wohlhabenden Leuten. Es ist ebenfalls eine gute Periode, um sich an neue Unternehmen zu wagen, die zu ihrer Entfaltung vielleicht etwas Zeit bedürfen, um große Geschäftsverhandlungen zu planen oder lange Reisen zu unternehmen. Es ist eine besonders günstige Zeit, um ausstehende Gelder einzusammeln oder um an der Börse oder auf dem Immobilienmarkt zu spekulieren, aber achten Sie darauf, alle Verhandlungen, die nicht vollkommen gesetzmäßig sind, zu meiden. Vermeiden Sie auch jeglichen Handel im Viehgeschäft oder mit Fleischprodukten oder in Marineangelegenheiten.

Lebenszyklus, Sechste Periode

(Datum ... bis Datum ...)

Dies ist in Ihrem jährlichen Zyklus die beste Zeit für Ruhe, Entspannung und Vergnügen. Das bedeutet nicht, daß das Geschäft nicht floriert. Im Gegenteil, alle guten und gesetzmäßigen Geschäfte werden sich mit fast dem gleichen Erfolg fortsetzen wie in der vorangegangenen Periode. Aber dies ist die Zeit, um lange oder kurze Reisen zu unternehmen mit dem Zweck, Freundschaften zu erneuern oder neue Freunde zu finden, Männer unter Frauen und Frauen unter Männern, und bereits bestehende Freundschaften und Beziehungen aufzufrischen und zu verbessern. Es ist eine besonders günstige Zeit für Geschäftsangelegenheiten, die mit Kunst, Musik, Literatur, Bildhauerei, Parfüm, Blumen und persönlichen Schmuckgegenständen in Verbindung stehen. Für Männer ist es eine gute Periode, um sich bei einer Frau um Bevorzugung, Gefälligkeiten, geschäftliche Vereinbarungen oder Zusammenarbeit zu bemühen, so wie die dritte Periode für Frauen besser war, um solche Gefälligkeiten von Männern zu erlangen. Es ist die beste Periode, um Aktien oder Wertpapiere für Investitionszwecke zu kaufen und um andere einzustellen.

Lebenszyklus, Siebte Periode

(Datum ... bis Datum ...)

Dies ist die kritischste Periode Ihres jährlichen Zyklus. Während dieser zweiundfünfzig Tage fallen die Elemente in Ihrem Leben, die für Ihre Entwicklung nicht länger nötig sind, allmählich weg, um Platz für neue und bessere zu machen. Oft verursacht dies Kummer und ein Gefühl des Verlustes und kann Sie zu törichten Handlungen und Entscheidungen verführen. Denken Sie daran, daß stets eine Periode der scheinbaren Degeneration einer Periode der Evolution und den neuen Möglichkeiten vorangeht. Nutzen Sie den Impuls dieser Periode, um sich von Altem und Unerwünschtem zu befreien, aber achten Sie darauf, Ihr Urteilsvermögen sorgfältig einzusetzen. Wenn es etwas gibt, das schon längere Zeit auf sich warten läßt und jetzt im Begriff steht, ganz zu enden, dann lassen Sie es geschehen, aber zerbrechen Sie nicht absichtlich irgendwelche Bande und zerstören Sie nicht Beziehungen, die lebendig und immer noch wertvoll sind. Aus den erwähnten Gründen neigt Ihr Geist dazu, zu verzagen, und Sie werden leicht entmutigt werden. Vergessen Sie nicht, daß Sie durch das Wesen der Periode, in der Sie sich befinden, beeinflußt werden, und lassen Sie nicht zu, daß der Pessimismus, den Sie empfinden, Ihr Urteil verzerrt oder Ihre Entscheidungen behindert. Die Eigenschaften dieser Periode üben sehr subtile Einflüsse aus, und es ist notwendig, daß Sie in der Einschätzung Ihrer Gefühle und Ihrer Reaktionen auf äußere Einflüsse sehr viel wachsamer sind als sonst. In der Vierten Periode ist es ratsam, daß Sie Ihre Ideen und Ahnungen sofort festhalten und schnelle Entscheidungen treffen. Jetzt trifft das Gegenteil zu. Impulsivität bringt Unglück. Seien Sie bei allen notwendigen Urteilen vorsichtig, und verschieben Sie Entscheidungen, wenn irgend möglich, bis zur nächsten Periode. Es ist jedoch eine gute Periode für Beziehungen zu älteren Menschen und solchen, die aufgrund ihres Wesens oder ihrer Position jede ihrer Handlungen höchst sorgfältig überlegen müssen. Es ist auch eine ausgezeichnete Zeit, um etwas zu erfinden oder für Geschäfte mit Erfindungen oder für die Anmeldung von Patenten oder Urheberrechten. Jetzt werden Sie mit Immobilien, Minen, Mineralien und allen Dingen, die tief in der Erde oder an versteckten Orten gelegen sind, erfolgreiche Geschäfte tätigen. Andererseits ist es ganz bestimmt die am wenigstens günstige Zeit Ihres Jahres, um irgend etwas Neues anzufangen, ein neues Geschäft ins Leben zu rufen oder in ein altes zu investieren.

Bis zu einem gewissen Grade werden sich die Einflüsse jeder Periode mit denjenigen der vorangehenden und der nachfolgenden überschneiden. Es ist deshalb ratsam, an den letzten beiden und den ersten beiden Tagen jeder Periode in allen Urteilen und Handlungen vorsichtig zu sein.

Wenn Sie die Verläßlichkeit der vorangegangenen Informationen schnell einmal überprüfen möchten, dann suchen Sie die Daten Ihrer siebten Periode, und überprüfen Sie im Rückblick, was zwischen diesen beiden Daten jedes Jahr während der letzten zehn oder fünfzehn Jahre vorgefallen ist. Ich bin sicher, Sie werden entdecken, daß Ihre schlimmsten Frustrationen und Enttäuschungen und Ihr größtes „Pech“ in dieser Zeit passierte. Versuchen Sie es.

Ihr Lebenszyklus ist in Perioden von sieben Jahren unterteilt, und wir nennen dies Ihren Hauptzyklus oder Zyklus Nummer Eins. Jedes Jahr ist ebenso in sieben Perioden von je zweiundfünfzig Tagen unterteilt, und das nennen wir den Zyklus Nummer Zwei. Wir numerieren die Zyklen, weil es sehr viele gibt. In diesem Buch werden wir nur noch zwei weitere behandeln, den Geschäftszyklus, den wir Zyklus Nummer Drei nennen, und den Gesundheitszyklus, den wir

Zyklus Nummer Vier nennen. Für weitere Beschreibungen bleibt hier kein Raum, und in der Tat wird sich ein durchschnittlicher Mensch normalerweise für mehr auch nicht interessieren. Die Rosenkreuzer haben sich jedoch mit dem Studium der Zyklen gründlich befaßt und über viele hundert Jahre hinweg mit ihnen experimentiert, und sie lehren ihre Schüler bereitwillig alles, was sie darüber wissen. Diese zusätzlichen Zyklen berücksichtigen den Einfluß des Mondes und umfassen den langen lunaren Zyklus von achtundzwanzig Tagen, der in Perioden von je dreieinhalb Tagen zerfällt, von denen jede wieder ihr eigenes Wesen und ihren eigenen Einfluß besitzt. Daneben gibt es den kurzen lunaren Zyklus von zwölf Stunden, der wiederum in vier dreistündige Perioden zerfällt. Jede dieser Perioden, ob kurz oder lang, übt positive und negative Einflüsse bestimmter Art aus, die uns, unser Leben, unsere geschäftlichen Angelegenheiten, Pflanzen, die Gezeiten, Fische, Tiere, das Geschlechtsleben, geistige Einstellungen, tatsächlich alles berühren. Dieses Studium ist ungefähr genauso kompliziert wie das Studium der Geschäftsbuchhaltung, aber ein guter Schüler kann es in ungefähr sechs Monaten zum Fachmann bringen. Dann ist er in der Lage, für jede Stunde jedes Tages, jeder Woche oder jedes Monats alle vorhandenen unterstützenden oder hemmenden Einflüsse genau zu beschreiben und die beste Handlungsweise zu empfehlen.

Der Geschäftszyklus

Alles besitzt seinen eigenen Daseinszyklus, der in Perioden von genau bestimmter Dauer aufgeteilt ist. Dieser Zyklus beginnt an dem Tag, an dem die Person, der Gegenstand, der Plan, die Gesellschaft oder das Geschäft ins Leben gerufen wird. Bei der Betrachtung eines Geschäftszyklus ist es deshalb wichtig, daß Sie den Tag wissen, an dem dieses Geschäft begonnen worden ist. Bei einer Aktiengesellschaft wäre dies normalerweise der Tag, an dem der Gesellschaftsvertrag oder die Satzung bewilligt wurde. Eine Partnerschaft würde ihren Beginn von dem Tag der Vertragsunterzeichnung datieren. Es gibt jedoch viele

Geschäfte, bei denen das Anfangsdatum nicht so klar ist. Machen Sie nicht den Fehler, anzunehmen, daß das Steuerjahr oder das Etatsjahr mit dem gleichen Tag wie die Firma beginnt. Das kann so sein, muß aber nicht. Wenn es kein dokumentiertes Anfangsdatum gibt, dann versuchen Sie herauszufinden, an welchem Tag das Geschäft seine Türen öffnete oder der Arzt, Rechtsanwalt oder Buchhalter seine Praxis eröffnete. Nehmen Sie das dann als Anfang des zyklischen Jahres, und bauen Sie Ihre weiteren Berechnungen darauf auf.

Im Falle eines Geschäftes, das den Besitzer oder den Namen gewechselt hat, wäre das Datum, an dem die Firma unter dem neuen Namen oder dem neuen Besitzer den Betrieb aufgenommen hat, der Geburtstag des Geschäfts, gleichgültig, wie lange es vor diesem Tag bereits bestanden haben mag. In einigen Fällen wäre der Geburtstag der Tag, an dem sich vielleicht eine Gruppe von Leuten zusammengesetzt und sich entschlossen hat, ein Geschäft zu gründen, und bestimmten Einzelnen tatsächlich Leitung und Pflichten übertragen hat, und nicht der Tag, an dem dies öffentlich bekannt gegeben worden ist. Wie Sie sehen, erfordert dieser Punkt möglicherweise etwas Überlegung und Nachforschung.

Geschäftszyklus, Erste Periode

(Datum ... bis Datum ...)

Beginnen Sie, indem Sie den Geburtstag des Geschäfts auf einem Kalender markieren und dann alle zweiundfünfzig Tage die Daten einkreisen, die die sieben Perioden abstecken. Während der ersten zweiundfünfzig Tage jedes jährlichen Geschäftszyklusses wird das Geschäft großen Erfolg im Bereich der Reklame und Werbung verzeichnen. Es ist eine ausgezeichnete Zeit für den Ausbau des Absatzes und Kundenkreises. Dies ist die Zeit, um bei Behörden oder prominenten Persönlichkeiten Genehmigungen zu beantragen, und für alle Belange, die eine vorteilhafte Werbung und letztlich eine Verkaufssteigerung zur Folge haben. Verträge mit Regierungsstellen werden reibungslos abgewickelt, und Bemühungen um eine günstige Gesetzgebung oder Schutzgarantien werden aufmerksame Berücksichtigung erhalten. Das unmittelbare Ziel in dieser Periode sollte sein, Ansehen, Ruf und Prestige des Geschäfts zu steigern.

Geschäftszyklus, Zweite Periode

(Datum ... bis Datum ...)

Während der zweiten Perioden seines jährlichen Zyklus erfährt ein Geschäft die beste Zeit für Veränderungen bei Angestellten und ihren Aufgaben, für vorübergehende Ortswechsel, für Abänderungen von Geschäftspraktiken oder vorsichtiges Austesten von neuen Plänen und Angeboten. Andererseits ist es keine gute Zeit, um neue Absprachen zu treffen, langfristige Pläne zu machen oder irgendwelche Verträge einzugehen, es sei denn, sie sind schriftlich festgelegt. Mündliche Absprachen werden sehr wahrscheinlich zu einem späteren Zeitpunkt mißachtet oder abgeändert werden. Es ist jedoch eine günstige Periode, um Geschäftsfreundschaften aufzubauen und sich mit zukünftigen Kunden oder Klienten in Verbindung zu setzen.

Geschäftszyklus, Dritte Periode

(Datum ... bis Datum ...)

Dies ist die beste Bauperiode und die Zeit, in der alle Wachstumsfaktoren bis zum Äußersten vorangetrieben werden sollten. Es ist ebenfalls eine günstige Zeit, um Geld einzutreiben und zu erhalten. Es wäre jedoch klug, gerichtliche Auseinandersetzungen und Rechtsstreitigkeiten mit Geschäftsgegnern zu vermeiden, obwohl andere Rechtsangelegenheiten, die mit positivem Wachstum und Expansion zu tun haben, auf günstige Reaktion stoßen und vorangetrieben werden sollten. Seien Sie auf der Hut vor Unfällen, Unglücken, Schwierigkeiten durch Konkurrenten und Gegner oder vor plötzlichen Ausbrüchen von Wut, Feindseligkeit oder Haß innerhalb der Firma und auch außerhalb, aber die Firma betreffend. Fabrikationsbetriebe sollten sich gegen Feuer oder Explosionen sichern, und alle Geschäfte sollten sich vor Gegnern hüten, die ihr Leben und ihren Ruf angreifen könnten. Bei Geschäften, die mit der Armee, der Marine oder irgendeiner Militärbehörde der Regierung zusammenhängen, werden die Verhandlungen in dieser Periode reibungslos ablaufen.

Geschäftszyklus, Vierte Periode

(Datum ... bis Datum ...)

Dies ist die Zeit, um die größte Werbekampagne zu starten. Kunden- und Öffentlichkeitswerbung wird jetzt erfolgreicher sein als zu irgendeiner anderen Zeit des zyklischen Jahres. Es ist ebenfalls eine gute Zeit, um neue Vereinbarungen zu treffen und neue Verträge, Übertragungen und ähnliche Dokumente abzufassen. Jetzt ist die beste Zeit im Geschäftsjahr, um sich mit Zeitungen und Zeitungsleuten, mit Diplomaten und Unterhändlern zu befassen. Sie müssen jedoch vorsichtig sein, damit Sie nicht betrogen oder Ihnen durchtriebene Vereinbarungen angeboten werden, denn das könnte später zu Schwierigkeiten führen.

Geschäftszyklus, Fünfte Periode

(Datum ... bis Datum ...)

Dies ist eine ausgezeichnete Periode für Wachstum, Expansion und finanziellen Erfolg, um Investitionen aufzuspüren und zu tätigen, um Kredite zu erhalten oder Zahlungsfristen zu verlängern. Dies ist so ziemlich die beste Periode, um mit guten Gewinnen zu verkaufen und verkaufte Waren zu liefern. Es ist eine gute Zeit, um lange fällige Rechnungen oder sogar als zweifelhaft betrachtete Außenstände einzutreiben, und eine ausgezeichnete Zeit, um vor Gericht günstige Entscheidungen zu erwirken, wenn das Recht auf Ihrer Seite ist. Jetzt ist die beste Zeit, um ins Ausland zu expandieren oder mit internationalen Konzernen Geschäfte zu machen, und es ist eine besonders gute

Periode, um Beziehungen und geschäftliche Angelegenheiten mit Eisenbahn- und Elektronikgesellschaften und mit allen Unternehmen, die etwas für das öffentliche Wohl und Vergnügen bieten, voranzutreiben.

Geschäftszyklus, Sechste Periode

(Datum ... bis Datum ...)

Wenn es nötig ist, die geschäftlichen Aktivitäten zu irgendeiner Zeit im Jahr zu lockern, dann ist dies die Zeit dazu. Dies ist die beste Periode, um als Geschäftsführer oder Manager Urlaub zu machen, und es wird sich zeigen, daß die Geschäftsangelegenheiten auch während ihrer Abwesenheit weiter florieren. Wenn Ihr Geschäft jedoch etwas mit der Produktion oder dem Verkauf von Musik, Dichtung, Kunstgegenständen, Künstlermaterialien, Damenmode, Schmuckartikeln, Kosmetika, kostspieligen Autos, Orientteppichen, antiken Möbeln oder irgendwelchen anderen Luxusgütern zu tun hat, sollten Sie auf alle Fälle bei der Arbeit bleiben, denn dies ist für Sie die beste Zeit des Jahres. Ebenso ist es für die Leiter des Geschäfts oder den Geschäftseigentümer die beste Zeit im Jahr, um mit Kunden persönliche Freundschaften zu knüpfen, die in der Zukunft für das Geschäft förderlich sein werden. Es ist auch eine ausgezeichnete Periode, um Geld einzutreiben, Aktien und Wertpapiere zu kaufen oder die Finanzen des Unternehmens durch vernünftige Investitionen zu fördern, und es ist ebenfalls eine gute Zeit für die Bildung von Partnerschaften, wirtschaftlichen Interessengemeinschaften, Tochtergesellschaften und Bündnissen, die auf eine zukünftige Expansion ausgerichtet sind.

Geschäftszyklus, Siebte Periode

(Datum ... bis Datum ...)

Dies ist im wesentlichen eine Sanierungsperiode und muß als solche behandelt werden. Fangen Sie keine neuen Aktivitäten an, engagieren

Sie sich nicht massiv in der Werbung oder in der Expansion neuer Branchen oder Abteilungen. Ein gewisser Rückgang ist zu erwarten, und alle neuen Vorhaben sollten aufgeschoben werden, bis er vorüber ist. Entsprechend sollten Sie in dieser Periode alles Notwendige unternehmen, wenn Sie Veränderungen vorhersehen, die die Streichung von Abteilungen oder Personal oder die Aufgabe bestimmter Fabrikgelände zugunsten anderer notwendig machen. Aber Sie müssen dabei sehr auf der Hut sein, damit Sie von der destruktiven Welle nicht zu weit davongetragen werden. Diese Neigung ist während der siebten Periode sehr stark und könnte Geschäftsbereiche berühren, die geschützt werden sollten. Sehen Sie sich also vor. Es sollten keine neuen Bündnisse oder Verträge abgeschlossen werden, und alle Aktionen sollten auf Erhaltung abzielen. Bei allen Kontakten sowohl innerhalb des Geschäfts als auch außerhalb, sei es zu Kunden, Lieferanten oder Vertretern der Stadt oder des Staates, müssen Sie zu jeder Zeit große Diplomatie und Sorgfalt walten lassen. Im Bereich des Verkaufs, der Werbung oder des Einkaufs, in der Tat in allen Bereichen des Geschäfts sollten Sie während der siebten Periode keinerlei drastische Maßnahmen zulassen. Vorsicht und Konservativismus sollten jede Ihrer Aktionen lenken.

Ein Geschäft, das diesen Richtlinien folgt, hat weitaus größere Aussichten auf Erfolg als eines, das aufs Geratewohl vorgeht. In der Tat verwenden bereits einige der größten und bekanntesten und erfolgreichsten Unternehmen in den Vereinigten Staaten diese Grundmuster. Sie können das gleiche tun. Vergessen Sie aber nicht, daß Sie selbst sich mit zwei Zyklen befassen müssen, mit Ihrem eigenen persönlichen Lebenszyklus und mit dem Zyklus des Geschäfts, für das Sie sich interessieren. Wenn natürlich Ihr Geburtstag und der Geburtstag des Geschäfts zusammenfallen, dann haben Sie keine Probleme. Aber wenn das nicht der Fall ist, wird es Überschneidungen und Konflikte geben. In diesen Fällen müssen Sie ihr Urteilsvermögen einsetzen. Wenn die Einflüsse gegeneinandertreffen, müssen sie miteinander in Einklang gebracht werden; analysieren Sie sie also sorgfältig, bevor Sie handeln. Hier sind einige Punkte, die Ihnen vielleicht dabei helfen können. Wenn das Geschäft Ihnen allein gehört, dann können Sie sich durch die Umstände, die Ihren persönlichen Lebenszyklus beherrschen, leiten lassen, weil sie einflußreicher sein werden als diejenigen, die Ihr Geschäft beherrschen. Das Geschäft selbst muß jedoch aufmerksam beobachtet werden, und alle Neigungen, einer ungünstigen zyklischen Tendenz zu folgen, müssen sofort korrigiert werden. Dies ist ein weiteres Beispiel für den Grundsatz „Gewarnt sein heißt gewappnet sein". Wenn Sie wissen, was geschehen könnte, und auf die Möglichkeit gefaßt sind, können Sie rechtzeitig Gegenmaßnahmen ergreifen, um zu verhindern, daß ein ernsthaftes Problem entsteht.

Wenn es nicht Ihr eigenes Geschäft sondern eine Aktiengesellschaft oder ein Unternehmen ist, das anderen gehört und in dem Sie nur ein kleiner Aktionär oder ein Angestellter sind, dann wird der Geschäftszyklus vorherrschend sein und befolgt werden müssen, auch wenn er gelegentlich vielleicht mit Ihrem eigenen Zyklus in Konflikt gerät. Denken Sie daran, es ist im Leben erfolgreicher Leute häufig der Fall, daß persönliche Interessen, Bedürfnisse und Wünsche beiseitegeschoben werden müssen, damit das Geschäft floriert. Der wesentliche Punkt dabei ist, ob Ihre persönlichen Angelegenheiten derart mit Ihrem Geschäft verknüpft sind, daß sie sowohl zusammen leiden wie auch zusammen florieren, oder ob Sie sie trennen können, so daß vielleicht das Geschäft floriert, während Sie persönlich Schwierigkeiten haben und umgekehrt. Hier muß Ihre Bedeutung für das Geschäft mitberücksichtigt werden. Wenn Sie nur ein kleiner Angestellter sind und sich Ihre Handlungen auf das Befolgen von Regeln und das Ausführen von Anordnungen beschränken, dann sollten Sie Ihrem persönlichen Zyklus folgen. Wenn Sie hingegen eine Vertrauensposition oder eine Position von entscheidender Bedeutung innehaben und der zukünftige Erfolg des Geschäfts von Ihren Entscheidungen abhängt, dann müssen Sie zuerst an das Geschäft denken.

Der Gesundheitszyklus, Erste Periode

(Datum ... bis Datum ...)

Machen Sie sich eine ähnliche Tabelle wie für Ihren persönlichen Lebenszyklus. Beginnen Sie bei Ihrem Geburtstag, und markieren Sie wie vorher die Abschnitte von zweiundfünfzig Tagen. Während der ersten Periode sollten sich Ihre Vitalität und Gesundheit auf dem Höhepunkt befinden, und falls Sie in diese Periode in einer körperlichen Verfassung eintreten, die schlechter als normal ist, wird sie sich rasch bessern, wenn Sie auf sich achten und es vermeiden, irgendwelche Naturgesetze zu brechen. Viel frische Luft, Spaziergänge im Freien und reichlich Wasser sind die Grundvoraussetzungen. Stärkereiche Nahrungsmittel und solche, die übermäßig erhitzen, sollten vermieden werden. Insbesondere sollten Sie die Augen schützen. Sie sollten Sie nicht überanstrengen und es vermeiden, sie hellem künstlichen Licht und direktem Sonnenlicht auszusetzen. Wenn eine Operation notwendig ist oder Maßnahmen zur Gesundheitsförderung ergriffen werden müssen, dann ist dies die richtige Zeit, sie durchzuführen.

Gesundheitszyklus, Zweite Periode

(Datum ... bis Datum ...)

In dieser Periode können sehr viele leichte und flüchtige körperliche Zustände den Körper und vorübergehende emotionale Zustände den Geist befallen. Sie haben möglicherweise zeitweilige Schwierigkeiten mit dem Magen, dem Darm, dem Kreislauf und den Nerven, aber diese Zustände werden sehr plötzlich auftreten und nur kurze Zeit andauern. Sie sollten sie jedoch nicht mißachten, sondern sofort Heilmaßnahmen ergreifen. Dann gibt es keinen Grund zur Besorgnis, denn alle Einflüsse innerhalb dieser zweiundfünfzig Tage tendieren dahin, rasche Veränderungen in Ihrem Körperzustand zu bewirken. Wahrscheinlich wird es Tage geben, an denen Sie Kopfschmerzen oder eine Magenverstimmung haben, und andere Tage, an denen Sie mit den Augen oder Ohren Probleme haben, und wieder andere Tage, an denen

Sie ein Katarrh oder eine Erkältung mit den damit verbundenen Schmerzen quält. Frauen können vor allem unter Brust- und Unterleibsbeschwerden leiden. Aber das alles muß nichts Ernsthaftes sein. Wenn Sie heiter sind, eine optimistische Einstellung bewahren und sich geistig nicht zu sehr mit diesen Unpäßlichkeiten beschäftigen, werden Sie feststellen, daß sie sehr rasch auf die von Ihnen verabreichte Behandlung ansprechen.

Gesundheitszyklus, Dritte Periode

(Datum ... bis Datum ...)

In dieser Periode können Unfälle passieren, seien Sie also vorsichtig. Wenn Sie wissen, was möglicherweise vorfallen könnte, und etwas unternehmen, um sich davor zu schützen, können Sie die Auswirkungen auf ein Minimum reduzieren und es vielleicht sogar ganz verhindern. Es besteht auch die Möglichkeit, daß Sie durch Verbrennungen, Stürze oder Schicksalsschläge zu Schaden kommen. Seien Sie auch in Ihrer Ernährung vorsichtig. Essen Sie nicht zuviel, und halten Sie Ihren Körper in vernünftigem Maß warm, denn es besteht die Neigung, sich als Folge einer Überhitzung des Körpers zu erkälten. Achten Sie darauf, daß Ihr Blut rein und Ihre Verdauung aktiv bleibt, damit Sie nicht von Hautausschlägen und ähnlichen Bluterkrankungen geplagt werden. Sie neigen in dieser Periode zu höherem Blutdruck, vermeiden Sie also Überarbeitung, Überanstrengung und Besorgnis, um sich so gegen jegliche Art von Zusammenbruch zu schützen.

Gesundheitszyklus, Vierte Periode

(Datum ... bis Datum ...)

Dies ist für Ihr Nervensystem die kritischste Zeit im Jahr. Das äußert sich vielleicht in einer gewissen Ruhelosigkeit und Unsicherheit sowie darin, daß bestimmte Organe schlecht arbeiten. Sie sollten ein Zuviel an Studium, Lesen oder Planen und alles, was Sie anspannt, vermeiden. Wenn Ihre Arbeit sehr viel Konzentration verlangt, dann sollten Sie sie etwa jede Stunde durch eine leichte Ablenkung von fünf Minuten unterbrechen. Plaudern Sie mit irgend jemand, hören Sie Musik, falls Sie einen Plattenspieler oder ein Radio zur Hand haben, oder nutzen Sie die Zeit zu stiller Meditation. Sie brauchen in dieser Zeit mehr Schlaf und Ruhe als in allen anderen Perioden des Jahres. Wenn Sie gereizt sind oder nervös werden, kann sich das auf Ihre Verdauung auswirken oder zu Herzklopfen führen. Falls Sie derartige Symptome an sich feststellen, sollten Sie sich jedoch nicht unnötig beunruhigen, denn ihre Ursache liegt wahrscheinlich in Ihrer Nervosität. Wenn Sie sich schon längere Zeit mit geistigen Problemen abgemüht oder unter einer geistigen Belastung gestanden haben, dann ist es ratsam, wenn Sie sich in dieser Periode ein paar Tage entspannen und ausruhen, um sich gegen ernstlichere geistige Schwierigkeiten zu schützen.

Gesundheitszyklus, Fünfte Periode

(Datum ... bis Datum ...)

Dies ist eine gute Periode, während der Ihr Gesundheitszustand ausgezeichnet sein sollte. Falls das nicht der Fall ist, können Sie ihn schnell verbessern. Verbringen Sie genügend Zeit im Freien, und atmen Sie die frische Luft tief ein. Nehmen Sie die Schönheiten der Natur wahr, und lassen Sie Ihre körperliche und emotionale Natur von ihrem heilenden Balsam durchströmen. Mäßigen Sie sich in Ihrer Lebensführung und im Essen, und widerstehen Sie der Neigung, den fleischlichen Begierde übermäßig nachzugeben, die in der fünften Periode immer sehr stark ist. Dies ist eine gute Periode, um sich von chronischen Leiden aller Art zu erholen, und wenn Sie sich ernsthaft darum bemühen, können Sie sich von allen abnormen und subnormalen Zuständen, die Ihren Körper vielleicht schon einige Zeit plagen, befreien. Sie werden vielleicht feststellen, daß Ihre ganze Natur, die physische, die emotionale und die geistige, in dieser Periode viel bereitwilliger auf geistige Suggestion und psychische Hilfen reagiert als zu irgendeiner anderen Zeit im Jahr.

Gesundheitszyklus, Sechste Periode

(Datum ... bis Datum ...)

Auch in dieser Periode besteht die Versuchung, die Dinge zu übertreiben. Hier bezieht sie sich jedoch nicht nur auf die körperlichen Begierden, sondern auch auf Arbeit, Vergnügen und jegliche Art von Aufregung. Vermeiden Sie jede Art von Übertreibung, und ersparen Sie sich Verstimmungszustände, die die Haut, den Hals, die inneren Geschlechtsorgane und die Nieren befallen können. Trinken Sie viel Wasser, suchen Sie Bewegung im Freien, und gönnen Sie sich die notwendige Ruhe.

Gesundheitszyklus, Siebte Periode

(Datum ... bis Datum ...)

In dieser Periode können Sie sich chronische oder langwierige Krankheiten zuziehen, seien Sie also vorsichtig, damit Sie sich nicht irgendeiner Ansteckungsgefahr aussetzen. Meiden Sie Personen und Orte, wo Sie sich anstecken können. Da Sie sich geistig und stimmungsmäßig vielleicht auf einem Tiefpunkt befinden, sollten Sie positive Schritte unternehmen, um sich zu entspannen und wohltuende Erholung zu finden. Machen Sie sich eine optimistische geistige Einstellung zu eigen, lächeln Sie sich jeden Morgen im Spiegel an, und sagen Sie sich selbst, wieviel Glück Sie haben, daß Sie am Leben sind, und wie glücklich und dankbar Sie dafür sind, daß Sie so viele wunderbare natürliche Gaben und Talente empfangen haben. Es spielt keine Rolle, was Sie wirklich denken; sagen Sie sich das in jedem Fall. Belasten Sie sich nicht übermäßig mit Medikamenten, und lassen Sie keine Operation vornehmen, wenn es sich irgendwie vermeiden läßt. Wenn Sie jeder Verstimmung sofortige Beachtung schenken, sobald sie sich bemerkbar macht, und sich eine optimistische Einstellung bewahren, werden Sie keine Schwierigkeiten haben.

Die vorangegangene Auflistung ist zu Ihrer Information gedacht, damit Sie wissen, welche Tendenzen existieren und wann sie wirksam werden können. Kein Mensch wird jemals Opfer all dieser Beschwerden und Schwierigkeiten sein. Wenn Sie die Anweisungen im 7. Kapitel befolgen, werden Sie tatsächlich mit gar nichts davon jemals Probleme haben. Aber vielleicht haben Sie den Wunsch, einem anderen zu helfen, und ein Wissen darüber, was ihn zu verschiedenen Zeiten angreifen kann, wird Ihnen dabei helfen, ein Heilmittel und Heilung zuzuführen.

Der wichtigste Teil dieses Kapitels ist der über Ihren persönlichen Lebenszyklus. Fertigen Sie diese Tabelle an, und schreiben Sie sich in irgendeiner Form heraus, welche Möglichkeiten und Risiken in jeder Periode existieren. Manche Rosenkreuzer machen sich für jede Periode eine eigene Karte, damit sie sie leicht nachprüfen und besser nachsehen können, wie sie jeden Tag am besten planen. Sie meinen, daß es ihnen zu einer größeren Kontrolle über ihr Schicksal verhilft als früher und auch die Zuversicht verleiht, daß sie ihrem Vorbild, dem Weisen, den die Tarotkarte darstellt, ähnlicher werden.

9. Kapitel

Die Macht des Gebets

Es gibt wohl keinen religiösen Brauch, der so allgemein anerkannt ist und doch so wenig verstanden wird wie das Gebet. Jeder, den Sie fragen, wird Ihnen sagen, daß er schon Antwort auf Gebete erhalten hat. Ungeachtet ihrer gesellschaftlichen Stellung, ihrer Nationalität, ihrer Hautfarbe oder ihres Glaubens, haben alle Menschen diese eindeutige Aufeinanderfolge von Bitte und Erfüllung, die mit dem Wort Gebet umschrieben wird, erfahren. Ein Mann betet vielleicht um Geld, und der Postbote bringt ihm die benötigte Summe. Eine Frau betet um Essen, und Essen wird zu ihrer Tür gebracht. Andererseits gibt es aber auch Beweise für Gebete, die offensichtlich unbeantwortet bleiben, es gibt hungernde Menschen, die den Hungertod sterben, es gibt das Kind, das trotz der flehentlichen Bitten seiner Eltern an Gott stirbt.

Jedes Studium des Gebets wird Widersprüche und viele seltsame und verwirrende Tatsachen aufdecken. Ein belangloses Gebet wird erhört, während ein Gebet in einer wichtigen Angelegenheit versagt; ein leichtes Leiden wird gelindert, während ein verzweifeltes Flehen um die Rettung eines geliebten Lebens keine Erfüllung erfährt. Ein frommer Mensch wird sagen: „Es ist Gottes Wille." Und er wird es nicht weiter hinterfragen. Aber die Rosenkreuzer geben sich damit nicht zufrieden. Als Studenten der Esoterik erkennen sie, daß im Gebet bestimmte Gesetze am Werk sind, Gesetze, die man aufspüren, identifizieren und begreifen muß.

Lassen Sie uns zunächst das Gebet analysieren, wie es der durchschnittliche Mensch kennt. Wir verwenden dieses Wort zur Beschreibung verschiedener Bewußtseinsaktivitäten, und man kann bei einer

Untersuchung der Gebete nicht so tun, als ob sie alle gleich währen. Zuerst ist da das Gebet um körperliche Hilfe oder um materielle Unterstützung. Ganz allgemein kann man es als eine Bitte definieren, die an eine Person oder an ein Wesen gerichtet wird, von dem man annimmt, daß es in der Lage ist, die Bitte zu erfüllen. Damit verbunden ist die Annahme, daß diese Person oder dieses Wesen die Bitte ohne Opfer oder Mühe und mit nur geringen Unbequemlichkeiten für sich selbst erfüllen kann. Bemerken Sie, daß das Gebet als eine Bitte an eine Person oder an ein Wesen beschrieben wird, die in der Lage sind, die Bitte zu erfüllen. Wir sagen nicht: „Das Gebet ist eine Bitte an Gott." Obwohl das gut möglich ist. Da die meisten Gebete um irgendeine Art von physischer oder materieller Unterstützung bitten, sind nur sehr wenige von ihnen tatsächlich an Gott als die Erste Ursache gerichtet. Die meisten Menschen haben gewöhnlich etwas Hemmungen, um materielle Vorteile zu bitten, und richten eine so irdische Bitte nur ungern an den Allerhöchsten. Zudem war ein großer Teil der religiösen Lehren der vergangenen zweitausend Jahre darauf gerichtet, in den Menschen Furcht vor Gott und ein Gefühl des Getrenntseins von Gott zu erzeugen. So empfindet die große Mehrheit der Menschen Gott oder die Erste Ursache als teilnahmslos und weit entrückt, ganz ähnlich wie den Präsidenten einer riesigen Aktiengesellschaft oder den Direktor einer großen Bank. Viele glauben deshalb, daß ihre Gebete Gott nicht erreichen können oder werden, und sie richten also ihre Gebete an irgendein Wesen oder eine Person, die ihnen erreichbarer erscheinen und gleichzeitig gegenüber den menschlichen Schwächen, die hinter der Bitte stehen, vielleicht verständnisvoller und toleranter sind.

Seit Menschengedenken haben Seeleute Gebete an das Meer oder an irgendeine Wesenheit, die sie sich als Gott des Meeres vorstellten, gerichtet. Sie haben um eine sichere und schnelle Überfahrt, um einen reichlichen Fischfang oder um die Rettung in einem Sturm gebetet. Sie haben auch zu den Winden und zu Äolus, dem Gott der Winde, gebetet. So wie kürzlich, vor ein oder zwei Jahren, bei einer Segelregatta von Kalifornien nach Hawaii die Mannschaft eines Bootes, als es besonders günstig für sie aussah, den Göttern des Meeres drei Hühnchen opferte. Das waren keine abergläubischen Südsee-Eingeborenen sondern wohlhabende amerikanische Geschäftsmänner und Sportler. Die Tatsache, daß ihr Boot schließlich gewann, steht in keiner Beziehung zu dem, was hier wichtig ist, nämlich, daß diese Handlung in aller Ernsthaftigkeit durchgeführt wurde und eine Form von Gebet darstellte.

Ich erwähne dies, weil es ein schönes Beispiel für eine Art von Bitte oder Gebet ist, die die Menschen schon immer eingesetzt haben. Manchmal wird dabei ein Versöhnungsopfer dargeboten, manchmal nicht. Sind diese Gebete wirklich an irgendeine körperlose Intelligenz gerichtet, wie es den Anschein hat? Oder ist es nur ein Trick, um die Aufmerksamkeit auf das begehrte Ziel zu richten, ohne daß eine wirkliche Vergegenwärtigung des dadurch in Gang gesetzten geistigen Prozesses vorliegt? Denken Sie darüber nach.

Bei bestimmten Religionen stellen wir fest, daß Gebete häufiger an anbetungswürdige Wesen oder Heilige gerichtet werden als an Gott selbst. Vor langer Zeit unterstützte eine skrupellose Priesterschaft diese menschliche Neigung, weil sie dadurch ihre Zahl, ihr Ansehen und ihr Einkommen vergrößern konnte. Die Geschichte berichtet, wie die Priester Ägyptens die Rückkehr zu den „Alten Göttern“ forderten, nachdem Amenhotep verkündet hatte, daß es nur ein Höchstes Wesen gibt. Das war nicht nur ein politischer Trick, um weltliche Macht zu erlangen, sondern ein direktes Bestreben, mehr Geld zu erhalten, denn durch eine Vervielfältigung der Götter vervielfältigten sich auch die Gaben. Heute beten die Frommen in China und Indien zu Buddha, in Rußland zum Heiligen Sergius, in Italien zum Heiligen Antonius, in Amerika zur Heiligen Theresa, der Kleinen Blume. Im Iran beten sie zu Mohammed und in allen Teilen der christlichen Welt zur Heiligen Familie, zu Jesus, St. Josef und der Heiligen Mutter Maria. Tatsächlich gibt es Hunderte von Wesen in allen Religionen, an die täglich Bitten und Gebete gerichtet werden in der Hoffnung, daß sie die Rechtmäßigkeit und Angemessenheit der Bitte anerkennen, die Motive des Bittstellers verstehen und wohlwollend beurteilen und ihre Macht und ihren Einfluß einsetzen, um bei der Beschaffung der erbetenen materiellen Vorteile zu helfen.

Wir sehen also, daß bei der ersten und am weitesten verbreiteten Art von Gebet, die ein Gebet um materielle Vorteile ist, die Bitten manchmal an Gott gerichtet werden, weitaus häufiger aber an irgendeine andere Wesenheit oder Person, von der der Bittsteller glaubt, daß sie in der Lage ist, die Bitte zu gewähren, und vielleicht dazu überredet werden kann. Wenn wir den Gedanken eines solchen Bittstellers auf den Grund gehen und ihn fragen: „Warum hast du zum Heiligen Antonius und nicht direkt zu Gott gebetet?“ dann stellen wir fest, daß er glaubt: „Der Heilige Antonius war selbst einmal arm und kann deshalb verstehen, wie sehr ich dieses Geld brauche.“ Und wenn wir einen anderen fragen: „Warum hast du zur Mutter Gottes gebetet anstatt zu Gott?“ dann erhalten wir die Antwort: „Die Mutter Gottes ist eine Frau und wird verstehen, was ein Mann nicht verstehen kann.“

Wenn wir in die Herzen dieser Leute blicken, erkennen wir, wie kindisch die meisten Gebete sind, und wir beginnen zu verstehen, warum manche Gebete erhört werden und andere nicht. Hier, unter den durchschnittlichen Menschen der Welt, gibt es kein Verständnis des Gebets. Sie sind wie Kinder, die ihre Eltern um das bitten, was sie haben wollen. Manchmal bekommen sie es und manchmal nicht, aber sie wissen nie genau warum und besitzen nur selten genügend Einsicht und Selbstvertrauen, um sich daran zu machen, diese Dinge selbst zu erlangen.

Machen Sie sich den Vorratsspeicher des Universums nutzbar

Eines der Hauptziele der Rosenkreuzer ist es, die Menschen zu lehren, wie sie sich aus dieser kindischen Abhängigkeit von anderen erheben können, und sie zu schulen, das Naturgesetz für sich zu nutzen. Sie geben ihren Schülern Konzentrationsübungen, lehren sie, ihre Aufmerksamkeit auf ein Objekt zu konzentrieren und dort zu halten, sie schulen ihr Gedächtnis und versuchen, ihnen zu helfen, sich von überholten Hemmungen und irrigen Vorstellungen zu befreien. Sie lehren ihre Schüler, Bitten um benötigte materielle Dinge an das Kosmische, den Großen Speicher des Universums, zu richten, und vermitteln ihnen Methoden, die bei richtiger Anwendung dafür geschaffen sind, diesen Speicher des Universums anzuzapfen. Diesen Schülern wird eine praktische Methode des Betens für materielle Bedürfnisse beigebracht, ein reifer Zugang zu dem Problem der Versorgung, der, wenn man ihn erst einmal verstanden hat, in den meisten Fällen zum Erfolg führt. Es ist keine Zufallsmethode. Wenn die Forderungen selbstlos sind, oder zumindest nicht zu selbstsüchtig, und wenn ihre Gewährung keinen anderen verletzt, dann werden sie sich auf der materiellen Ebene manifestieren. Diese Methode werde ich Ihnen in gedrängter Form an späterer Stelle in diesem Kapitel vorstellen.

Die Bitte um Erleuchtung

Die nächste Ebene des Gebetes ist die Bitte um Erleuchtung, um Unterweisung, die einem Menschen in seinem Verlangen, Gott näherzukommen, helfen soll. Dies ist ein Wunsch, der fast immer an Gott oder an das Höchste Wesen gerichtet wird. Viele Menschen beten auf diese Weise. Ein beträchtlicher Teil der Menschheit verspürt zum einen oder anderen Zeitpunkt diese Sehnsucht aufzustreben, aber gewöhnlich auf unterschiedlichen Ebenen des Verständnisses. Einer bittet vielleicht um Hilfe in moralischen oder religiösen Problemen, ein anderer um geistliches Wachstum, ein dritter fleht um die Kraft, Versuchungen zu widerstehen, ein vierter um Erkenntnis und so weiter. Dies geschieht unaufhörlich auf der ganzen Welt, und man nennt dieses Chor den „Anrufungsschrei der Menschheit". Dieser Wunsch, diese Bitte um geistliche Hilfe bringt eine Erwiderung von Oben hervor in der Form von priesterlicher Belehrung und Leitung. Weil dieser „Anrufungsschrei" heute so laut und stark ist, haben wir eine so gewaltige Flut von Offenbarungen in allen Teilen der Welt. Der Rosenkreuzerorden ist einer der Hauptkanäle dieses Stroms, und die vielen tausend Schüler des Ordens haben sich ihm angeschlossen, weil sie bewußt oder unbewußt ihr Herz aufstrebend und in Bitte um Leitung und Hilfe erhoben haben.

Meditation – Einstimmung auf die Höheren Elemente

Die dritte Form des Gebets heißt Meditation. In ihr strebt der Schüler nach Einstimmung auf die höheren Elemente seines Seins und bittet ganz ähnlich wie in der ersten Form des Gebets um Hilfe und Unterstützung, aber mit diesem einen, wesentlichen Unterschied – die Hilfe ist fast nie für ihn selbst bestimmt. Wenn er um Unterstützung bittet, dann nur um an Kraft, Weisheit oder Fertigkeit zu gewinnen, um anderen helfen zu können.

Wir können vom Leben alles bekommen, was wir wollen

Hier haben wir also drei allgemeine Ebenen des Gebets, wie es von 99 Prozent der Menschen verstanden und eingesetzt wird. Es steht uns nicht zu, die Qualität dieser Gebete zu beurteilen oder sie als gut oder schlecht einzustufen. Aber sie alle haben eines gemeinsam: sie wenden sich an jemand anderen um Hilfe. Damit gesteht der Betende stillschweigend seine Unfähigkeit ein, sich selbst zu helfen. Nach Meinung der Rosenkreuzer liegt genau da der Fehler. Wir können vom Leben alles bekommen, was wir wollen. Es liegt an uns, herauszufinden, wie wir es bekommen können, und dann die Beharrlichkeit aufzubringen, es solange zu verfolgen, bis wir es haben. Lassen Sie mich erklären, welche Auffassung vom Gebet die Rosenkreuzer haben.

Um das Gebet der Rosenkreuzer, eine geistige Schöpfung der Rosenkreuzer, zu verstehen, müssen Sie zunächst begreifen, daß es sich dabei um einen wissenschaftlichen Vorgang handelt, der immer funktionieren wird, wenn alle Elemente in der richtigen Weise bereitgestellt werden. Funktioniert er nicht, dann bedeutet das, daß ein Element oder mehrere Elemente gefehlt haben oder der Vorgang nicht richtig durchgeführt worden ist. Als einfaches Beispiel kann das Backen eines Kuchens dienen. Um einen guten Kuchen zu backen, brauchen Sie Mehl, Wasser, Milch, ein oder zwei Eier und Gewürze. Aber selbst wenn Sie all diese Zutaten haben, haben Sie noch keinen Kuchen, wenn Sie nicht wissen, was Sie mit ihnen tun müssen und in welcher Reihenfolge. Wenn Sie das gelernt und alles im richtigen Mengenverhältnis und in der richtigen Reihenfolge zusammengemischt haben, dann muß der entstandene Teig gebacken werden. Hierfür muß die Hitze genau richtig sein und für eine angemessene Zeitdauer zugeführt werden. Ist die Hitze zu groß, wird der Kuchen anbrennen. Ist die Hitze zu gering, wird er zusammenfallen und nicht durchgebacken sein. Sie sehen also, daß neben guten Zutaten noch sehr viel Wissen und Fertigkeit erforderlich ist, um einen guten Kuchen zu backen.

Das Gebet der Rosenkereuzer ist genauso kompliziert – und, wenn Sie wissen wie man es macht, genauso einfach. Unglücklicherweise lernen es nicht sehr viele Menschen wirklich. Wenn es sich darum handeln würde, Mehl zu sieben und Eier zu schlagen, dann würden sie innerhalb kurzer Zeit lernen, nie einen Schritt auszulassen oder eine der Zutaten zu vergessen. Aber wenn das Sieben von Gedanken und das Backen in psychischer Energie verlangt ist, dann scheint das Problem plötzlich in unerklärlicher Weise viel komplizierter und schwieriger zu sein. Aber das ist es nicht, nicht wirklich. Wenn Sie es einmal gelernt haben, ist es so leicht wie Schwimmen oder Radfahren – beides kleine Wunder für jemand, der diese Fertigkeiten noch nicht erlernt hat. Ich werde Ihnen zunächst sagen, was Sie tun müssen, um so zu beten wie die Rosenkreuzer, und danach werde ich Ihnen sagen, was Sie nicht tun sollen. Denn seltsamerweise gibt es sehr viele Dinge, die man vermeiden muß.

Gebet ist schöpferische Visualisierung

Das Gebet der Rosenkreuzer wird häufig auch als schöpferische Visualisierung bezeichnet. Wir alle stellen uns gewöhnlich vielmals am Tag etwas bildlich vor. Manche von uns sind darin gründlicher als andere. Rachmaninoff hat einmal gesagt, daß er nie auf der Konzertbühne auftreten würde, ohne in der Nacht zuvor jedes Stück im Geist durchgespielt zu haben. Er konnte jede Note hören und wußte genau, welcher Finger welche Taste anschlagen sollte, ohne ein Klavier oder eine Partitur vor sich zu haben. Das ist eine erstaunlich gründliche Vorstellungsleistung, die äußerste Konzentration erfordert, und die großartigen Ergebnisse haben ihren Wert bewiesen.

Ein guter Architekt wird das fertige Haus im Geist vor sich sehen, bevor er auch nur einen Strich auf dem Papier zieht. Bevor er beginnt, wird er als Vorbereitung für seinen Entwurf jeden Schrank, jede Treppe in seiner bildlichen Vorstellung gut plaziert haben. Diese Berufskünstler, die großen Musiker, führenden Architekten und in der Tat alle erfolgreichen Planer besitzen ein sehr gutes bildliches Vorstellungsvermögen. Größtenteils entspringen ihre Bemühungen jedoch aus einem emotionalen oder physischen Bedürfnis, das sie vor Augen haben. Der Architekt erhält einen Auftrag, für den Musiker ist ein Konzert geplant, der Geschäftsmann muß ein Produkt verkaufen. Was Sie lernen müssen, ist die Kunst der bildlichen Vorstellung, ohne daß Sie ein zwingendes Bedürfnis zum Handeln drängt.

Die bildliche Vorstellung hat nichts Geheimnisvolles an sich. Jeder besitzt diese Fähigkeit, aber Sie müssen lernen, sich etwas in der Weise bildlich vorzustellen, daß das von Ihnen geschaffene Bild danach strebt, sich zu vergegenständlichen, sich als ein Objekt oder ein Ereignis in der physischen Welt zu manifestieren. Für den Musiker und den Architekt ist das eine natürliche Aufeinanderfolge – der eine spielt ein Klavierkonzert, und der andere erstellt den Entwurfsplan für ein Gebäude – aber Sie, die Sie weder ein Klavier noch ein Zeichenbrett und auch nicht die Fertigkeit besitzen, beides zu gebrauchen, Sie müssen eine andere Methode suchen. Es ist ein einfaches Verfahren, das zur Lösung vieler Probleme eingesetzt werden kann. Bevor man diesen Prozeß jedoch in Gang setzt, ist es klug, die daran beteiligten Gesetze zu verstehen. Zuerst müssen Sie ziemlich klar und genau wissen, wovon Sie sich eine Materialisation wünschen. Ihr Begehren darf keine Vielfalt von Dingen umfassen, sondern nur diejenigen, die mit Ihrem unmittelbaren Bedürfnis zusammenhängen. Wenn Sie Ihr Hauptziel zur Materialisation oder ins physische Dasein gebracht haben, dann und nur dann dürfen Sie sich einem anderen Ziel zuwenden.

Bei fast jedem von uns ist der Geist vollgestopft mit umherschweifenden, bedeutungslosen Gedanken. Es ist also als erstes erforderlich, daß Sie Ihren Geist von diesen Eindringlingen säubern und nur an einem beherrschenden Gedanken festhalten, dem Gedanken an das, was Sie wollen. So vorbereitet, sind Sie bereit, mit der bildlichen Vorstellung zu beginnen. Dafür ist es ratsam, wenn Sie sich einen Ort suchen, an dem Sie für ungefähr dreißig Minuten nicht gestört oder abgelenkt werden. Die eigentliche bildliche Vorstellung soll nicht so lange dauern, aber Sie brauchen möglicherweise etwas Zeit, um Ihren Geist zu reinigen und in eine Art von Ruhezustand zu versetzen.

Wenn Sie sich an dem gewählten Ort bequem niedergelassen haben, sollten Sie sich zunächst entspannen. Beginnen Sie mit einer bewußten Bemühung, sich körperlich zu entspannen. Entspannen Sie die Zehen, die Knöchel, die Waden, die Muskeln der Oberschenkel, entspannen Sie die Körpermitte, die Finger, die Hände, die Handgelenke, die Muskeln der Unterarme und die Schultern. Entspannen Sie den Nacken, die Gesichtsmuskeln und die feinen Muskeln um die Augen, die Ohren und die Kopfhaut. Das wird drei oder vier Minuten in Anspruch nehmen, und wenn es vollendet ist, werden Sie sich viel ruhiger fühlen.

Jetzt ist es an der Zeit, Ihre Aufmerksamkeit Ihrem Geist zuzuwenden. Da es für den durchschnittlichen Menschen praktisch unmöglich ist, den raschen Fluß seiner Gedanken zu verlangsamen und zu unterbinden, verwenden wir jetzt einen Kunstgriff. Sehen Sie mit geschlossenen Augen vor Ihrem geistigen Auge eine leere Leinwand ähnlich einer Filmleinwand. Sehen Sie, wie sie den gesamten Raum vor Ihnen ausfüllt, und stellen Sie sie sich durch ein weißes Licht gut ausgeleuchtet vor, wie Sie es manchmal in Filmpausen gesehen haben werden. Jetzt beginnen Sie, auf dieser Leinwand Ihres Bewußtseins bewußt, gründlich und peinlich genau ein lebendiges, detailliertes Bild dessen anzuorden, was Sie zur Materialisation bringen wollen. Formen Sie es zu einem lebendigen Bild. Sehen Sie es, als ob es tatsächlich vor Ihnen existieren würde. Das erfordert Zielstrebigkeit, gute Vorstellungskraft und Konzentrationsvermögen, alles keine angeborenen Eigenschaften, die Sie sich durch Übung aneignen müssen. Ich bin sicher, Sie werden zuerst nur sehr wenig richtig machen. Aber durch Übung werden Sie es zu immer größerer Fertigkeit bringen.

Die Rosenkreuzer lehren, daß jeder Mann und jede Frau mit der Fähigkeit begabt ist, auf der materiellen Ebene schöpferisch tätig zu sein. Aber dafür müssen wir lernen, die Werkzeuge, die uns gegeben worden sind, zu gebrauchen. Das erste ist die Vermögen der bildlichen Vorstellung und das zweite die Einbildungskraft. Diese beiden müssen zusammenwirken. Die Einbildungskraft muß die Bilder liefern, entweder aus dem Erinnerungsvermögen oder indem sie Teile von Bildern und Vorstellungen aus der Erinnerung zusammensetzt und so neue erzeugt, und dann müssen diese Bilder auf die Leinwand Ihres Bewußtseins geworfen und dort festgehalten werden. Es bedarf einer gewissen Dauer, damit sie sich in Form von physischer Materie und von Ereignissen verwirklichen können. Je länger Sie dieses genaue Bild ohne Veränderung festhalten können, um so schneller wird es sich manifestieren. Hier liegt die Bedeutung der Konzentrationsfähigkeit, dem dritten Punkt dieses schöpferischen Dreiecks. Ich könnte hier aufhören und erklären: „Mehr ist dazu nicht zu sagen." Und ich hätte recht. Sie haben jetzt alle grundlegenden Zutaten. Aber Sie wissen, und ich weiß, daß viele Fragen unbeantwortet geblieben sind. Also will ich versuchen, etwas präziser zu werden.

Den meisten Leuten klingt das oben beschriebene Verfahren zu einfach. Manche glauben nicht, daß es funktionieren wird, und sie vernichten damit alle Erfolgsaussichten, bevor sie auch nur begonnen haben, denn eine der wesentlichen Zutaten besteht in der vollkommenen und anhaltenden Überzeugung, daß sich das, was Sie sich bildlich vorstellen, verwirklichen wird. Andere werden angesichts der Einfachheit des Verfahrens nachlässig und machen sich halbherzig daran. Das ist ungefähr so, als ob jemand, der einen Kuchen backen will, alle Zutaten einfach in eine Form schüttet, ohne sie in der erforderlichen Weise zusammenzurühren. Manchen Leuten fällt es schwer, sich etwas bildlich vorzustellen, und andere haben Schwierigkeiten mit der Konzentration. Sie sehen also, es ist gar nicht so einfach. Aber es ist möglich, und Sie können es in annehmbar kurzer Zeit lernen, wenn Sie bereit sind, regelmäßig zu üben, wie Sie es ja auch tun müßten, wenn Sie irgendeine andere Fertigkeit erlernen wollten.

Was Sie sich bildlich vorstellen, verwirklicht sich materiell

Lassen Sie mich jetzt ein paar wichtige Details hinzufügen. Wenn Ihr Ziel zum Beispiel der erfolgreiche Abschluß eines Geschäfts oder der Beginn eines neuen Unternehmens ist, dann bauen Sie sich im Geist ein Bild auf, das den entscheidenden Punkt dieser Transaktion zeigt, an dem der zum abschließenden Erfolg führende Akt durchgeführt wird. Indem Sie dieses Bild im Geist klar und intensiv jedesmal zwei oder drei Minuten festhalten, schaffen Sie buchstäblich die gleiche Situation in der Wirklichkeit. Denken Sie daran, daß Sie es in einer Situation wie der beschriebenen mit der materiellen Welt zu tun haben, und um in der Materie Veränderungen zu bewirken, ist Energie erforderlich – je größer der Grad der Veränderung, um so mehr Energie. Eine einfache Materialisation kann sich schon aus einer einzigen kreativen Meditation ergeben. Ein großes Projekt erfordert vielleicht hundert solcher Sitzungen. Die Gesetze der Physik kommen hier genauso zur Anwendung wie überall in dem uns bekannten Universum.

Bei der Schöpfung des Bildes kann man viele verschiedene Methoden anwenden. Sie können sich zum Beispiel als Künstler betrachten und die leere Leinwand Ihres Geistes als die Leinwand des Künstlers. Malen Sie dann darauf mit intensiven Farben das Bild, das Sie sich wünschen. Gebrauchen Sie Ihre Einbildungskraft und erfüllen Sie es genauso mit Klang und Duft wie mit Farbe. Wenn es im Freien angesiedelt ist, sollten Sie die Wärme der Sonne und das kühle Streicheln der Brise fühlen. Lassen Sie es wirklich werden!

Schließen Sie jede bildliche Vorstellung damit ab, daß Sie das ganze Bild nach innen richten. Dieser Vorgang gleicht dem des Herunterschluckens, nur daß Sie anstelle der Kehle Ihren Geist benutzen. Dann vergessen Sie das Ganze. Lassen Sie Ihre Gedanken nicht wieder zu dem zurückkehren, was Sie getan haben, und lassen Sie nicht zu, daß irgendwelche blassen Abbilder des Bildes, das Sie gezeichnet haben, in

Ihrer Einbildung zurückbleiben. Verdrängen Sie es vollkommen aus Ihren Gedanken. Das ist deshalb wichtig, weil Sie, solange Sie geistig daran festhalten, die Energie ablaufen lassen, die für die letztendliche Materialisation notwendig ist.

Wenn Sie durch wiederholte bildliche Vorstellungen von Ihrem begehrten Ziel die Energie dazu gebracht haben, für Sie zu arbeiten, dann sollten Sie selbst jede mögliche physische Anstrengung unternehmen, es zu verwirklichen. Lehnen Sie sich nicht bequem zurück, als wollten Sie sagen: „Ich fordere dich heraus, dich zu manifestieren." Tun Sie alles, was in Ihrer Macht steht, um dabei mitzuhelfen. Erschließen Sie alle möglichen Wege. Es ist viel leichter, durch eine offene als durch eine geschlossene Tür zu gehen. Vergessen Sie auch nicht, daß Sie davon überzeugt sein müssen, daß Ihr Vorhaben gut und wünschenswert ist und keinen anderen schädigen wird. Das hat nichts damit zu tun, daß Gott eine böse Tat unterbinden würde, obwohl es manchmal so scheinen mag, sondern es geht darum, daß Ihr eigenes Gewissen möglicherweise die Energie kurzschließt. Nur ein außerordentlich böser und unentwickelter Mensch wird fähig sein, diese Form von geistiger Hemmung zu überwinden.

Lassen Sie sich von mir davor warnen, leichtfertig zu planen. Die Geschichte von dem Flaschengeist, der drei Wünsche gewährte, von denen sich schließlich alle als töricht erwiesen, ist ein warnendes Beispiel. Für jeden existieren bestimmte Möglichkeiten, und Ihre geistigen Schöpfungen werden gut und erfogreich sein, solange sie sich in diesen Grenzen halten. Sie glauben vielleicht, daß nichts unmöglich ist, und heutzutage ist das fast buchstäblich wahr. Aber das heißt nicht, daß für mich oder für Sie nichts unmöglich ist. Wir haben beide unsere Grenzen; ich habe meine, und Sie haben Ihre. Angenommen, Sie würden den plötzlichen Wunsch verspüren, den Mond zu betreten. Wie wir wissen, ist das keine Unmöglichkeit mehr. Aber für mich ist es unmöglich, und vielleicht auch für Sie. Es wäre also töricht, mit dem Bestreben, ein fruchtloses und vergebliches Verlangen zu befriedigen, Energie zu verbrauchen.

Ich möchte Ihnen ein Beispiel dafür geben, wie sich dieses Gesetz der Schöpfung auswirken kann, wenn es nicht richtig angewandt wird.

Dieses Beispiel ist uns von einem Rosenkreuzernovizen berichtet worden, einem Fabrikarbeiter, der sich entschloß, dieses Gesetz, nachdem er davon erfahren hatte, dafür zu benutzen, um 5000 Dollar zu bekommen. Mehrere Monate lang blieb er täglich beharrlich bei dieser bildlichen Vorstellung, bis sie allmählich mehr und mehr wirklich für ihn wurde, wie das gewöhnlich der Fall ist. Aber er unternahm nichts anderes und versuchte in keiner anderen Weise, dieses Geld zu verdienen oder zu erlangen. Eines Tages rutschte er bei der Arbeit aus und fiel in eine der Maschinen, so daß sein Fuß zerschmettert wurde. Glücklicherweise konnte er, nachdem er aus dem Krankenhaus entlassen worden war, mit Hilfe eines Spezialschuhs wieder laufen, aber er hatte den ganzen vorderen Teil seines Fußes verloren. Die Firma bezahlte seine Krankenhausrechnung, zahlte ihm, solange er krankgeschrieben war, seinen vollen Lohn weiter und behandelte ihn in jeder Weise fair. An dem Tag, als er wieder in die Firma zurückkam, bat ihn der Generaldirektor in sein Büro und bot ihm einen Scheck über 5000 Dollar an, wenn er sich bereit erklärte, keine weiteren Forderungen an die Firma zu richten. Da erst erkannte dieser Mann, in welcher Weise er für das, was geschehen war, verantwortlich war und wo er selbst versagt hatte, und deshalb erzählte er uns diese Geschichte, um anderen damit zu helfen. Einmal aufgebaute Energie verlangt nach Freisetzung, und wenn wir ihr nicht Türen öffnen und sie in die richtige Richtung lenken, wird sie sehr wahrscheinlich in unerwünschter Weise ausbrechen.

Die hier beschriebene Kunst der geistigen Schöpfung ist, wie ihr Name schon sagt, ein Geistesakt, durch den Energie gesammelt und auf das begehrte Ziel hingelenkt wird. Aber die Rosenkreuzer lehren auch noch eine andere Form von Gebet, die in manchen Fällen sehr viel wirkungsvoller ist. Dieses Gebet gründet nicht auf dem Geist und dem Willen sondern auf der Liebe. Es funktioniert am besten, wenn Sie für einen anderen beten. Tatsächlich könnte man sagen, daß es für einen selbst überhaupt nicht funktioniert. Ich vermute, das liegt daran, weil wir uns selbst zu sehr und in falscher Weise lieben. Wahrscheinlich werden wir uns spirituell noch viel weiter entwickeln müssen, bevor wir lernen können, für uns selbst zu beten, indem wir uns selbst lieben.

Aber wir können anderen helfen, indem wir ihnen Liebe senden. Lassen Sie mich Ihnen das erklären.

Es gibt eine Energie, die genauso mächtig ist wie die geistige Energie und die wir in Ermangelung eines besseren Wortes „Liebe" nennen. Die Herzenswärme, die wir für ein geliebtes Wesen fühlen, kommt der physischen Reaktion, die wir von dieser Energie erfahren, empfindungsmäßig am nächsten. Aber es ist weder Sentimentalität noch körperliche Liebe, sondern etwas ganz anderes und Erhabeneres. Und es ist ein ganz eindeutige Energie. Für die Astralsinne ist sie wirklich fühlbar und von einer rosa Farbe, kein farbliches oder stoffliches Rosa, sondern das Rosa des Lichts wie bei einem herrlichen Sonnenuntergang.

Dies ist eine Energie, die wir bewußt ansammeln und dann an einen anderen weitergeben können. Sie ist wie Essen, wie Nahrung für sein gesamtes Sein und nutzt dem Empfänger in jeder Hinsicht. Aus dieser Liebe kommt nur Gutes. Hier brauchen Sie nie einen Fehler zu befürchten; jedes Geben, jedes Senden ist gut. Das ist es, was Jesus Christus den Menschen seiner Zeit zu erklären versuchte. Es gibt viele Methoden, diese umfassendere, erhabenere Liebe einzusetzen. Alle Religionen legen die eine oder andere Form nahe, aber diese sind gewöhnlich in die Atmosphäre des jeweiligen Dogmas dieser Religion eingehüllt. Daneben gibt es auch viele einfache Verfahren, die nichts mit irgendeiner organisierten Religion zu tun haben. Hier ist eine Methode, die wirklich sehr gut funktioniert.

Diese Methode verbindet drei Elemente – (auch hier) eine bildliche Vorstellung, ein Gefühl und einen Willensakt. Wie bei dem schon vorher beschriebenen Gebet der Rosenkreuzer sind sowohl bildliche Vorstellung als auch Wille notwendig, wie das bei fast allen menschlichen Bemühungen um die Beeinflussung von Energie der Fall ist. Aber hier kommt ein neues Element hinzu, das Gefühl. Das Vorgehen ist folgendes:

1. Schaffen Sie ein Gefühl der Liebe, der Wärme, des Wohlwollens in Ihrer Brust in der Umgebung Ihres Herzens. Stellen Sie sich dies als eine glühende, rosafarbene Aura vor, die von Ihrem Herzen ausströmt und Ihren Körper ganz umgibt.

2. Stellen Sie sich dann die Person, die Gruppe oder die Wesenheit vor, der Sie helfen wollen. Sehen Sie sie ganz deutlich vor Ihrem geistigen Auge.
3. Senden Sie jetzt einen Teil Ihrer Aura in Form einer rosa Wolke durch einen Willensakt zu dem Objekt Ihrer Liebe. Empfinden Sie Liebe für diese Person oder dieses Objekt, und sehen Sie, wie die rosa Wolke sie (oder es) mit einer schützenden rosa Aura umhüllt.
4. Verbannen Sie dann augenblicklich jeden Gedanken daran aus Ihrem Kopf, und betrachten Sie es als einen „erledigten Auftrag".

Wenn dieses Verfahren richtig durchgeführt wird, sind die Ergebnisse erstaunlich. Gewöhnlich muß diese Behandlung viele Tage lang wiederholt werden, bevor die Ergebnisse offenbar werden, aber schließlich zeigen sie sich in höchst bemerkenswerter Weise. Bei der Sendung von Liebe ist es wichtig, daß man kein bestimmtes Ergebnis erwünscht oder vorhersieht. Auf seiten des Senders darf es keinerlei Planung dieser Art geben. Die Manifestation muß der Intelligenz der Seelenkraft, welche die Energie in Tätigkeit setzt, überlassen werden, und wenn dies geschieht, geht es immer in höchst wünschenswerter Weise aus.

Manchmal liegen diese Wirkungen nur auf der emotionalen Ebene, sie sind jedoch immer äußerst praktisch. In einem vor zwei Jahren durchgeführten sechsmonatigen Test mit sieben Empfängern erhielten zwei der Personen eine klare emotionale und psychische Hilfe, aber bei den anderen fünf zeigte sich ein erstaunlicher physisch materieller Nutzen. Eine Frau von über fünfzig, die einen verkrüppelten Ehemann und einen halbwüchsigen Sohn zu versorgen hatte und ihr ganzes Leben für bescheidenen Lohn gearbeitet hatte, bekam eine leitende Stellung mit einem Jahreseinkommen von mehr als 10 000 Dollar. Der Ehemann einer anderen Frau wurde in der Firma, in der er arbeitete, Teilhaber. Zwei Männer erhielten eine entscheidende Beförderung in neue Positionen mit erheblich höheren Einkommen, und den übrigen drei wurde gefühlsmäßig zu einem viel besseren Lebensverständnis und einer größeren Gelassenheit angesichts der täglichen Hektik, mit der wir alle fertig werden müssen, verholfen. Einem dieser drei wurde auch in beruflicher Hinsicht geholfen.

Zweifellos gab es noch weitere Vorteile, aber diese waren ganz offensichtlich. Zusätzlich wurde auch dem Sender unerwarteterweise in mehrerer Hinsicht geholfen.

1. Es entstand eine Verbindung zu jedem Empfänger, aus der ein größeres Verständnis zwischen dem Sender und jedem Empfänger resultierte.
2. Das Selbstbewußtsein des Senders, das Bewußtsein seiner eigenen Fehler, Schwächen und Illusionen wurde bis zu einem Punkt gesteigert, an dem er teilweise fähig war, sein eigenes Leben zu reinigen und mit größerer Selbstbeherrschung und Beherrschung seiner Umgebung zu agieren.
3. Der Sender empfing einen Zustrom von etwas, was man nur als große spirituelle Kraft bezeichnen kann.

Dies sind Vorteile, die als Ergebnis einer täglichen Ausübung dieses Gebets der Liebe beobachtet worden sind, einer Übung, die nur ein bescheidenes Maß an Denken und Mühe und nicht mehr als fünfzehn Minuten Zeit beanspruchte. Empfinden Sie Liebe. Senden Sie Liebe, Kapseln Sie einen kleinen Teil dieses Himmlischen Königreichs, wie es Jesus nannte, ein und schenken Sie es einem anderen, damit es wie das Senfkorn in dem Gleichnis wachsen und vielen Trost und Frieden bringen möge.

An früherer Stelle in diesem Kapitel habe ich von den Gebeten gesprochen, wie sie die meisten Menschen darbringen, und sie als kindisch bezeichnet. Dies sind die Gebete, die an Gott oder eine andere Wesenheit gerichtet sind und um materielle Unterstützung und Vorteile bitten. Sie sind nicht kindisch, weil sie an Gott gerichtet sind. Im Gegenteil, wir alle sollten uns in einem kindlichen Glauben an Gott wenden. Aber diese Gebete sind kindisch in ihrer Erwartung bestimmter materieller Vorteile und in ihrem Mangel an Einsicht, wie diese Hilfe gegeben werden kann.

Wie Sie wissen, gibt es viele Situationen, in denen wir uns nicht selbst helfen können, in denen uns aber von anderen geholfen werden kann. Es gäbe wenig oder gar keinen Fortschritt in dieser Welt, wenn die wenigen Erleuchteten der großen Mehrheit der Unwissenden und Hilflosen nicht Beistand leisten würden. Deshalb können und sollten wir um Beistand bitten, sozusagen um Hilfe beten, wann immer wir es als nötig empfinden. Dieses Gebet kann an Gott oder irgendein anderes fortgeschrittenes Wesen gerichtet sein, von dem wir überzeugt sind, daß es uns helfen kann. Und diese Großen sind immer bereit, uns in jeder ihnen möglichen Weise zu helfen. Es ist *unser* Problem, diese Hilfe zu empfangen und einzusetzen, und die meisten von uns schaffen es nie, dieses Problem zu lösen.

Um Ihr Gedächtnis etwas aufzufrischen: Wir leben und bewegen uns in einer Sphäre der Energie. Unser eigenes Wohlbefinden und unsere Fähigkeit, Dinge zu erreichen, hängen davon ab, wieviel Energie wir zu beherrschen in der Lage sind. Wenn wir von einem über uns stehenden Wesen Hilfe erbitten und es antwortet, dann sendet es uns Energie. Es ist unsere Sache, diese Energie zu empfangen, zu ergreifen oder festzuhalten und dann dafür einzusetzen, das von uns angestrebte Ziel zu erreichen. Um Ihnen ein einfaches Beispiel zu geben: Es ist genauso, als ob wir ein Haus kaufen wollten, das 20000 Dollar kostet, und wir haben nur 200 Dollar. Wir gehen also zu einem reichen Mann, erzählen ihm, daß wir das Haus brauchen, und bitten ihn um Hilfe. Wir veranlassen ihn dazu, uns zu helfen, aber gibt er uns das Haus? Natürlich nicht. Er gibt uns Geld, genug Geld, um das Haus zu kaufen, in dem Fall also einen Scheck über 20000 Dollar. Jetzt liegt es an uns, den Scheck einzulösen und das Haus zu kaufen. Manche sind so unwissend, daß sie sagen werden: „Ich habe um ein Haus gebeten und nur ein Stück Papier bekommen." Und dann werden sie den Scheck ärgerlich fortwerfen. Andere werden den Scheck zwar einlösen, aber das Geld für Dinge wie ein neues Auto, ein paar Wettscheine für das Pferderennen und vielleicht für ein paar Kisten Whisky ausgeben. Noch immer kein Haus. Sie haben sicher verstanden und können das Beispiel allein fortsetzen.

Wenn wir zu Gott oder zu irgendeinem erhabenen Wesen um Hilfe beten, müssen wir bereit sein, diese große Energie zu empfangen und in richtiger Weise auf das Objekt unserer Wünsche hinzulenken. Zunächst muß unser Aufnahmevermögen groß genug sein, um die erbetene Energiemenge zu empfangen und zu fassen. Wenn wir dann die notwendige Menge gespeichert haben, müssen wir sorgsam darauf achten, sie nicht töricht zu verschwenden. Einer der Großen Lehrmeister beschreibt dies folgendermaßen:

„Die Leute reden sehr viel von der Hilfe, die sie von uns erwarten. Wir wollen einmal das Vermögen dieser Leute, diese Hilfe anzunehmen, analysieren. Jeder Mensch, der von Hilfe träumt, hat bereits die Richtung und das Ausmaß dieser Hilfe in selbstsüchtiger Weise bestimmt. Findet ein Elefant in einem niedrigen Keller Platz? Aber der Hilfesuchende berücksichtigt weder das Ausmaß noch die Eignung der Hilfe."

Lassen Sie uns einmal die Misere eines jungen Mannes untersuchen, der um Hilfe betete. Dieser junge Mann hatte eine kleine, schlecht bezahlte Stellung. Er wünschte sich mehr Geld und die damit verbundenen besseren Lebensumstände, also betete er zu seinem Meister um Hilfe, und sein Meister sandte ihm im Rückstrom eine reichliche Zufuhr an Energie. Nun, wie Sie und ich erwartete dieser junge Mann als Antwort auf sein Gebet tatsächlich eine neue Stellung oder einen unerwarteten Geldsegen, und er erkannte den Zustrom von Energie nicht. Aber er fühlte sich sehr gut und so stark, daß er sofort begann, einen Teil dieser Energie für Liebesaffären mit mehreren Mädchen zu verwenden. Diese Mädchen verlangten sehr viel Beachtung, so daß er sich bald mit allen möglichen Nebensächlichkeiten beschäftigt fand, die für die Mädchen von Interesse, für ihn aber ohne wirkliche Bedeutung waren. Die eine ging gern ins Theater, eine andere lieber in Nachtclubs, die dritte wollte Vorträge besuchen, die vierte war Popmusikfan und so weiter. Inzwischen hatte die zusätzliche Energie den Geist des jungen Mannes angeregt, und er hatte verschiedene sehr gute Ideen, um zu Geld zu kommen, von denen jede, wenn er sie entwickelt hätte, ihm ein Vermögen hätte bringen können. Aber er war zu sehr mit diesen jungen Damen beschäftigt, und bald war die erhaltene Energie so vergeudet, daß er nicht mehr genug übrig hatte, um auch nur eine seiner Ideen zu verwirklichen. Als sich seine Stellung nicht in wunderbarer Weise veränderte, war der junge Mann sehr enttäuscht und machte seinem Meister Vorwürfe, ihm nicht die Hilfe gesandt zu haben, um die er so inbrünstig gebetet hatte. Und sein Meister antwortete:

„Müssen denn Lilien im Winter blühen oder muß eine Quelle aus einem Felsen in der Wüste entspringen, um unser Verdienst zu beweisen? O Schöpfer der Wüste und Herr der Kälte, du hast deinen Durst selbst geschaffen und förstelst in der Kälte deines eigenen Herzens. Du hast deinen Weg mit Selbstsucht verkrustet und findest nur Zeit, deine Fußsohlen vor den Dornen zu schützen, die du selbst gesät hast. Also flieht meine Hilfe wie ein aufgeschreckter Vogel, und mein Bote eilt zurück – verschmäht!"

10. Kapitel

Telepathie verstehen und anwenden

Es ist gut, etwas von Telepathie zu verstehen, denn in den kommenden Jahren wird es für Sie in wachsendem Maß wichtig werden zu wissen, ob und wann Sie auf telepathische Suggestionen reagieren, und sogar bewußt selbst Telepathie einzusetzen. Allein die Tatsache, daß Sie dieses Buch zur Hand genommen und genügend Interesse daran gefunden haben, es bis zu diesem Satz zu lesen, ist ein Anzeichen dafür, daß Sie die Fähigkeit besitzen, geistige telepathische Botschaften zu empfangen und auszusenden.

Es gibt viele Formen von Telepathie, und die geistige Telepathie ist nur eine davon. Allgemein gesprochen gibt es drei grobe Kategorien der telepathischen Kommunkation. Es sind:

1. Die Telepathie, die im Individuum selbst stattfindet. Gewöhnlich ist dies eine Form der Kommunkation zwischen dem höheren Selbst und dem Verstand. Dies wird in den Lehren der Rosenkreuzer betont und als Kosmischer Kontakt bezeichnet.
2. Telepathische Kommunikation zwischen zwei Individuen, die wir in diesem Kapitel untersuchen werden.
3. Telepathie zwischen Gruppen oder zwischen einem Individuum und einer Gruppe.

Für Sie als Individuum ist es am wichtigsten, das Zusammenspiel zwischen Ihrer Seele, Ihrem Geist und Ihrem Verstand zu entwickeln. Wenn Sie zwischen diesen drei Bewußtseinsebenen unbehinderte Kommunikationskanäle schaffen können, stehen Sie am Rand des Durchbruchs zu einem Kosmischen Gewahrsein oder einem Kosmischen Bewußtsein. Das erfordert eine besondere Schulung, die ich im 12. Kapitel beschreiben werde. Das vorliegende Kapitel befaßt sich mit der telepathischen Kommunikation zwischen Individuen. Es sind sehr viele falsche und irreführende Informationen über Telepathie im Umlauf, und als Folge existieren diesbezüglich viele irrige Ansichten und vage Vorstellungen. Ich werde deshalb mit einigen Grundlagen beginnen.

Es sind vier Formen von telepathischer Kommunikation zwischen Individuen möglich. Diese sind:

1. Emotionale Telepathie. Die Verbindung besteht zwischen den Solarplexus-Zentren der beteiligten Individuen. Sie hat in hohem Maß mit „Gefühl" zu tun.
2. Zwischen Geist und Geist oder mentale Telepathie. Das ist die Form, die Sie studieren und lernen sollen.
3. Zwischen Seele und Seele, ein fortgeschrittenes Studium.
4. Gleichzeitig zwischen zwei oder drei von diesen Anspekten.

Emotionale oder „instinktive" Telepathie

Die häufigste Form telepathischer Kommunikation ist natürlich die zwischen den Solarplexus-Zentren zweier oder mehrerer Individuen. Sie wird manchmal auch „instinktive Telepathie" genannt. Sie tritt auf, wenn Emotionen oder „Gefühle" in starker Weise festgehalten und entsprechende Strahlungen vom Solarplexus-Zentrum ausgesandt werden. Wenn ein unmittelbarer physischer Kontakt besteht oder die Auren zweier oder mehrerer Individuen ineinander übergehen, kommt die Übertragung sehr leicht zustande. Sie tritt nur selten auf Entfernung auf, aber wenn dies unter dem Antrieb eines mächtigen emotionalen Stimulus der Fall ist, geschieht die Übertragung auf der Astralebene und nicht auf der mentalen Ebene.

Neben dem Zusammenspiel zwischen gewöhnlichen Menschen kann diese emotionale oder „instinktive" Telepathie auch zwischen nicht denkenden und unentwickelten Wesen, zwischen Menschen und Tieren und manchmal auch zwischen Tieren auftreten. Sie ist keine Übertragung von Gedanken und Worten sondern von Gefühlen. Auf diese Weise können etwa Bedrohung, Angst, Wohlwollen, Harmlosigkeit oder Liebe erfahren werden. Eine solche Kommunikation besteht zwischen Mutter und Kind, und auf diese Weise wird der emotionale Leib des Kindes eben wie sein physischer Körper von seinen Eltern geschaffen. Man findet diese Art von Kommunikation im Theater, wenn der Star das Publikum mitreißt und zum Lachen oder Weinen bringt. In diesem Fall tauschen auch die Individuen im Publikum in Reaktion auf den durch den Künstler gelieferten Stimulus untereinander emotionale Reaktionen aus, was einer der Gründe dafür ist, warum sie so leicht in Panik ausbrechen, wenn ein Feuer oder eine andere Gefahr droht. Dies ist auch die Art von Telepathie, die man vorherrschend bei den gewöhnlichen spirituellen Seancen findet. Die Leute werden gedrängt, eng zusammenzusitzen und sich manchmal auch an Händen oder Armen zu berühren, um einen Kreis zu bilden. Dies erleichtert den ungehinderten Strom der Solar-Plexus-Energie durch die Gruppe. Ihre Gefühle, Befürchtungen, Sorgen und Wünsche werden offenbar und als Teil der sogenannten Deutung eingebracht.

Diese emotionale Telepathie war die früheste Kommunikationsform unter den Menschen, die es vor der Sprache gab. Ursprünglich befaßte sie sich nur mit Selbsterhaltung und Selbsterzeugung und manifestierte sich hauptsächlich als eine Art von innerer Empfindung. Heute ist sie immer noch in einer höheren Form lebendig, und Sie haben sicherschon häufig Äußerungen gehört wie: „Ich habe eine Ahnung, daß dies geschehen wird.“ Oder: „Ich habe gefühlt, daß du anrufen wirst.“

Sie sollten eine positive Anstrengung unternehmen, diese Form der Sensibilität auf ein höheres Empfindungsniveau zu heben. Streben Sie eine Kommunikation von „Herz zu Herz“ an, und entwickeln Sie auf diese Weise ein mitfühlendes Interesse an anderen.

Mentale Telepathie

Wir wollen uns hier mit der zweiten Form telepathischer Kommunikation zwischen Individuen beschäftigen, der Kommunikation zwischen dem Geist eines Menschen und dem Geist eines anderen. Lassen Sie mich gleich zu Beginn darauf hinweisen, daß Ihr Experiment um so genauer und erfolgreicher sein wird, je gründlicher Emotion, Gefühl und starkes Verlangen ausgeschaltet wird. Tatsächlich ist das starke Verlangen, bei der telepathischen Arbeit erfolgreich zu sein, oder die Angst vor Mißerfolg ein sicherer Weg, selbst die allerbesten Bemühungen zu neutralisieren. Jede Emotion im Empfänger führt zur Erzeugung von Energieströmen, die von ihm ausstrahlen und einen Schutzschild oder Puffer bilden, der die hereinkommenden mentalen Energien an der Kontaktbildung hindert. In ähnlicher Weise wird eine Befürchtung oder Besorgnis auf seiten des Senders sein ausströmendes Denken wie einen Bumerang auf ihn selbst zurücklenken.

Deshalb sollte man sich zuerst um die Erlangung der richtigen Einstellung bemühen. Versuchen Sie eine „gleichgültige" Haltung oder eine Haltung der Ungebundenheit zu entwickeln. Sie sollten gefühlsmäßig die Empfindung haben, daß es nicht wichtig ist, ob Ihr Experiment gelingt oder nicht. Mit anderen Worten, Ihre Aufmerksamkeit oder Ihr Bewußtsein sollte auf den Geist und den Verstand konzentriert sein. Am besten kann dies ein Mensch erreichen, der gelernt hat, seine Gedanken zu konzentrieren und zu lenken, wie es in dem Kapitel über das Denken beschrieben worden ist. Ich muß hier annehmen, daß Sie diese Vorbereitungsstufen durchlaufen haben und jetzt bereit sind, fortzufahren.

Heute wird das Vermögen zur mentalen Telepathie in steigendem Maß offenbar. Instinktive Telepathie ist für die meisten immer noch der einfachste Weg, und man muß nach dieser Möglichkeit immer Ausschau halten und sich dagegen wappnen. Nicht daß sie falsch oder schlecht wäre, aber sie trägt zu Verwirrung bei. Bei den meisten von uns ist der Solarplexus immer noch außerordentlich aktiv, und deshalb werden die ersten erfolgreichen Versuche gewöhnlich eine Mischung aus emotionaler und mentaler Telepathie sein. Häufig wird der Sender eine Botschaft ganz richtig durch das Halszentrum aussenden, aber der Empfänger mit einem aktiven Solarplexus wird sie auf zwei Weisen empfangen. Das führt zu einer emotionalen Deutung der Botschaft, die nicht beabsichtigt und nicht im Geist des Senders war, sondern ausschließlich in der Aura des Empfängers. Zum Beispiel wird der Sender vielleicht die Botschaft „Beeil dich" oder „Mach schnell" aussenden, wobei er nichts anderes im Sinn hat als die Bemühungen des Empfängers, den telepathischen Vorgang zuerlernen, zu beschleunigen. Obwohl der Empfänger den Gedanken des „Beeilens“ richtig erfaßt, wird er ihn jedoch wahrscheinlich mit allen möglichen emotionalen Schreckensbildern aus seinem eigenen „Besorgnis“-Speicher umgeben. Er wird ein Gefühl der Frustration erfahren, weil er nicht schneller Fortschritte macht, er wird befürchten, daß er versagt, weil er nicht schnell genug ist, er wird sich über die Umstände ärgern, von denen er glaubt, daß sie seinen Fortschritt verzögern. Kurz, er wird aufgrund des in der Botschaft „Beeil dich“ enthaltenen Drängens in einen totalen emotionalen Aufruhr geraten.

Sie sehen also, wie wichtig es ist, daß Sie Ihre Konzentrationsfähigkeit bis zu einem Punkt zu entwickeln, wo es Ihnen möglich ist, Ihre Aufmerksamkeit oder Ihr Bewußtsein auf einer mentalen Ebene zu halten und alle emotionalen Störungen zu zerstreuen oder in den Hintergrund treten zu lassen. Um fruchtbare Ergebnisse zu erzielen, müssen die Kopfzentren sowohl des Senders als auch des Empfängers bewußt und überlegt eingesetzt werden. Ebenso müssen beide Parteien entspannt und bereit sein. Wenn eine Partei unter emotionaler Anspannung steht, wird sie wahrscheinlich nicht in der richtigen Weise empfänglich sein, auch wenn sie die besten Absichten haben mag. Oder aber, wenn jemand mit einem eigenen geistigen Problem beschäftigt ist, kann er von einer Mauer von Gedankengebilden eingeschlossen sein, die wirksam verhindern wird, daß irgendeine Botschaft hinausgelangen oder hereinkommen kann.

Wie Sie sehen, gibt es sehr viele Probleme, und die Entwicklung einer Form von Losgelöstheit ist für den Erfolg wesentlich. Nehmen wir jedoch an, daß uns das gelingt, und lassen Sie uns jetzt zum nächsten Schritt übergehen.

Es ist festgestellt worden, daß eine gute telepathische Wechselbeziehung durch das Medium einer konstanten reflektierenden Denkhaltung und einer unerschütterlichen Liebe zueinander gefördert wird. Mit „Liebe“ ist hier nicht eine persönliche physische Liebe gemeint, sondern ihre höhere Entsprechung, die alle persönlichen Schwächen und Fehler erkennt, aber als unwichtig im Verhältnis zu dem strahlenden Licht des wahren inneren Selbst abtut. Diese zwei Faktoren des reflektierenden Denkens und der unerschütterlichen Liebe kann man nicht über Nacht entwickeln, und sie sind nicht zwischen zwei beliebigen Personen möglich. Sie stellen ein Endergebnis, ein Ideal dar, und wir sind erst am Anfang. Aber wir müssen einen Anfang machen, und dazu brauchen wir eine Methode.

Bei der Entwicklung dieser Methode müssen wir immer daran denken, daß wir es bei der Telepathie mit Materie und Energie zu tun haben, genau wie beim Bau eines Hauses oder bei der Konstruktion einer Eisenbahnlinie. Sicher, wir befassen uns mit einer anderen Form von Energie und einer viel feineren Stufe der Materie, aber es ist dennoch Materie und Energie und gehorcht den Gesetzen von Materie und Energie. Vergessen Sie das nie.

Die Methode der Telepathie

Bei der Telepathie haben wir es mit (1) der Kraft der Liebe, (2) der Kraft des Geistes und (3) ursprünglicher Energie zu tun, und das in folgender Weise:

1. Die Kraft der Liebe zieht das notwendige Material an, mit dem die Vorstellung, der Gedanke oder der Begriff, der übertragen werden soll, umhüllt wird und erzeugt so einen Zusammenhalt. Sie müssen begreifen, daß Sie, wenn Sie sich eine Vorstellung machen oder einen geistigen Begriff formen, tatsächlich eine gewisse Menge ursprünglicher Energie sammeln und an einem Ort komprimieren. Um diese Menge lang genug zusammenzuhalten, damit sie auf einen anderen übertragen werden kann, müssen Sie sie in eine Hülle einschließen oder in irgendeiner Weise komprimieren. An diesem Punkt ist die Kraft der Liebe notwendig, denn Liebe ist eine magnetische oder anziehende Kraft und bewirkt, daß die Elemente der Vorstellung für eine gewisse Zeitdauer zusammenhalten, die in einem direkten Verhältnis zu der zugeführten Liebeskraft steht.

Die Kraft der Liebe wird auch vom Empfänger eingesetzt, um die Gedankenform, die Vorstellung oder die Botschaft anzuziehen, nachdem sie vom Sender freigesetzt worden ist. Dies geschieht, indem sich der Empfänger in liebender Weise auf den Sender konzentriert und die Wärme seiner Liebe dem Sender entgegenschickt. Sie können daraus ersehen, wie schwierig eine Übertragung wäre, wenn zwischen dem Sender und dem Empfänger auch nur die leiseste Abneigung oder das leiseste Mißfallen bestünde. Deshalb wird der liebenden und unkritischen Haltung ein so großer Wert beigemessen.

2. Die Kraft des Geistes ist notwendig, um einer Vorstellung oder einer Gedankenform die übertragen und empfangen werden soll, buchstäblich „den Weg zu beleuchten". Während das Bild des Lichtes der tatsächlichen Manifestation näher kommt, wird es wahrscheinlich klarer, wenn ich den Geist mit der Telefongesellschaft gleichsetze, die, nachdem Sie vom Sender die Nummer erhalten hat, aus vielen Millionen verfügbaren Leitungen und Verbindungen die richtigen auswählt – genau die Leitungen, die die Verbindung mit dem Empfänger herstellen. Tatsächlich wird dabei Licht verwandt. Es ist eine genauso subtile wie sehr konkrete Substanz, und die Energie des Geistes kann sich auf einem Lichtstrahl materialisieren. In den letzten Jahren haben Wissenschaftler mit der Idee experimentiert, Laserstrahlen in ganz ähnlicher Weise zu modulieren wie Radiowellen moduliert und von Rundfunkstationen ausgesendet werden. Darin liegt ein höchst wichtiger Schlüssel zu erfolgreicher mentaler telepathischer Kommunikation. Zwischen dem Gehirn und Geist des Senders und des Empfängers wird eine sogenannte Sehlinien-Anordnung oder Lichtröhre (ähnlich einem Laserstrahl) aufgebaut. Das Licht aus dem Geist des Senders muß wie ein Strahlenbündel oder ein Leuchtfeuer hervorschießen, und auf diesem Strahl wird die Botschaft dann zuverlässig zu dem gewünschten Ziel wandern. Der Empfänger muß natürlich die magnetische Kraft der Liebe einsetzen, um die Aufmerksamkeit auf sich zu lenken, eine Ausrichtung zu schaffen und eine Einstimmung zu erzeugen.
3. Die ursprüngliche Energie, die dem lebendigen Körper des Empfängers innewohnt, reagiert auf die Energien der Liebe und des Willens, wenn sie ihren doppelten Einfluß geltend machen. Das

bewirkt, daß das Gehirn des Empfängers zunächst passiv und empfänglich wird und dann allmählich zu einer reagierenden Aktivität erwacht. Die Botschaft oder Vorstellung gleitet dann in den Bereich des Bewußtseins und wird vom Empfänger erkannt. Ich möchte hier darauf hinweisen, daß Sie in dem Maß, wie Sie in dieser Arbeit voranschreiten, häufig eine „verzögerte Aktion" erfahren werden. Wenn Sie einer Person nahestehen oder mit einer Person eine Zeitlang telepathisch gearbeitet haben, kann sie Ihnen zu einem vorher nicht festgelegten Zeitpunkt eine Botschaft senden. Vielleicht sind Sie zu diesem Zeitpunkt gerade mit Arbeit oder auf andere Weise beschäftigt, und Ihre Aufmerksamkeit ist ganz auf das konzentriert, was Sie gerade tun. In solchen Fällen kann die Botschaft richtig empfangen und gespeichert und dann zu einem späteren Zeitpunkt in Ihrem Bewußtsein freigesetzt werden, wenn sich Ihr Geist in Ruhe befindet.

Unter Berücksichtigung des Vorangegangenen sollte die Methode folgendermaßen angewandt werden. Der Sender muß

1. dem Empfänger Liebe senden, während er sich sein Gesicht oder seinen Namen bildlich vorstellt.
2. seine ganze Aufmerksamkeit auf die mentale Ebene konzentrieren und alle Emotionen zum Schweigen bringen.
3. sich die Botschaft oder den Gedanken bildlich vorstellen.
4. ihn dann auf einem Strahl der Liebe zum Empfänger schicken.
5. alle Gedanken an den Vorgang aus seinem Kopf verbannen mit dem Gefühl, daß die Kommunikation erfolgreich zustande gekommen ist.

Der Empfänger sollte

1. dem Sender einen Strahl der Liebe entgegensenden. Dies kann er sich bildlich so vorstellen, als ob er die Hand ausstreckt, um den Sender zu berühren, und gleichzeitig die Wärme der Liebe für ihn empfindet.
2. durch den Gebrauch des Willens sein Bewußtsein auf die mentale Ebene erheben und dort, frei von jeglicher emotionaler Anspannung, festhalten.
3. sich entspannen und eine gleichgültige und nicht gespannte Hal-

tung annehmen. Dadurch wird die psychische Energie in seinem Körper freigesetzt, damit die eintreffende Gedankenform auf sie einwirken und sie formen kann.

Das ist die Methode, die ganze Methode. Sie scheint einfach – sie ist einfach. Der einzig schwierige Teil besteht in der Schulung des Geistes, der Emotionen und des Körpers, die richtige Rolle zur richtigen Zeit zu spielen. Das ist, als ob man Malen oder Klavierspielen lernt. Es ist eine Frage der Beherrschung, und das erfordert Übung und Arbeit.

Am Anfang wird es am besten sein, wenn sich Sender und Empfänger im selben Raum oder in angrenzenden Räumen befinden. Der Sender kann dem Empfänger durch ein Signal wie etwa das Klopfen mit einem Bleistift oder das Läuten einer Glocke zu verstehen geben, wann er mit der Übertragung beginnt, und durch ein entsprechendes Signal das Ende der Übertragung mitteilen. Man beginnt am besten mit einer einfachen bildlichen Vorstellung. Der Sender stellt sich im Geist eine klar umrissene geometrische Figur wie etwa einen Kreis, ein Dreieck, ein Quadrat oder einen Stern vor. Sagen Sie dem Empfänger im voraus, daß es sich um eine geometrische Figur handeln wird, um die Öffnung des Kanals zu erleichtern. Natürlich hat diese Form der Vorwarnung bei wirklicher telepathischer Übertragung keinen Raum, aber am Anfang ist es wichtig, die Dinge zu erleichtern, um Vertrauen aufzubauen.

Der Sender sollte in der Lage sein, in ungefähr dreißig Sekunden eine gute, klare bildliche Vorstellung zu erzeugen. Er sollte versuchen, sie ungefähr weitere dreißig Sekunden lang festzuhalten, nicht länger, sie dann freisetzen und aus seinen Gedanken verbannen. Manchmal hilft es, wenn der Sender diese Symbole auf ein Blatt Papier zeichnet, jedes Symbol auf ein getrenntes Blatt, und sich das jeweilige Blatt dann vor Augen hält, um sich zu erleichtern, dieses Symbol klar vor seinem geistigen Auge zu sehen. In der Tat ist es gut, wenn der Sender wenigstens fünf Minuten vor Beginn seiner Übertragung keines der anderen Symbole mehr sieht. Der Geist ist ein merkwürdiges Instrument, wenn man ihn nicht vollkommen versteht, und es ist gut möglich, daß der Sender, wenn er nicht vorsichtig ist, ein Symbol anschaut und dabei gleichzeitig an ein anderes denkt.

Wie bereits früher ausgeführt, sollten Sie sich nicht zu angestrengt darum bemühen. Eine gelöste und „gleichgültige“ Haltung ist am besten. Arbeiten Sie zunächst nie länger als dreißig Minuten daran, und dehnen Sie diesen Zeitraum erst aus, wenn Sie klare Erfolge erzielen. Dann können Sie damit beginnen, kompliziertere Botschaften auszusenden. Versuchen Sie es zunächst mit wirklichen Bildern. Der Sender sieht sich ein Bild in einer Zeitschrift, zum Beispiel eine Reklame, an, und nachdem er es projiziert hat, bittet er den Empfänger, (a) das Bild zu beschreiben oder (b) die Farben in dem Bild zu nennen oder (c) die Gegenstände, die er erkennen konnte, zu benennen. Wie Sie sehen, ist dies eine ziemlich differenzierte Übertragung, die sowohl Fertigkeit als auch ein gutes Maß an Einstimmung erfordert. Versuchen Sie es auch mit Worten und Sätzen, und gestalten Sie diese dann fortschreitend komplizierter, wenn sie feststellen, daß einfache Worte leicht erfaßt werden.

Wenn Sie bei der Arbeit mit einem Partner in dem selben Raum ein gewisses Maß an Erfolg erzielt haben, sollten Sie versuchen, auf Entfernung zu senden und zu empfangen. Wählen Sie eine Person in einem anderen Teil der Stadt oder noch besser in einer anderen Stadt aus, und setzen Sie einen bestimmten Tag und eine bestimmte Zeit für das Experiment fest. Wenden Sie für das Aussenden oder den Versuch zu empfangen nicht mehr als zehn Minuten auf. Unterbrechen Sie dann, und überprüfen Sie die Ergebnisse. Das geschieht am besten telefonisch oder mit der Post. Arbeiten Sie immer weiter daran, bis Sie Erfolg haben. Es ist nicht schwieriger als die Zusammenarbeit mit jemand, der in dem selben Raum sitzt, aber Ihre Einbildungskraft läßt es Ihnen vielleicht so erscheinen. Bei dem Medium, das Sie benutzen, ist Entfernung gar kein Faktor, aber beim physischen Medium ist sie es. Da all Ihre bewußten Handlungen durch Zeit und Entfernung begrenzt sind, gehen Sie leicht in die Falle zu glauben, daß mentale Übertragung und Empfang ebenso behindert sind. Wenn Sie diese Vorstellung erst einmal überwunden haben, werden Sie feststellen, daß die Telepathie auf Entfernung genauso schnell und leicht funktioniert wie die Übertragung in dem selben Raum.

Eine telepathische Demonstration – Bildübertragung

In verschiedenen Städten halten die Rosenkreuzerlogen ungefähr einmal im Monat Kurse in Telepathie ab. Die Schüler sind gewöhnlich Anfänger, die in der richtigen Aufnahmemethode geschult werden. Ein fortgeschrittenes Mitglied, das in der Übertragung von Bildern geübt ist, leitet den Kurs und führt den Unterricht durch. Dieses Mitglied bemüht sich nicht um eine Zweierbeziehung, wie ich sie oben beschrieben habe, sondern strahlt das Bild in alle Richtungen aus, ähnlich wie die Übertragung von einem Fernsehsender. Es wird eine große Vielfalt von Übungen geboten, die es ermöglicht, unterschiedliche Aspekte des Empfangs hervorzuheben. Ich möchte Ihnen eine solche Sitzung beschreiben.

Der Sender, in diesem Fall eine Frau, eine praktizierende Psychologin, leitete den Kurs und fungierte als Sender. Sie stand auf einer Plattform, die sich ungefähr dreißig Zentimeter über das Fußbodenniveau erhob, und die Schüler, ungefähr sechzig an der Zahl, saßen ihr gegenüber. Vor ihr stand ein Lesepult, auf dem sich, nur für sie sichtbar, ein farbiges Bild befand, eine Reklame, die sie aus einer aktuellen Zeitschrift ausgeschnitten hatte. Berge, scharfe Felskaskaden, die Hänge teilweise von grünen Bäumen bedeckt und zu ihren Füßen ein blauer See, beherrschten das Bild. Als alle Schüler bequem saßen, eröffnete die Lehrerin die Sitzung.

Sie begann mit einem kurzen Vortrag über das Prinzip und die wirksamen Gesetze und erklärte, daß sie das Bild intensiv anschauen und jede Einzelheit dieses Bildes in ihrem Geist speichern würde. Dann würde sie die Reflexion dieses Bildes in ihrem Bewußtsein mit Hilfe von Liebe energetisieren und es durch die Kraft ihres Willens nach außen ausstrahlen. Sie sagte: „Ich werde mich drei Minuten auf dieses Bild konzentrieren, bis ich sicher bin, daß ich alle Einzelheiten des Bildes, das ich schaffen will, erfaßt habe. Dann werde ich während der nächsten drei Minuten das Bild Ihnen zusenden, Ihnen allen. Um Sie in eine empfängliche Stimmung zu versetzen und Ihre Schwingungen von der bohrenden physischen und emotionalen Unruhe, die Sie alle von Ihrem anstrengenden Tag hierhergebracht haben, zu erheben, werden wir zunächst dreimal den Vokalklang AUM auf einem natürlichen D über dem mittleren C intonieren. Sitzen Sie jetzt bequem und gelöst, und wenn die Intonation beendet ist, werde ich sofort zu dem Experiment übergehen."

Es wurde ein D auf dem Klavier angeschlagen, und alle Anwesenden sangen mit voller Stimme das AUM. Für einen Nichteingeweihten hätte es wahrscheinlich wie die Chorübungen einer gemischten Gruppe schlecht geschulter Stimmen geklungen. Aber die Wirkung war eine andere. Als der letzte nachklingende Ton der dritten Intonation erstarb, legte sich Ruhe und Frieden über die Gruppe, und es wurde eine leichte Spannung in der Atmosphäre im Raum bemerkbar. In dieser elektrisierten Stille begann das Experiment.

Sechs Minuten lang war alles still. Niemand hustete, niemand regte sich. Jeder Schüler war entspannt aber äußerst wachsam. Schließlich blickte die Senderin auf, lächelte und fragte:

„Wer hat etwas mitbekommen?"

Sofort schossen überall im Raum die Finger in die Höhe. Wie immer waren die neuesten und am wenigsten Erfahrenen die ersten. Einer sagte: „Ich habe Berge gesehen." Und als die Dozentin lächelte und zustimmend nickte, fühlte er sich ermutigt und fügte hinzu: „Blaue Berge."

„Nein, sie sind nicht blau", erhielt er zur Antwort. „Aber es ist Blau in dem Bild."

„Ich weiß", erklärte ein anderer. „Hinter den Bergen ist blauer Himmel, und das Wasser im Vordergrund reflektiert ebenfalls das Blau."

„Gut", sagte die Lehrerin. „Eine sehr scharfe Aufnahme. Möchte noch ein anderer etwas sagen?"

Und so ging es durch den ganzen Raum; manche fügten richtige Einzelheiten hinzu, andere erwähnten Dinge, die sich überhaupt nicht auf dem Bild befanden. Ein Beispiel dafür, wie sich Fehler einschleichen können, zeigte sich, als ein junger Mann sagte: „Ich habe ein eisgekühltes Glas, gefüllt mit einer rotbraunen Flüssigkeit und dem Namenszug Coca-Cola quer darüber gesehen." Die Lehrerin erwiderte: „Nein, das ist nicht auf dem Bild." Aber fast gleichzeitig sagte ein anderer junger Mann, ein Schüler, der in der Nähe saß: „Oh, ich nehme an, das ist meine Schuld. Ich bin in Gedanken abgeschweift, und da ich Durst hatte, habe ich daran gedacht, wie gut jetzt ein großer, kühler Drink wäre. Ich nehme an, ich muß diesen Wunsch mit einem Bild von dem, was ich mir vorgestellt habe, verbunden haben."

„Offensichtlich", erklärte die Dozentin trocken. „Noch jemand?"

Schon bald, nach nicht mehr als fünfzehn Minuten, war das ganze Bild in allen Einzelheiten beschrieben. Soweit es sich feststellen ließ, sah keiner der Schüler das Bild in seiner Gesamtheit, aber die ganze Gruppe zusammen sah es ganz sicher. Die Farben, das Grün der Bäume, das Schiefergrau der Felsen, die beiden Bergspitzen, die zum Himmel aufragten, das Blau des Himmels auf der oberen und das des Sees auf der unteren Bildhälfte wurden von vielen gesehen, die kleinen Strukturen und winzigen Details nur von wenigen. Dies war eine typische Schulungssitzung, keine ungewöhnliche oder schwierige Vorführung, dazu gedacht, die neuen Schüler anzuleiten und ihnen vor allem das Vertrauen zu geben, daß auch sie tatsächlich geistige Eindrücke von einem anderen empfangen können.

Es besteht kein Zweifel, daß dies zuerst leichter und erfolgreicher in einer solchen Gruppe von gleichgesinnten Schülern durchgeführt werden kann, die unter der Anleitung einer erfahrenen Dozentin arbeiten, aber Sie können es auch selbst durchführen, indem Sie mit einer anderen Person oder einer kleinen Gruppe zusammenarbeiten. Versuchen Sie es zunächst nicht mit mehr als drei oder vier Personen. Jeder hat seine eigenen Vorstellungen und seine eigenen emotionalen Probleme, und wo zuviele ungeschulte Geister zusammenkommen, kann man keine zufriedenstellende Ergebnisse erwarten.

Verbale telepathische Kommunikation

Das obige Experiment umfaßte die Übertragung eines Bildes. Es waren damit keinerlei Gedanken oder Botschaften verbunden. Das Aussenden eines Bildes ist einfacher und leichter als der Versuch, eine Botschaft oder einen Gedanken zu übertragen. Ein Bild ist eine unmittelbare visuelle Erfahrung. Sie können bei dem, was Sie sehen, keinen Fehler machen, und das ermöglicht eine gewisse „Reinheit" der Ausstrahlung, die bei dem Versuch, eine Botschaft zu übertragen, viel schwieriger zu erreichen ist. Eine Botschaft besteht aus Worten, und Worte sind selbst wiederum Zeichen. Es ist also an jedem Ende ein doppelter Prozeß erforderlich. Eine Idee oder ein Gedanke muß im Geist des Senders in Worte gefaßt werden, die sie oder ihn genau ausdrücken. Das Wort oder die Worte werden dann ausgesandt, und nach der Aufnahme muß der Empfänger sie dekodieren und wieder in die ursprünglichen Ideen und Gedanken zurückübersetzen. Selbst wenn das geschehen ist, gibt es keine Garantie, daß Ihre Deutung des empfangenen Wortes diejenige ist, die der Sender Ihnen zu vermitteln beabsichtigte, als er Ihnen das Wort zusandte.

Es ist richtig, daß dieses Risiko auch in der gesprochenen Sprache existiert, aber zu einem geringeren Grad. Es wird nur selten ein einzelnes Wort ausgesprochen. Gewöhnlich ist es ein ganzer Wortschwall, wobei jedes Wort durch das vorangegangene und das nachfolgende gestützt wird, und sie alle werden durch die Intonation und die Kraft der Persönlichkeit des Sprechers gestärkt.

Wegen dieser komplizierteren Methode bei der verbalen Telepathie und der erhöhten Wahrscheinlichkeit von Fehlern ist die Schulung viel strenger. Sie müssen mit einzelnen Worten beginnen. Sie dürfen nicht eher erwägen, Sätze oder gar ganze Vorstellungen zu senden, bevor Sie nicht eine Sicherheit in der Übertragung eines einzelnen Wortes erlangt haben. Patanjali, der große Hinu-Weise und Lehrmeister, empfiehlt das folgende Verfahren:

1. Studieren Sie die Form des Wortes; studieren Sie es symbolisch als ein Wortbild.
2. Studieren Sie es vom Standpunkt der Beschaffenheit, der Schönheit, des Begehrens aus.
3. Studieren Sie sowohl seinen zugrundeliegenden Zweck und Lehrwert als auch seine geistige Anziehungskraft.
4. Studieren Sie sein Sein an sich, und versuchen Sie, sich mit seiner zugrundeliegenden göttlichen Idee zu identifizieren.

Wie sie sehen können, hebt dieser Prozeß Ihre Betrachtung des

Wortes Schritt für Schritt auf eine höhere Bewußtseinsebene. Wenn Sie die höchstmögliche erreicht haben, senden Sie das Wort zu dem Empfänger, der sich wiederum bemühen sollte, seine Aufmerksamkeit auf der für ihn höchstmöglichen mentalen Ebene festzuhalten. Es ist beim Aussenden häufig hilfreich, wenn der Sender, während er das Wort aus seinem Bewußtsein freisetzt, es leise und deutlich ausspricht.

Die Kunst der gegenseitigen Kommunikation hat eine lange Entwicklung hinter sich. Sie begann vor ein oder zwei Millionen Jahren mit dem Tastsinn. Der nächste Schritt waren Laute, keine Worte, sondern Freudens- oder Schmerzensschreie, ekstatisches Glucksen, qualvolles Stöhnen. Der nächste Schritt waren Zeichen, Gesten mit den Armen und dem Körper, Andeutungen mit dem Kopf. Die Zeichensprache der Indianer ist eine differenzierte Weiterentwicklung dieser früheren Kommunikationsmethode mit Hilfe von Zeichen, die der Sprache voranging. Mehrere hunderttausend Jahre verstrichen zwischen den ersten vorsichtigen Versuchen, sich durch Tasten zu verständigen, und der Artikulation von Worten. Dann entwickelten sich die Worte zu Sätzen, und aus den Sätzen wuchs die Sprache. Schließlich wurde das Schreiben entwickelt, zunächst als Darstellung der Gesten der Zeichenkommunikation, dann als Bilder der Ereignisse. Schließlich wurden diese früheren Bilder in Form von Konventionen durch Buchstaben und Worte ersetzt.

Die verschiedenen Künste kennzeichnen das Aufstreben des Menschen bei seinen Bemühungen, seine Gedanken und Eindrücke anderen zu vermitteln. Auf die Bildhauerkunst, zunächst grob und dann immer mehr stilisiert, folgte die Musik und dann Malerei und Dichtung. Das ist der heutige Stand der Welt. Die höheren Kommunikationsmittel, deren Beherrschung immer noch aussteht, sind Telepathie, die wir hier studieren, Inspiration und schließlich Erleuchtung. Ja, Sie werden erkennen, daß auch diese letztgenannten Formen der Kommunikation sind, wenn Sie einen Augenblick darüber nachdenken. Sicher, sie sind nicht wie die Telepathie eine Form der Kommunikation von Mensch zu Mensch, sondern beziehen sich auf das Vermögen des Menschen, mit Wissenssphären jenseits unserer phantastischsten Vorstellungen Kontakt aufzunehmen und sie für sich nutzbar zumachen. Erleuchtung erlangt man nur als Folge einer ungeheuren Beherrschung und gewaltigen Entwicklung. Das übersteigt das Vermögen des Durchschnittsmenschen bei weitem. Aber jeder oberhalb eines gewissen geistigen Niveaus erfährt Augenblicke der Inspiration. Man kann dieses unterschwellige Vermögen entwickeln, und ich werde Ihnen im 12. Kapitel einige Vorschläge machen, was Sie dazu tun können.

Lassen Sie mich zusammenfassend festhalten, daß erfolgreiche mentale Telepathie von folgenden Faktoren abhängig ist:

1. Der Kanal zwischen Sender und Empfänger muß offengehalten werden. Jede ausgesprochene oder stillschweigende Kritik, jeder Argwohn oder jede Abneigung des einen gegenüber dem anderen, jede Ungeduld oder Verärgerung auf der Seite des einen oder des anderen wird den Kontakt unterbrechen.
2. Der Sender muß sich auf das Senden konzentrieren. Er wird vielfach in Versuchung geraten, seine Gedanken abschweifen zu lassen, ja, zu sehr an den Empfänger oder an die Methode, die er anwendet, zu denken. Der Empfänger sollte in einer vorangehenden bildlichen Vorstellung bestimmt und dann aus den Gedanken verbannt werden, während die Bemühungen völlig darauf ausgerichtet sind, sich die zu sendende Botschaft in aller Klarheit anschaulich vorzustellen und dann mit Liebe freizusetzen.
3. Der Empfänger sollte seinerseits nur ein oder zwei Augenblicke an den Sender denken, und dann, nachdem er ihm eine Welle der Liebesanziehung zugesandt hat, seine Persönlichkeit aus seinen Gedanken verbannen. Von diesem Zeitpunkt an muß der Empfänger wirklich unbeteiligt sein, wenn ein maximaler Erfolg erreicht werden soll. Er muß eine Haltung bewahren, die sich am besten mit „gleichgültig“ umschreiben läßt. Jede Besorgnis über einen möglichen Mißerfolg oder jeder starke Wunsch nach Erfolg wird sich als Selbstvereitlung erweisen.
4. Die größte Schwierigkeit für den Empfänger besteht wahrscheinlich darin, seine eigenen Gedanken zum Schweigen zu bringen. Solange sie aktiv sind, wird die Energie, die sie erzeugen, ausstrahlen und eine magnetische Mauer schaffen, die alle hereinkommende

Gedankenenergie blockieren wird. Der Empfänger muß lernen, seinen Geist zu entspannen, er muß das vorher üben und darin bewandert sein, um den Erfolg zu sichern.

Sie sind bereit, Telepathie zu lernen. Wahrscheinlich haben Sie schon viele Erfahrungen mit telepathischen Kontakten gemacht, von denen Ihnen einige bewußt geworden sind, andere nicht. Dies ist eine Fähigkeit, die alle Menschen besitzen, und ihre Entwicklung erfordert nur Aufmerksamkeit und Übung. Die Menschheit muß Telepathie neu lernen, und innerhalb von 500 Jahren wird sie wieder zu einer anerkannten Kommunikationsform für einen großen, einen sehr großen Teil der Menschheit werden. Sie sind jetzt dafür bereit und können sie durch gewissenhafte Bemühung und intensive Übung erlernen. Wenn Sie sich daranbegeben und erfolgreich sind, dann werden Sie für sich selbst in vieler Hinsicht daraus Nutzen ziehen, aber, was noch viel wichtiger ist, Sie werden zum Fortschritt der gesamten Menschheit beitragen. Ich beschwöre Sie, werden Sie einer der Wegbereiter. Der Lohn ist groß.

11. Kapitel

Erzeugung und Anwendung von psychischer Energie

An früherer Stelle in diesem Buch wurde bereits festgestellt, daß wir in einem Meer der Energie ähnlich wie die Fische im Wasser leben, mit dem Unterschied, daß uns diese Energie vollkommen durchdringt. Wir werden jetzt diese Energie untersuchen – vor allem eine spezielle Form, die die Rosenkreuzer als seelische oder psychische Energie bezeichnen.

Wir sind Doppelwesen. Unser physischer Körper wird durch physische Energie belebt, und wir werden normalerweise zu Gedanken, Wünschen und Handlungen veranlaßt, die zum Wohlbefinden dieses Körpers beitragen. Aber ziemlich häufig werden wir auch zur Durchführung von Handlungen veranlaßt, die mit den Interessen unseres Körpers in direktem Widerspruch zu stehen scheinen. Eine hungernde Mutter gibt ihren letzten Bissen Brot ihrem Kind, ein Mann riskiert und verliert vielleicht sein Leben, um einen anderen zu retten, ein Soldat blickt mutig dem fast gewissen Tod ins Auge, um die Festung eines Gegners einzunehmen. Es wäre sehr schwierig zu beweisen, daß eine dieser Handlungen gut für den Körper ist. Und doch werden ähnliche Taten täglich von Menschen überall auf der Welt vollbracht, gewöhnlich mit der Zustimmung und oft unter dem Beifall ihrer Mitmenschen. Was ist der Grund?

Sie kennen die Antwort. Wir betrachten uns nicht als rein physische Wesenheiten. Wir glauben, daß unser physisches Rüstzeug von einer subtileren Form von Energie bewohnt und geleitet wird, die wir Seele nennen, und diese Seele hat andere Ziele und andere Ideale als der Körper. Häufig scheinen diese gegeneinander zu arbeiten und bewirken einen inneren Konflikt. Manchmal wird dieser zugunsten des Physischen entschieden, ein anderes Mal siegen die Ziele der Seele. Das alles ist klar, und ich erwähne es nur, um hervorzuheben, was zu oft übersehen wird.

Die Seele hat natürlich ihre eigenen Ziele, von denen manche mit unseren (physischen) Interessen in ganz entschiedenem Gegensatz zu stehen scheinen. Sie hat auch die Macht, die Menschen dazu zu bringen, diese Ziele zu erreichen, und darüber hinaus diese Ziele als so begehrenswert und lobenswert erscheinen zu lassen, daß andere denjenigen, die nach diesen Zielen streben, Beifall spenden. Haben Sie sich schon einmal die Zeit genommen, darüber nachzudenken, wieviel Energie das erfordert? Eine Energie, die Menschen, Millionen von Menschen dazu treibt, gegen ihr eigenes Wohl, gegen ihre Gesundheit und Sicherheit zu handeln, muß in der Tat mächtig sein. Wenn Sie darüber nachdenken, sind Sie dann nicht von der großen Macht der Seele beeindruckt? Aber nutzen Sie sie? Haben Sie jemals versucht, sie zu nutzen? Nur sehr wenige Menschen bedienen sich bewußt der psychischen Energie oder versuchen es auch nur. Und doch reagieren die meisten von uns auf sie und werden von ihr benutzt. Die Rosenkreuzer lehren die Natur dieser bemerkenswerten Energie, die Gesetze, nach denen sie funktioniert, und wie wir sie einsetzen können. Wenn es in der Bibel heißt, dem Menschen wurde die Herrschaft über die gesamte Schöpfung gegeben, dann ist genau das damit gemeint. Wir haben die Macht. Es liegt an uns zu lernen, sie zu gebrauchen.

Für den Anfänger gleichen die Bemühungen, psychische Energie einzusetzen, dem Versuch, eine Handvoll Wasser festzuhalten – je fester er zugreift, um so weniger behält er zurück. Zu Beginn ist es deshalb besser, diese Energie einem anderen zuzuleiten. Sie werden schneller einen Erfolg sehen, und es ist auch sicherer. Bis Sie verstehen und wissen, wie man die psychische Energie gebraucht, werden Sie um so mehr Probleme haben, je mehr Sie von dieser Energie zu sich heranziehen. Alle Energie entspringt derselben Quelle und ist deshalb grundsätzlich dieselbe. An der Quelle ist sie außerordentlich fein und schwingt mit einer unglaublich hohen Frequenz. Während sie in die physische Ebene hinuntergleitet, wird sie fortschreitend weniger zart, und ihre Frequenz verlangsamt sich. Die psychische Energie, die Sie vielleicht ansammeln, besitzt dieselbe fallende Tendenz und füllt wie Regen, der auf ein Feld fällt, zuerst alle Löcher und Vertiefungen. Das muß nicht sein, aber um diesen fallenden Verlauf aufzuhalten, müssen Sie wissen, wie Sie die Energie einfangen und festhalten können. Tun Sie das nicht, werden alle Facetten Ihres Wesens angeregt, und die mächtigsten (die größten Löcher in dem Feld), mit anderen Worten, Ihre größten Schwächen erfahren die stärkste Stimulation. Das ist der Grund, warum soviele Möchtegern-Mystiker und Schüler des Okkulten böse statt gut zu sein scheinen. Sie beginnen, psychische Energie anzuziehen, aber nur ein kleiner Teil der erhaltenen Energie wird dazu benutzt, den Geist und die höheren Gefühle zu stimulieren. Die Masse gleitet hinab in die niederen Gefühle und physischen Triebe, und diese Leute, die ursprünglich die besten Absichten hatten, werden in kurzer Zeit egoistisch, dogmatisch, machthungrig und in manchen Fällen sogar wollüstig und ausschweifend. Energie ist Energie. Erst das, was man damit macht, schafft den Unterschied.

Die Seele versteht die Energie, die auf einer Ebene mit ihr schwingt, und benutzt sie, um das Bewußtsein der Menschen zu erheben. Wir sind nicht dazu bestimmt, wie die Tiere zu leben. Schritt für Schritt hebt die Energie, die unsere Seelen in uns hineinströmen lassen, die Menschheit empor. Aber wir haben immer noch einen langen Weg vor uns, und alles, was Sie dazu beitragen können, um diesen Prozeß in Ihnen und bei anderen zu beschleunigen, ist hilfreich und lobenswert. Betrachten Sie das durchschnittliche Bewußtseins- und Verständnisniveau von heute mit dem vor tausend Jahren, und bedenken Sie, welche Veränderung stattgefunden hat. Sicher, wir bauen immer noch in starkem Maß auf Gewalt, um nationale Ziele durchzusetzen, aber selbst in diesem Punkt beginnt sich das Gewicht der öffentlichen Meinung zu offenbaren. Die meisten anderen anerkannten Grausamkeiten und Barbareien sind ausgemerzt oder untersagt. Nicht länger gilt „Auge um Auge, Zahn um Zahn“ als höchste Form der Gerechtigkeit, sondern Barmherzigkeit und Verständnis zeigen sich langsam im Umgang des Menschen mit seinen Mitmenschen. Wenn derart große

Veränderungen bereits stattgefunden haben, können wir dann selbstzufrieden annehmen, daß keine weiteren mehr bevorstehen? Sollten wir uns nicht zu dem Glauben ermutigt sehen, daß bisher kaum an der Oberfläche der menschlichen Fähigkeiten gekratzt worden ist und daß die Zukunft noch weitaus bemerkenswertere Veränderungen und Verbesserungen hervorbringen wird?

Die Rosenkreuzer behaupten dies und bieten als Beweis die Lektionen und Methoden an, die es einem ernsthaften Schüler ermöglichen, wichtige verborgene Fähigkeiten in seinem eigenen Wesen zu entfalten. Eine davon ist eine Methode, sich psychische Energie anzueignen, sie zu bewahren und einzusetzen. Ich brauche hier nicht hervorzuheben, wie wir psychische Energie erhalten, denn das ist ein ganz normaler Vorgang. Wir erhalten sie ständig in der Luft, die wir einatmen. Sicher, man kann das beschleunigen, und ich werde Ihnen auch erklären wie. Aber eine wirkliche Methode ist erforderlich, um diese Energie, nachdem man sie erlangt hat, zu bewahren und zu beherrschen. Normalerweise mißbrauchen und vergeuden wir sie genauso schnell wie wir sie erhalten. Diese Fallen muß man umgehen, und wenn Sie wissen, wo Sie liegen, können Sie sie umgehen.

Beschleunigung der Speicherung von psychischer Energie

Es gibt viele Wege, wie Sie die Speicherung von psychischer Energie beschleunigen können. Es gibt einige Substanzen, in denen sie gespeichert ist. Fichtennadeln, insbesondere die kurzen hellgrünen Schößlinge, strahlen diese Energie in Ihre Fingerspitzen aus. Berühren Sie einfach die Nadelspitzen mit den Spitzen Ihrer Finger und Daumen, und halten Sie Ihre Finger zwei oder drei Minuten in dieser Stellung. Das wird in Ihnen eine leichte Aufladung mit psychischer Energie bewirken, und wenn Sie es täglich zwei oder dreimal einige Wochen lang wiederholen, werden Sie eine wesentliche Stärkung Ihrer Aura und Ihrer gesamten ätherisch-mentalen Natur feststellen. Dies ist eine besonders gute Behandlung für Leute, die krank gewesen oder abgespannt sind und deren Energien erschöpft sind. Die Behandlung sollte mit einem Ast durchgeführt werden, der noch am Baum wächst und nicht abgeschlagen ist.

Ein weiterer sehr hilfreicher Bestandteil ist Moschus, in den meisten guten Drogerien erhältlich. Der beste Moschus kam ursprünglich aus China, und es ist immer noch etwas davon auf dem Markt. Ich glaube, daß jetzt ein tibetanischer Moschus importiert wird. Aller Moschus ist teuer, normalerweise ungefähr 100 Dollar pro Unze. Aber man braucht keine große Menge. Eine halbe Unze, die man in einer Flasche gut verschlossen hält, wird lange Zeit halten, denn man nimmt nur zwei oder drei Gran auf einmal davon ein. Der Moschus sollte aus winzigen, dunklen Körnchen bestehen und einen leicht aromatischen Duft ausströmen. Er sollte auch ganz leicht ölig aussehen. Eine Dosis besteht aus zwei oder drei Gran, die Sie entnehmen können, indem Sie eine Fingerspitze befeuchten und dann in den Behälter tupfen. Es werden ein paar Körnchen an der feuchten Fingerspitze haften bleiben, und das genügt. Da Moschus eine sehr ausgeprägte anregende Wirkung besitzt, sollten Sie nicht mehr als zwei Dosen pro Tag einnehmen und nie weniger als drei Stunden, bevor Sie schlafen gehen. In Indien und China nahmen die Könige und Herrscher des Altertums Moschus, bevor sie irgendeine wichtige Entscheidung fällten, die das Wohl ihres Landes betraf, weil sie glaubten, daß die Kraft des Moschus ihren Verstand schärfen und ihnen helfen würde, klarer zu denken. Sie können das gleiche tun.

Ich möchte Sie an diesem Punkt noch einmal daran erinnern, daß die Energie, die Sie auf diese Weise erhalten, dorthin gehen wird, wohin Sie sie senden oder wohin sie geleitet wird. Machen Sie nicht den Fehler, Ihre psychische Energie zu erhöhen und dann zu dulden, daß sie in physischem Genußleben verschwendet wird. Dieser Weg führt ins Unglück.

Die leichteste, einfachste und gewöhnlichste Methode, die psychische Energie zu erhöhen, ist das Atmen. Aber nicht gewöhnliches, normales Atmen. Sie gewinnen die Energie, indem Sie die eingeatmete Luft für eine bestimmte Dauer in den Lungen zurückhalten und beim Ausatmen über die Gaumenwurzel vibrieren oder reiben lassen, wenn Sie die Luft bei geschlossenem Mund durch die Nase entweichen lassen. Die Erklärung liegt darin, daß die Luft, unsere Atmosphäre, mit Energie vieler Grade und Stufen geladen ist. Wenn Sie normal und rhythmisch, ohne bewußt darauf zu achten, atmen, gewinnen Sie an Energie das positive Gegenstück zu der sogenannten negativen Energie, die Sie in Form von Essen und Trinken in Ihren Organismus aufgenommen haben. Ohne die Vervollständigung durch die Energie der Luft ist diese negative Energie in der menschlichen Maschine nutzlos – keine Luft, keine Energie, und die Maschine wird bald aufhören zu funktionieren. Das gleiche gilt, wenn die positive Energie der Luft zugeführt wird, aber nicht die negative Energie von Essen und Trinken. Das Ende kommt dann vielleicht nicht so schnell, weil der menschliche Organismus sehr viel Nahrung und Wasser in seinen Zellen speichert, und solange dieser Vorrat nicht aufgebraucht ist, werden Sie leben – aber wenn er erschöpft ist, sterben Sie.

Normalerweise ist diese physische Energie die einzige Form von Energie, die Sie aus der Luft, die Sie atmen, zurückbehalten, die Energie, die Sie am Leben erhält und Sie befähigt, zu fühlen, zu denken und zu handeln. Aber es gibt Energie viel höherer Grade in der Luft, von denen wir einige mit nur wenig Übung gewinnen können. Andere Energien von höherer Qualität verlangen zunächst eine Verfeinerung unseres Rüstzeugs, und das erfordert Zeit und Mühe. Ich möchte Ihnen zunächst zwei Techniken an die Hand geben, um psychische Energie bestimmter Grade aus der Luft zu gewinnen, und dann werden wir sie besprechen. Danach können wir uns über die höheren Grade unterhalten und Methoden vorschlagen, wie man an sie herangehen kann.

Hier ist die erste Atemtechnik:

1. Stellen Sie sich an ein offenes Fenster, oder gehen Sie ins Freie oder irgendwohin, wo Sie klare, frische Luft bekommen können.
2. Stellen Sie die Füße auseinander, und strecken Sie die Arme seitlich horizontal aus.
3. Atmen Sie ein, und zählen Sie dabei bis fünf.
4. Atmen Sie dann sofort wieder aus, wobei Sie bis zehn zählen. Achten Sie darauf, daß Sie beim Ein- und Ausatmen das Zähltempo nicht verändern.

5. Wiederholen Sie diesen Atemzyklus zehnmal.
6. Sie können diese Übung auch mit fast dem gleichen Gewinn durchführen, wenn Sie aufrecht in einem Sessel sitzen oder im Freien spazierengehen.

Um einen maximalen Gewinn zu erlangen, sollten Sie diese Übung wenigstens einmal am Tag durchführen, aber zwei oder dreimal ist besser. Sie läßt sich fast überall durchführen, bei Ihnen zu Hause, im Büro oder wenn Sie auf der Straße spazierengehen.

Es ist gut, mit der oben beschriebenen Atemübung zu beginnen, aber nach einem Monat können Sie die folgende verfeinerte Technik hinzufügen.

1. Setzen Sie sich bequem in einen Sessel. Halten Sie den Rücken gerade und den Kopf erhoben. Schlagen Sie die Füße an den Knöcheln, nicht aber den den Knien, übereinander, und halten Sie sie in Berührung. Falten Sie die Hände im Schoß oder, wenn Ihnen das lieber ist, vor der Brust wie im Gebet.
2. Atmen Sie tief durch die Nase ein, wobei Sie gleichmäßig mitzählen. Sie sollten beim Einatmen bis acht zählen. Bestimmen Sie das Tempo genau so.
3. Halten Sie jetzt den Atem an, und zählen Sie dabei genau bis zwölf. Sie sollten weder schneller noch langsamer werden. Zählen Sie gleichmäßig.
4. Atmen Sie durch die Nase wieder aus. Teilen Sie sich das Ausatmen zeitlich so ein, daß Sie bis zehn zählen. Mit etwas Übung ist das nicht schwer, und nach einiger Zeit wird die Zeiteinteilung für Sie so natürlich geworden sein, daß Sie gar nicht mehr zählen müssen. Beim Ausatmen sollten Sie die Luft bewußt zu dem Punkt lenken, wo Sie aus dem Rachen in die Nasenhöhle eintritt. Das ist ungefähr am unteren Ende des Gaumens. Fühlen Sie, wie die Luft an diesem empfindsamen Punkt vorbeistreicht, und begleiten Sie den Luftstrom mit einer leicht hörbaren Vibration wie beispielsweise einem schnurrenden oder summenden Ton. Setzen Sie diese bewußt hervorgerufene Vibration so lange fort, wie die Luft nach draußen strömt.
5. Wiederholen Sie das Vorangegangene fünfmal.

Wenn Sie mehr Luft in Ihre Lungen einatmen als notwendig ist, um die negativen Elemente im Blut in den Lungen auszugleichen, und sie dort länger zurückhalten, als es der Ausgleichsprozeß erfordert, geschehen zwei Dinge. Erstens streben die positiven Elemente nach Dominanz und verschieben das Gleichgewicht Ihres physischen Körpers zur positiven Seite. Zweitens streben die feineren Energien in der Luft nach Materialisation, und da jeder Mensch einen eingebauten Reaktionsmechanismus für diese Energien besitzt, nimmt dieser seine Tätigkeit auf. Dann beginnen Sie, psychische Energie zu speichern, und Sie werden jedesmal, wenn Sie diese Übung durchführen, etwas davon gewinnen. Zuerst wird es nur wenig sein, aber wenn Sie mit dem Üben fortfahren, wird Ihr inneres Rüstzeug elastischer und damit leistungsfähiger werden. Die leichte Vibration am Grund Ihres Gaumens beim Ausatmen beschleunigt dies.

Sie sollten diese Übung in ihrer Gesamtheit mindestens einmal am Tag durchführen, und Sie können sie drei bis viermal pro Tag anwenden. Testen Sie sie, nachdem Sie sie einmal durchgeführt haben. Nehmen Sie Ihre Hände auseinander, und führen Sie sie dicht zusammen, ohne daß sie sich berühren. Machen Sie eine hohle Hand, so daß sich die Daumen gegenüberliegen, und führen Sie jeden Finger dicht an den entsprechenden Finger an der anderen Hand heran. Halten Sie die Fingerspitzen ungefähr einen Zentimeter auseinander, und atmen Sie normal. Sie werden dann die Energie fühlen, die an Ihren Fingerspitzen kribbelt. Wenn es im Raum dunkel ist und Sie einen Spiegel vor sich haben, werden Sie zwischen den Händen einen bläulichen Schleier sehen. Das ist psychische Energie. Jetzt, da Sie etwas zusätzliche Energie von hoher Qualität gespeichert haben, sollten Sie lernen, sie zu bewahren und richtig zu gebrauchen. Verderben Sie sie nicht und werfen Sie sie nicht fort.

Ich kann gar nicht genug betonen, in welch vielfältiger Weise wir alle Energie verschwenden. Wenn man eine vollständige Aufzählung versuchen wollte, würde sie mehrere Bücher füllen. Im allgemeinen stammt jedoch die größte Energieverschwendung beim durchschnittlichen Menschen davon, daß er sich niederen Gefühlen, Trieben und Leidenschaften hingibt. Wenn Sie die Macht lieben, wenn darin Ihre

Schwäche liegt, dann wird die zusätzliche psychische Energie es Ihnen ermöglichen, etwas mehr Macht zu gewinnen, und sobald Sie diese gewonnen haben, werden Sie immer mehr wollen. Das wird dazu führen, daß Sie unzufrieden und unglücklich werden, wenn Sie nicht Ihren Irrtum erkennen und ihn korrigieren. Der gleiche oder ein ähnlicher Weg liegt vor den Eitlen und Stolzen, und einem ebenso schwierigen Weg steht diejenigen bevor, die ihre psychische Kraft mit der Befriedigung niederer animalischer Laster vergeuden. Manche Menschen, die sich selbst für umsichtig und wohlbeherrscht halten, mischen sich in das Leben anderer ein. Nur durch Neugier bewegt, nicht durch das liebevolle Verlangen zu helfen, lauschen sie und spähen und spekulieren und stellen Fragen. Was für eine Energieverschwendung!

Wie man den Verlust psychischer Energie verhindert

Manche Menschen entziehen Ihnen Energie, so wie andere Sie anregen und Ihnen anscheinend Energie geben. Zwischen Menschen findet ein ständiger Energieaustausch statt. Der Künstler auf der Bühne entzieht seinem Publikum Energie, von jeder Person nur eine kleine Menge, die aber in der Anhäufung für ihn sehr stimulierend ist. Ein anerkannter Führer wie der kommandierende Offizier eines Regiments oder der Direktor eines Unternehmens empfängt von denjenigen Energie, die seinen Anordnungen unterstellt sind, sicher nur eine kleine Menge von jedem, aber die Anhäufung wird der Summe seiner Autorität entsprechen. Menschen, die sich lieben, geben beständig Energie aneinander ab, und das stärkt beide. Energie wird auf vielfältige Weise gegeben und genommen und manchmal auch einfach fortgeworfen. Für Sie ist es wichtig, daß Sie sich vor unnötigen Verlusten schützen.

Die Lösung liegt in dem, was man mit „Beherrschung" umschreibt. Sie müssen Ihre Kräfte bewußt sammeln, so wie man einen Mantel um sich rafft, und zusammenhalten und den Versuchungen und Anreizen widerstehen, allen möglichen Hirngespinsten nachzujagen. Lassen Sie nicht zu, daß Ihr Blick von jeder flüchtigen Bewegung angezogen wird und ihr folgt. Lassen Sie nicht zu, daß Ihr Geist von jedem launenhaften Gedanken gefesselt und abgelenkt wird. Beherrschen Sie sich selbst und Ihre kostbaren Energien.

„Beherrschung" erreicht man durch bewußte Anstrengung. Sie müssen sich nicht nur davon abhalten, Energie zu verschwenden, Sie müssen auch verhindern, daß sie Ihnen unbemerkt entschwindet. Wenn Sie faul und träge sind, wird Ihre psychische Energie Sie allmählich verlassen und nur ihr physisches Gegenstück zurückbleiben. Man muß eine gewisse Anspannung bewahren, und das erreichen Sie am besten durch eine tatkräftige Aktivität während Ihrer Wachphase. Damit ist natürlich nicht eine unaufhörliche physische Aktivität gemeint, obwohl diese gut ist und zur Erreichung des begehrten Ziels führt. Besser ist die Bemühung um geistige Konzentration, die eine größere Anspannung und eine wirksamere Beherrschung erzeugt.

Die feurige Welt der psychischen Energie

Wir nennen diese Welt der höheren Energien die feurige Welt. Das liegt daran, daß das Element des Feuers unserem Bewußtsein die Wirkung der psychischen Energie am besten anschaulich machen kann. Unsere Wissenschaftler sind in sehr kurzer Zeit ein großes Stück vorangekommen. Sie wissen jetzt, daß die verschiedenen Arten von Atomen unterschiedliche Energien enthalten und daß diese Energien freigesetzt werden können. Einige dieser neuen Atomenergien unterscheiden sich vollkommen von allen bisher durch die Wissenschaft gemessenen und eingesetzten Energien. Wenn diese erst einmal eingeordnet sind und ihre Fähigkeiten eingesetzt werden, wird im Leben der Menschen eine große Veränderung eintreten. Im Augenblick sind wir vollkommen von physischen Vorstellungen eingenommen. Unsere besten Bemühungen, die Atomenergie einzusetzen, ignorieren die einzigartigen Potentiale, die die verschiedenen Elemente in ihrer Atomstruktur speichern, und sind einzig darauf ausgerichtet, ihre große Kraft in einfache Wärmeenergie umzuwandeln. Die Meister der Weisheit lächeln angesichts dieser Fehlanwendung, obwohl sie die Tatsache, daß die größten Werte fortgeworfen werden, bedauern. Aber es wird nicht mehr allzu viele Jahre dauern, bis einige phantasievollere Forscher diese verborgenen Fähigkeiten entdecken und begreifen werden, und wenn sie dann schließlich verwendet werden, wird alle Not ein Ende haben und jedem lebenden Menschen ein sorgenfreies Leben sicher sein.

Bis heute ist es die menschliche Energie gewesen, die die Menschheit am Leben erhalten hat. In den letzten Jahrhunderten ungefähr seit der Mitte des 19. Jahrhundert, haben die Sonnenenergien im Erdboden und in den Erzen einen wesentlichen Beitrag dazu geleistet, aber diese sind in die Gewalt aggressiver und selbstsüchtiger Menschen geraten, was zu Reichtum für wenige und Armut für viele geführt hat. Heute wird dies in gewissem Grade durch politische Einrichtungen ausgeglichen, aber morgen, wenn die feurigen Atomenergien eingesetzt werden, wird soviel mehr Energie verfügbar sein, daß menschliche Mühsal nicht mehr notwendig sein wird. Dann wird soviel da sein, daß alle, selbst die Habgierigsten, in Hülle und Fülle haben werden. Dieses „Utopia" wird nicht schnell und leicht eintreten. Jeder Veränderung stellen sich immer reaktionäre Kräfte entgegen, und die Mächte, die sich gegen diese Entwicklungen verschanzt haben, sind die größten dieser Welt. Wir werden also warten müssen.

Während die Grundelemente – Erde, Wasser und Luft – in allen Dingen, Mineralien, Pflanzen, Tier und Mensch enthalten sind, sind die meisten Menschen der Meinung, daß das Element des Feuers etwas anderes und nur unter besonderen Bedingungen vorhanden sei. Und doch durchdringt und erfüllt das Feuer alle Dinge und in vitalerer Weise als eins der anderen drei Elemente. Es ist in verschiedenen Gestalten und unterschiedlichen Graden überall. Es ist die bindende Kraft und Energie spendende Macht. Alles schöpferische Handeln ist feuriges Handeln. Feuer heilt und zerstört. Feuer gibt es auf der physischen, der ätherischen, der emotionalen und der mentalen Ebene und natürlich auch auf der Ebene der Seele, wo es sich als die Macht der Liebe manifestiert.

Wir wissen von der feinstofflichen Welt. Es ist nicht allzu schwer, mit ihr Kontakt zu knüpfen und bewußt in sie einzudringen. Die feurige Welt, die Welt der psychischen Energie, existiert in der gleichen Weise wie die feinstoffliche Welt, ist jedoch von noch viel subtilerer Struktur. Sie liegt weit jenseits der feinstofflichen Welt, so wie die feinstoffliche Welt weit jenseits der physischen liegt und sich von ihr unterscheidet. Die physische Welt existiert unmittelbar hier auf der Erde und in anderen materiellen Sphären, die diesem Planeten ähnlich sind. Die feinstoffliche Welt existiert in der Hülle, die unsere Welt und ähnliche Himmelskörper umgibt, aber die feurige Welt durchdringt alle Welten und allen Raum zwischen ihnen. Sie ist nicht nur ausgedehnter als unser sichtbares Universum sondern auch erfüllter und weitaus vollkommener. Es gibt keine unfruchtbare Verschwendung, keinen leeren Raum, kein Vakuum. Alle Zwischenräume (wenn man das so nennen kann), die Sie sich vorstellen können, wimmeln buchstäblich vor lebendiger Energie, die viel komplexer und reicher ist als alles, was wir kennen.

Begehen Sie nicht den Fehler zu denken, daß das Feuer, wie wir es kennen, oder die Elektrizität oder der Blitz eine direkte Materialisation psychischer Energie ist. Das ist nicht der Fall. Diese Erscheinungen sind lediglich sozusagen eine Kristallisation physischer Energie. Wir sehen das Feuer und den Blitz, fühlen ihre Hitze und hören die Geräusche, die sie hervorrufen, und deshalb sind sie physisch und gehören in den Bereich unserer fünf Sinne. Psychische Energie ist subtiler und schwingt mit einer höheren Frequenz.

Es gibt zwei Wege, sich der feurigen Welt zu nähern – der persönliche, den die Rosenkreuzer lehren und der hier in zusammengedrängter Form dargestellt wird, und der wissenschaftliche, unpersönliche Ansatz, den erst die Zukunft erschließen wird. Tatsächlich liegt schon heute die Schöpfung vieler Apparate im Bereich des Möglichen, Apparate, die es ermöglichen würden, viele Türen zur feurigen Welt zu öffnen, doch das von Unwissenheit und Aberglauben erfüllte Bewußtsein der Menschheit läßt dies nicht zu.

Einige Beispiele für psychische Energie

Bevor Sie nicht die Erfahrung gemacht haben, bewußt mit psychischer Energie Kontakt aufzunehmen und sie einzusetzen, werden für Sie die meisten Schilderungen vage und unbefriedigend klingen. Ich möchte Ihnen also ein paar Beispiele geben, die es Ihnen ermöglichen, mit dieser Energie eigene Erfahrungen zu machen.

Die meisten seltsamen und verwirrenden Vorfälle, die gegen alle physischen Gesetze, wie wir sie kennen, zu verstoßen scheinen, sind Folge der einen oder anderen Wirkungsweise der psychischen Energie. Es gibt buchstäblich Hunderte von Arten, und eine vollständige Zusammenstellung würde den Rahmen dieses Buches bei weitem sprengen. Wir können aber zwei oder drei der gängigeren Manifestationen untersuchen, und das Verständnis, das Sie dabei gewinnen, wird es Ihnen ermöglichen, die meisten anderen zu begreifen.

Die Arbeit mit der *Wünschelrute*. Die New York Times vom 13. Oktober 1967 brachte auf Seite 17 in großen Lettern die folgende Schlagzeile:

WÜNSCHELRUTENGÄNGER SPÜREN FEINDLICHE TUNNEL AUF

Der Artikel von Hanson W. Baldwin stammte aus Camp Pendleton, Kalifornien, und beschrieb, wie Ingenieure des Marineinfanteriekorps sowohl während ihres Ausbildungsprogramms in Kalifornien als auch unter tatsächlichen Kampfbedingungen in Vietnam improvisierte Wünschelruten verwendeten, um Tunnel, Minen und Sprengfallen aufzuspüren. Normalerweise werden dazu gewöhnliche Kleiderbügel aus Draht verwendet. Sie werden zunächst gerade und dann zu einem L gebogen, so daß ein Ende ungefähr siebzig Zentimeter und das andere ungefähr zwanzig Zentimert lang ist. Der Wünschelrutengänger nimmt in jede Hand einen solchen Draht, wobei er die kurzen Enden leicht in den Händen hält, während die langen parallel zueinander nach vorne gerichtet sind.

Der Reporter Baldwin beobachtete mehrere Experimente und machte selbst einen erfolgreichen Probelauf. Streben oder schnellen die Enden auseinander, dann zeigt das an, daß sich unmittelbar darunter ein Tunnel befindet, über einer eingegrabenen Mine weisen die Enden nach unten und so weiter. Major Nelson Hardacker von der Fünften Marinedivision erklärte, dieses Gerät würde bei einigen Männern nicht funktionieren, aber das wäre die Minderheit. Baldwin sagte, daß er es selbst versuchte und dabei einen Tunnel fand, dessen Existenz er vorher nicht vermutet hatte. In seinem Fall neigte sich eine der Ruten nach unten, und Major Hardacker erklärte, daß dies anzeigt, daß der Tunnel an dieser Stelle eine Abwärtsneigung besitzt.

Dies ist keine Neuentdeckung sondern ein uralter Brauch, der „Wünschelrutengehen" genannt wird und in der überwiegenden Mehrheit der Fälle zum Aufspüren von Wasser verwendet worden ist. In seiner primitiven Form wurde bei dieser Praxis ein gegabelter Zweig oder Ast verwendet. Es ist ein jahrhundertealter Brauch, und es finden sich schon in römischen Schriften Aufzeichnungen darüber. Ursprünglich galt er unter den Abergläubischen als Zauberei, und seine Eingeweihten wurden teils gefürchtet, teils mit Ehrfurcht behandelt. Gewöhnlich wurde das Wissen um diese Kunst in ganz bestimmten Familien bewahrt und vom Vater auf den Sohn weitergegeben, aber heute wissen wir, daß die meisten Menschen mit etwas Übung ziemlich gute Ergebnisse erzielen können.

Die traditionelle Methode des Wünschelrutengehens bestand darin, daß sich der Ausführende einen kleinen gegabelten Zweig von einem Baum abschnitt und dann soweit kürzte, bis er ein Y von ungefähr sechzig Zentimetern von Spitze zu Spitze bildete. Dann ergriff er die beiden Arme des Y und hielt den Zweig so vor sich hin, daß der Hauptstamm parallel zum Boden nach vorne ausgerichtet war. In dieser Weise schritt er dann das Gebiet, in dem man hoffte, einen Brunnen graben zu können, ab. Wenn die Spitze vibrierte und nach unten zum Boden schnellte, wurde die Stelle markiert und der ganze Vorgang aus einer anderen Richtung wiederholt. Auf diese Weise bestimmte dann die Wiederholung und die Stärke der Stockbewegungen eine optimale Stelle, die sich für gewöhnlich auch als richtig erwies.

Diese Technik wird seit mehr als zweitausend Jahren lang überall auf der Welt praktiziert, und sie ist heute gebräuchlicher denn je. Nicht nur Wasser, sondern auch Öl und Erze werden auf diese Weise in der Erde aufgespürt. Der primitive Haselnußzweig ist inzwischen Wünschelruten aus Metall und Plastik gewichen. Der professionelle Wünschelrutengänger (von denen es viele gibt) trägt gewöhnlich zwei oder drei verschiedene bei sich, und wenigstens eine davon wird ein kompaktes Klappgerät sein, das in seiner Brusttasche Platz hat.

Zunächst galt dieser Brauch als Zauberei, oder zumindest glaubte man, daß die Geister Verstorbener dabei eine Rolle spielten. Als sich herausstellte, daß auch ganz alltägliche Experimentatoren, Leute wie Sie und ich, die Rute oder den Zweig zum „Funktionieren" bringen können, suchte man nach rationaleren Erklärungen. Die meisten Wünschelrutengänger haben keine Ahnung, wie sie es machen. Es funktioniert einfach. Jeder hat jedoch seine eigene Theorie, und alle zusammen decken diese Theorien ein sehr weites Gebiet ab. Es ist unmöglich, sie alle aufzuzählen und zu beschreiben, aber wie Sie sich vorstellen können, sind einige davon ziemlich phantastisch. Die populärsten Erklärungen sind (1) daß der Wünschelrutengänger einen besonderen animalischen Magnetismus besitzt, der durch die Nähe von Wasser oder Öl beeinflußt wird, (2) daß das Wasser, das durch die Erde läuft, ein Magnetfeld erzeugt, das die Wünschelrute anzieht, und (3) eine Verbindung beider Vorstellungen.

Natürlich behaupten bestimmte Wissenschaftler – geachtete, erfolgreiche Geologen – bis zum heutigen Tag, daß Wünschelrutengehen Unsinn ist und die erzielten Ergebnisse auf einem Vorwissen über den Fundort oder auf glücklichen Vermutungen beruhen. Aber sie sind die Minderheit, und die gewaltige Zahl erfolgreicher Funde wiegt weit schwerer als das Ansehen der akademischen Grade dieser Unbelehrbaren. Natürlich erzeugt fließendes Wasser ein Magnetfeld, und viele Wissenschaftler, die das Wünschelrutengehen anerkennen, stützen sich vor allem auf diesen Faktor. Aber gerade als alles in Ordnung schien und die Erklärungen alle Betroffenen zufriedenstellten, schlich sich ein neues Element ein. Es schien, daß die Wünschelrute dem Wünschelrutengänger anzeigte, wo Öl zu finden war, wenn er losging, um Öl zu suchen, aber wenn er nach Wasser suchte, spürte sie für ihn Wasser auf. Das erschütterte die Magnetfeldtheorie, und wenn es sie auch nicht gerade entkräftete, so wies es doch eindeutig darauf hin, daß dabei noch andere Faktoren berücksichtigt werden müssen.

Es war ungefähr um diese Zeit, als einige erfolgreiche Wünschelrutengänger, die besonders wißbegierig waren, ihre Experimente mit Landkarten begannen. Anstelle einer Wünschelrute benutzten sie ein Pendel und konnten damit verlorene Minen, Wasserquellen und sogar antike Abwasserkanäle ausfindig machen, ohne sich persönlich an den Ort zu begeben.

Die Bermudainsel ist ein ausgezeichnetes Beispiel dafür. Seit frühester Zeit war man allgemein der Auffassung, die Insel würde keine unterirdischen Wasservorräte besitzen und sei vollkommen auf das Auffangen von Regenwasser angewiesen. Das war auch für ihre ursprüngliche kleine Bevölkerung ausreichend, aber die Beliebtheit als Winterferienort brachte in den vergangenen Jahren einen gewaltigen Anstieg der Besucherzahlen mit sich, so daß mehr, und zwar sehr viel mehr Wasser benötigt wurde.

Man flog Geologen ein, und sie bestätigten die früheren Ansichten. Aber aufgrund von Siedlungsvorhaben und militärischen Erfordernissen wurden einige teure Auffangbassins gegraben. Schließlich schrieb eine Firma, die vom Wünschelrutengehen gehört hatte, an einen bekannten Wünschelrutengänger in Maine und bot ihm ein gutes Honorar plus Spesen für den Versuch, auf der Insel Wasser zu finden. Seine Antwort erstaunte sie. Er erklärte, wenn man ihm lediglich eine Karte im großen Maßstab schicken würde, werde er fünf wahrscheinliche Fundorte eintragen, was er auch tat. An allen fünf von ihm eingezeichneten Stellen wurde Wasser gefunden, und die Insel ist jetzt reichlich damit versorgt.

Dieses zusätzliche geheimnisvolle Element hat alle wissenschaftlichen Köpfe völlig verwirrt. Aber wie Sie sehen, wird immer deutlicher, welche Energie hier wirklich im Spiel ist. Es kann sich weder um Magnetismus noch um irgendeine andere physische Energie handeln, weil diese Energie auf Entfernung wirkt und auf Denken reagiert. Es muß psychische Energie sein, und es ist psychische Energie. Das Wasser, das Öl und die Erze im Boden besitzen eine eigene magnetische Aura. Die psychische Energie des Wünschelrutengängers richtet sich, gelenkt durch sein Denken, auf die Aura des gesuchten Objekts, nimmt mit ihr Kontakt auf, ortet sie und zeigt ihre Lage dem

Wünschelrutengänger in der Weise an, die er vorschreibt. Das kann durch das Ausschlagen eines Pendels oder die Auf- und Abbewegung eines Stocks geschehen. Alle erfolgreichen Wünschelrutengänger wissen, daß Sie Energie verwenden. Sie verstehen vielleicht nicht, welche Art von Energie sie benutzen, aber sie sind sich darüber im klaren, daß sie an Tagen, an denen sie sich stark und „leicht“ fühlen, genauere Vorhersagen treffen als an Tagen, an denen sie niedergedrückt und träge sind. Wenn sie eine anstrengende Sitzung hinter sich gebracht haben, fühlen sie sich gewöhnlich erschöpft und wollen sich ausruhen. Ein berühmter Wünschelrutengänger sagte mir, daß er am besten an Orten arbeiten kann, wo die Luft frisch und rein ist und er tief Luft holen kann.

Für das Wünschelrutengehen ist keine Übung oder vorherige Schulung erforderlich. Schneiden Sie sich einfach einen gegabelten Stock, und fangen Sie an. Sicher, Sie werden psychische Energie brauchen, also atmen Sie ein paarmal tief ein, um sich zunächst positiv aufzuladen. Sie werden es durch Praxis lernen. Wünschelrutengehen ist nur eine von vielen Manifestationen der Macht der psychischen Energie. Psychometrie ist eine weitere.

Psychometrie. Das Lexikon definiert Psychometrie als „Divination durch Berührung von Gegenständen“. Psychische Energie besitzt die Fähigkeit, physischen Objekten anzuhaften. Eine poröse, lose strukturierte Substanz wie zum Beispiel ein Strohhut oder eine Baumwollbluse kann nur eine kleine Menge festhalten, und das nur für kurze Zeit. Massive Substanzen, vor allem kostbare Metalle, vermögen die Energie wesentlich länger anzuziehen und festhalten. Die Energie kann von jeder ausstrahlenden Quelle aufgenommen werden, und in der Regel heißt das von einer oder mehreren Personen. Wir strahlen immer Energie aus. Es ist in der Tat eines unserer Probleme, daß wir zuviel Energie ausstrahlen, man könnte auch sagen wegwerfen. Wenn wir eine Zeitlang eine Golduhr oder einen Goldring tragen, dann speichert dieser Gegenstand eine ziemliche Menge dieser von uns abgegebenen Energie, die durch unsere Gefühle und Gedanken gefärbt und geprägt ist.

Wenn Sie also für die Einwirkung psychischer Energie empfänglich sind, können Sie sehr viel über eine Person erfahren, indem Sie einfach irgendeinen Gegenstand, vorzugsweise aus einem kostbaren Metall, den er oder sie an oder bei sich getragen hat, in die Hand nehmen. Es ist keine Kooperation von seiten der jeweiligen Person erforderlich. Wenn sie einen Ring, eine Uhr, eine Brosche oder irgendeinen anderen Metallgegenstand in der Hand halten, der längere Zeit, etwa ein Jahr oder so, mit einer Person verbunden gewesen ist, dann wird sich Ihnen nicht nur der Charakter dieser Person offenbaren, sondern es werden sich auch wichtige Szenen aus ihrer Vergangenheit vor Ihrem geistigen Auge zeigen. Es ist fast so, als ob dieser unbelebte Gegenstand zu einem Verbindungsglied zwischen Ihrem Geist und dem seines einstigen Trägers geworden ist.

Bei einer Abendgesellschaft bat die Gastgeberin einen weiblichen Gast, eine enge Freundin, die für ihre sehr guten psychometrischen Fähigkeiten bekannt war, ihr Talent zu demonstrieren. Die Gastgeberin hatte lediglich daran gedacht, ihre Gäste damit zu unterhalten, aber es wurde sehr schnell klar, daß dies die Vorführung einer ungewöhnlichen und erstaunlich genauen Erforschung der Leben der anwesenden Personen war. Die Dame irrte sich kein einziges Mal. Ein Mann reichte ihr eine Goldmünze und erklärte, daß er sie als Glücksbringer bei sich trug. Als sie sie in die Hand nahm, erklärte sie sofort: „Sie besitzen diesen Gegenstand noch nicht einmal einen Tag. Im übrigen ist er in der letzten Zeit durch viele Hände gegangen, und die letzte Person, die ihn für längere Zeit besessen hat, ist vergangenes Jahr gestorben.“ Der Mann war erstaunt und gab zu, daß er die Goldmünze am selben Tag als Geschenk für seine Nichte von einem Juwelier erstanden hatte und nichts über ihre Vorgeschichte wußte. Es gab andere, ähnlich eindrucksvolle Enthüllungen. Als ich sie bat, zu beschreiben, wie sie zu diesem Wissen kommt, erklärte sie:

„Ich nehme den Gegenstand in die Hand, schließe die Augen und entspanne mich. Ich mache mich einfach bereit. In der Regel tauchen die Szenen jedoch fast augenblicklich auf. Sie erscheinen so lebendig wie ein dreidimensionaler Film in Farbe und Ton. Ich selbst scheine mich mitten in dieser Szene zu befinden, jedenfalls scheint sie überall um mich herum zu sein, aber ich bin nicht Teilnehmer, sondern nur

Beobachter. Solange die Szene mein Interesse fesselt, wenn sie bedeutsam ist und ich verstehen möchte, was geschieht, spielt sie bis zu einem Abschluß weiter. Aber in dem Moment, wo ich das Interesse verliere und meine Aufmerksamkeit nachläßt, wechselt sie zu einer anderen Szene über. Manchmal stellt der Besitzer des Gegenstands eine Frage, und dann steht die Szene, die auftaucht, in Beziehung zu dieser Frage – sie ist nicht unbedingt eine Antwort, aber sie bietet immer Informationen oder einen neuen Gesichtspunkt.

Manchmal reicht man mir einen Gegenstand, den keiner der Anwesenden getragen hat. Ich erinnere, wie man mir einmal einen seltsamen Messing- oder Bronzegegenstand reichte. Ich sah ihn mir nicht genau an – das tue ich selten – und deshalb wußte ich nicht, wie er aussah, als ich ihn in die Hand nahm und darauf wartete, daß sich eine Verbindung ergab. Zu meiner Überraschung spielte die Szene, die sich dann vor mir entfaltete, im Nahen Osten, jedenfalls schloß ich das aus der äußeren Erscheinung oder der Kleidung der Leute, und sie spielte nicht in der Gegenwart. Sie schien sogar ziemlich weit im Altertum zurückzuliegen. Den Besitzer des Gegenstands schien ein Araber oder Syrer zu sein und eine Art Staatsbeamter. Der Gegenstand, den ich in der Hand hielt, war sein offizielles Siegel, das er auf die Berichte und Rechnungen drückte, die man ihm vorlegte. Viele Szenen aus seinem Leben spielten sich vor mir ab, und es wäre interessant gewesen, sie genauer zu studieren, aber ich hatte nicht genügend Zeit dazu. Also öffnete ich die Augen und gab das Siegel dem Mann zurück, der es mir gegeben hatte. Als ich ihm sagte, was ich gesehen hatte, war er überaus interessiert und erklärte mir, daß meine Angaben das bestätigten, was er selbst hatte herausfinden können. Ein Archäologe hatte das Siegel in einem harten Lehmklumpen am Eingang einer Höhle im Heiligen Land gefunden. Man hatte ihm gesagt, daß das Sinnbild auf der Vorderseite des Siegels ein uraltes assyrisches Symbol für die Göttin des materiellen Reichtums sei, und es hatte tatsächlich eine seltsame Ähnlichkeit mit unserem Dollarzeichen. Die Vorderseite des Siegels war oval und glatt bis auf die Mitte, wo die Insignien eingraviert waren. Das Sinnbild war eine sich um einen vertikalen Stab windende Schlange."

Diese charmante und interessante Dame erzählte mir noch von vielen anderen Erfahrungen, aber der begrenzte Rahmen dieses Buches erlaubt mir leider nicht, sie an dieser Stelle wiederzugeben. Sie gehört wie ich zu den Rosenkreuzern und interessiert sich schon seit vielen Jahren sehr für Psychometrie. Ihre natürliche Neigung in dieser Richtung wurde durch die Übungen in den Veröffentlichungen der Rosenkreuzer genährt und verstärkt, und durch tägliches Üben ist sie zu einem Fachkundigen in der Psychometrie geworden. Viele Menschen besitzen diese Gabe, aber nur wenige arbeiten daran, sie zu entwickeln. Doch wird schon ein geringer Zuwachs ihrer psychischen Energie durch eine bemerkenswerte Verbesserung der Ergebnisse belohnt.

Ein großer Teil der sogenannten Wahrsagerei, sofern sie echt und kein Betrug ist, hängt mit Psychometrie zusammen. Die uralte Bitte: „Versilbern Sie meine Hände", sollte nicht nur die Bezahlung im voraus garantieren, sondern gab der Wahrsagerin auch die Möglichkeit, aus der Berührung mit dem Silberstück, das der Fragesteller bei sich getragen hatte, soviel wie möglich aufzunehmen. Psychische Energie wirkt auf vielerlei Weise, und es wäre töricht, zu versuchen, jede Manifestation in eine bestimmte Rubrik einzuordnen. Da wir fünf Sinne besitzen, ist es nur natürlich, daß wir versuchen, jedes Ereignis auf dem einen oder anderen dieser Erkenntniswege zu deuten. Doch die Erfahrung lehrt, daß viele bemerkenswerte Vorfälle von heute auf uns völlig unbekannte Weise zustande gekommen sind. Denken Sie beispielsweise an eben die Wahrsagerei. Manchmal ist sie sehr exakt. Wie kommt sie zustande? Ist es Gedankenlesen? Ist es Psychometrie? Ist es echtes Vorwissen? Ist es psychologischer Scharfblick? Ist es reines Raten? Etwas von alldem zusammen? Oder etwas, worüber wir noch kein brauchbares Wissen besitzen? Soweit ich das entscheiden kann, ist es manchmal das eine oder andere, manchmal eine Verbindung von zwei oder mehr dieser Erscheinungen und manchmal etwas, das meine Erfahrung ganz und gar übersteigt.

Wie immer Sie es auch definieren mögen, diese Fähigkeit, in die Lebensgeschichte eines Individuums Einblick zu gewinnen, ist eine erstaunliche Demonstration der Macht der psychischen Energie. Aber es gibt noch viele andere, genauso eindrucksvolle Zeugnisse. Eine erschöpfende Behandlung würde mehrere Bücher füllen. Wir können hier nur auf wenige hinweisen und sie kurz beschreiben.

Telekinese. Das ist die Fähigkeit, ohne physische Hilfsmittel physische Objekte von einem Ort zum anderen zu bewegen, Objekte erscheinen zu lassen, wo sie vorher nicht waren, und verschwinden zu lassen, wo sie vorher waren. Viele Menschen haben Erfahrungen mit Telekinese, aber da diese so weit außerhalb des Bereichs des Normalen zu liegen scheinen, werden sie entweder ignoriert oder nur teilweise geglaubt. Wenn ein solcher Vorfall gezwungenermaßen seine Aufmerksamkeit erregt, wird sich der durchschnittliche Mensch sagen: „Ich muß mich geirrt haben. Wahrscheinlich habe ich etwas vergessen oder übersehen."

Man hat festgestellt, daß viele ganz normale Menschen die Fähigkeit besitzen, kleine Gegenstände telekinetisch zu bewegen. Viele der sogenannten Poltergeist-Phänomene sind auf Jugendliche zurückverfolgt worden, meist Mädchen, die innerhalb und außerhalb ihres Zuhauses fröhlich alle möglichen Gegenstände telekinetisch bewegen, während sie den Eindruck höchst unschuldiger und harmloser Zuschauer machen. Die Fähigkeit, Gegenstände mittels Telekinese zu bewegen, ist eine Fertigkeit wie jede andere auch und muß erlernt werden. Wenn ein Kind diese Fähigkeit besitzt, muß es sie sich in einem früheren Leben angeeignet und die Erinnerung daran bewahrt haben. Diese Erinnerung ist selten scharf und klar, und das Kind entdeckt seine Fertigkeit gewöhnlich durch Zufall. Zuerst ist die Ausübung aufregend und manchmal auch belustigend, aber das begrenzte Vorstellungsvermögen des Kindes findet keinen zweckmäßigen Gebrauch für diese Fähigkeit, und sie wird deshalb allmählich wieder vergessen.

Telekinese gebraucht wie Wünschelrutengehen und Psychometrie psychische Energie. Jede Kunst verlangt, daß die Energie in einer ganz bestimmten Weise eingesetzt wird, wofür eine Schulung erforderlich ist. Ein guter Wünschelrutengänger wird wahrscheinlich nichts von Psychometrie oder Telekinese verstehen und sie vielleicht sogar mit Mißtrauen betrachten. Je mehr psychische Energie Sie in sich aufbauen und bewahren, um so leichter wird es für Sie sein, sich eine dieser sogenannten wilden Begabungen anzueignen. Aber jede davon muß man erlernen.

Vorwissen. Wie der Name andeutet, ist dies die Fähigkeit, von Dingen zu wissen, bevor sie geschehen. Es ist eine moderne Bezeichnung für Prophezeiung. Viele Menschen erleben diese Fähigkeit, aber nur sehr hochentwickelte Wesen haben sie unter Kontrolle. Die Eindrücke kommen blitzartig, gewöhnlich dann, wenn man sie am wenigsten erwartet. Manchmal wird ein Mensch mit einer gut entwikkelten psychischen Hülle wie beispielsweise Jeanne Dixon, wenn sie darum gebeten wird, in der Lage sein, bestimmte bevorstehende Ereignisse in der Zukunft anderer zu sehen. Aber nur selten kann sie ihre eigene Zukunft genauso deutlich sehen, und wenn es einmal geschieht, kommen die Offenbarungen als unbeabsichtigte flüchtige Einblicke. Viele ziemlich durchschnittliche Menschen erleben blitzartige Momente von Vorwissen, doch höher entwickelte Personen, deren psychische Zentren offener sind, scheinen sie häufiger zu erfahren. Ein Eingeweihter des dritten Grades, das heißt jemand, der die dritte große Initiation durchlaufen hat, kann die Akasha-Aufzeichnungen der Vergangenheit nach Belieben einsehen, aber selbst er kann nur solche zukünftigen Ereignisse schauen, die sich bereits kristallisiert haben.

Die Menschheit verändert ständig ihre Zukunft. Die schrecklichen Katastrophen, welche die Hellseher vor hundert Jahren ziemlich deutlich vorhergesehen haben, manifestieren sich heute als kleinere Erdbeben und Vulkanausbrüche. Die unvorhergesehenen Schicksalsschläge sind immer die schwersten. Die verbale Beschreibung eines zukünftigen Ereignisses scheint schon allein auszureichen, um es abzuändern. Deshalb bewahrten die Weisen des Altertums stets Schweigen über ihre Schöpfungen. Es gibt also keinen wirklich guten Hellseher. Das ist keine Frage der Fähigkeit, die im höchsten Grad vorhanden sein mag, sondern eine Frage von Veränderungen im Handeln infolge freier Willensentscheidungen. In unserem gegenwärtigen Entwicklungsstadium ist das Vorwissen wie ein Irrlicht, manchmal klar und echt und manchmal irreführend. Die Daseinslinie eines jeden Menschen erstreckt sich genauso in die Zukunft wie in die

Vergangenheit. Sie können vielleicht die Linie eines Gefährten nach vorne verfolgen und eine Katastrophe vorhersehen. Es gibt keinen Grund zu der Annahme, daß dieses Ereignis auch Sie erwartet. Der Hellseher kann nur in die Richtung schauen, in die seine eigene Lebenslinie weist. Sie muß nicht mit der Ihren zusammentreffen.

Levitation. Dieses die Schwerkraft aufhebende Phänomen war offenbar im Altertum viel verbreiteter als heute. Aber gelegentlich stößt man auch heute auf einen Beweis für die Fähigkeit, den Körper ohne künstliche Hilfsmittel in die Luft zu erheben. Vor nicht langer Zeit sah ich eine Bühnenkünstlerin, die ihr Gewicht verändern konnte. Es war kein Trick. Neugierig ging ich auf die Bühne, als Leute aus dem Publikum heraufgerufen wurden, und stellte zu meiner Überraschung fest, daß ich sie, wie sie in einer korbartigen Vorrichtung mit einem Tragegriff saß, leicht mit einer Hand hochheben konnte. Und doch zeigte die Waage die 140 Pfund an, die ihrer Größe entsprachen. Sie konnte in einem geringen Grad ihren Körper schweben lassen.

Ich fragte sie, wie sie das machte, aber entweder wußte sie es nicht oder konnte, was sie wußte, nicht ausdrücken. Sie erklärte: „Es ist ein Trick. Meine Mutter konnte es, und ich kann es auch. Man bewirkt einfach, daß man sich hier drinnen leicht fühlt." Bei diesen Worten legte sie die Hand auf das Zwerchfell.

Ich fragte: „Ist es Ihnen schon einmal gelungen, sich vom Boden in die Luft zu erheben?" Sie antwortete: „Nein. Ich habe es ein paarmal versucht, und obwohl ich mich ein oder zweimal sehr leicht gefühlt habe, habe ich es nie geschafft, wirklich über dem Boden zu schweben. Aber als ich jünger war, ungefähr acht oder neun, hatte ich keine Höhenangst und sprang von Mauern herab und ganze Treppen hinunter. Ich bin nie hart gelandet, habe mich niemals verletzt, sondern bin immer sanft wie eine Feder hinuntergeschwebt."

Die Rosenkreuzer betrachten Levitation als eine Kunst, die man erlernen kann. Wieder ist psychische Energie im Spiel. Um in geübter und erfolgreicher Weise schweben zu können, muß der physische Organismus gereinigt werden. Es wird eine Diät vorgeschrieben, und man muß sich von allem überflüssigen Gewicht befreien. Neben diesem physischen Training werden geistige Übungen empfohlen, und ganz wesentlich ist natürlich eine Steigerung der psychischen Energie. Diejenigen, die es geschafft haben, erklären, daß es, ganz ähnlich wie das Schwimmenlernen, nicht allzu schwer zu wiederholen ist, wenn man es einmal geschafft hat.

Wir haben hier fünf ungewöhnliche Fähigkeiten untersucht, die man durch die richtige Anwendung psychischer Energie entwickeln kann. Diese fünf – Wünschelrutengehen, Psychometrie, Telekinese, Vorwissen und Levitation – sind alle ganz offensichtlich physische Fähigkeiten, die allen Menschen innewohnen. Denn wären sie das nicht, so wäre es unmöglich, daß soviele Personen unterschiedlicher Rassen, aus unterschiedlichen Gebieten und mit so unterschiedlichen Erfahrungs- und Kulturhintergründen sie beherrschen können. Aber lassen Sie sich versichern, daß diese fünf zu den geringsten der Möglichkeiten zählen, die mit der Beherrschung der psychischen Energie verbunden sind. Es wurde zum Beispiel nur sehr wenig über Persönlichkeitsbeherrschung gesagt, und das aus einleuchtenden Gründen. Doch auch diese Macht kann man als Nebenprodukt der psychischen Entwicklung betrachten.

Ein ausgezeichnetes Beispiel für eine vollkommene Persönlichkeitsbeherrschung ist in einem der Zeitungsberichte vorgestellt, die Helena Blavatsky aus Indien an den „Russischen Boten" (Russki Vyestnik, 1880) sandte. Sie gehörte damals zu einer Gesellschaft von einem Dutzend Europäern, größtenteils Franzosen und Engländern, die als Gäste eines wohlhabenden Radschput-Prinzen, den sie den „Takur" nennt, eine luxuriöse Reise durch Indien machte. Sie kamen an einen großen See, in dessen Mitte sich eine Insel mit einem alten Schloß befand, und da es bereits spät am Nachmittag war, entschlossen sie sich, an diesem herrlichen Fleckchen Erde ihr Lager aufzuschlagen.

Ein Mitglied der Gruppe, ein bekannter französischer Künstler, den Mme. Blavatsky nur Mr. Y- nennt, war von der Schönheit des Ortes so gefangengenommen, daß er den Pinsel zur Hand nahm, um zu malen, was er sah. Sie hatten über Mesmer diskutiert, und dieser Künstler hatte behauptet, daß weder Mesmer noch irgendein anderer ihn hypnotisieren (oder mesmerisieren) könnte. Während er an seinem Bild malte, saß der Takur pfeiferauchend in der Nähe und beobachtete ihn. Die Diskussion wurde fortgesetzt, und Mr. Y- malte weiter an seinem Bild, während die Diener die Zelte aufbauten und das Abendessen vorbereiteten.

Als zum Essen gerufen wurde, sagte ein Mitglied der Gruppe, eine Engländerin, die als Miß X- bezeichnet wird, zu dem Künstler: „Ich muß mir Ihr Bild ansehen", und ging zu ihm hinüber. Woraufhin ihr der Rest der Gruppe folgte. „Was für ein interessantes Gemälde", sagte Miß X-. „Haben Sie es aus dem Gedächtnis gemalt?" Es war offensichtlich, daß das Gemälde keine Szene darstellte, die sie gegenwärtig vor Augen hatten. Statt dessen zeigte es einen Meeresstrand, tiefblaues Meer und eine langgestreckte Linie weißer Brandung. Auf dem Strand war eine Bambushütte, und daneben stand ein Elefant.

Mr. Y- war entsetzt. „Wer hat mein Bild fortgenommen?" rief er. Aber es war allen klar, daß die Leinwand nicht bewegt worden war, sondern immer noch dieselbe war, die der feuchte Pinsel des Künstlers gerade in dem Augenblick betupfen wollte. Das Bild hatte nicht die geringste Ähnlichkeit mit dem Anblick, der vor ihnen lag – einem See und einem Schloß. Es war Narayan, der persönliche Gehilfe des Prinzen, der den Bann brach.

„Aber das ist ja das Bild des Bungalows, den mein Herr am Meer besitzt", sagte er zu Mr. Y-. „Ich wußte gar nicht, daß Sie schon einmal dort gewesen sind."

Mr. Y- war blaß geworden – er war in der Tat noch nie dort gewesen, da er zusammen mit der Gruppe direkt von Marseille gekommen war. Hartnäckig weigerte er sich zu glauben, daß er diese Meereslandschaft gemalt haben sollte. Doch für alle übrigen war es klar, daß er es getan hatte und daß der Radschput-Prinz ihn auf irgendeine Weise so beherrscht hatte, daß er nicht das gesehen hatte, was vor seinen Augen lag, sondern das, was der Takur ihn sehen lassen wollte.

Das ist ein bemerkenswertes Beispiel für eine vollkommene Persönlichkeitsbeherrschung, die nur einem Eingeweihten möglich ist. Aber jeden Tag sehen wir Zeugnisse des gleichen Vorgangs in einem geringeren Grad. Es gibt erfolgreiche Geschäftsleute, die diese Macht benutzen, um ihre Ziele zu erreichen. Psychische Energie kann auf diese Weise dazu eingesetzt werden, materielle Ziele zu erreichen, aber dies ist in gewissem Sinne eine Entwürdigung einer wunderbaren Macht, die Ihnen einen viel wertvolleren Lohn einbringen kann. Denn es ist möglich, psychische Energie dazu zu gebrauchen, Ihren Vorrat an psychischer Energie zu erhöhen, und ich werde Ihnen im nächsten Kapitel erklären, wie Sie das tun können.

12. Kapitel

Wie man zu psychischer Entwicklung gelangt

Im warmen Staub einer Straße, die nach Benares hineinführt, sitzt ein heiliger Mann. Er singt, und seine Stimme ist überraschend laut und klar, wenn sie auf den breiten Vokalen der Verse verweilt. Er singt die alten Upanishaden, die die Vorübergehenden an die einstige Größe Indiens erinnern und sie zu neuem Handeln aufrufen. Von den Hunderten, die vorübergehen, beachten nur wenige den alten Mann. Sie lächeln nachsichtig und legen ein paar Münzen zu seinen Füßen nieder. Aber niemand achtet auf seinen Ruf.

Sie halten inne. Sie werden aufmerksam. Sie nähern sich ihm. Ein wenig stolz auf Ihr Wissen fragen Sie: „Warum hören so wenige Deinen Ruf, o Heiliger?"

Er blickt auf, und der Ausdruck in seinen Augen verändert sich, als er Sie ansieht. Der weitentrückte Ausdruck weicht, und die tiefdunklen Pupillen werden von einem inneren Feuer belebt. Scharfe Intelligenz und eine Spur trockener Humor spricht aus ihnen, als er antwortet: „Du bist schon viele Male gerufen worden, aber folgst *du* dem Pfad des richtigen Handelns?" Nachdem er so gesprochen hat, entspannt sich sein Gesicht, sein Blick wandert in die Ferne, und er nimmt seinen monotonen Hindi-Gesang wieder auf: „Indra schlug den gewaltigen Berg, und er öffnete sich, und es strömten zwei Bäche von klarem Wasser daraus hervor."

Sie stehen wie angewurzelt da, erstaunt über das seltsame Erlebnis, während die Worte des alten Mannes laut in Ihrem Gedächtnis nachklingen: „Folgst du dem Pfad des richtigen Handelns?"

Was ist mit „richtigem Handeln" gemeint? Wir leben in einer Welt des Handelns. Jede wache Minute unseres Lebens handeln wir in irgendeiner Form, denn aufhören zu handeln bedeutet sterben. Aber was ist „richtiges Handeln"?

Jede Weltreligion, jeder Lehrmeister dieser Welt hat versucht, im richtigen Handeln zu unterweisen. Dies ist eine der Anweisungen des achtfachen Pfades des Gautama Buddha. Von einem Schüler gebeten, seine Ansichten über das richtige Handeln zu erläutern, sagte der Gesegnete:

„Unterscheide zwischen jenen, die verstehen, und jenen, die zustimmen. Wer die Lehre versteht, wird nicht zögern, sie auf das Leben anzuwenden; wer zustimmt, wird nicken und die Lehre als wichtige Weisheit preisen, aber er wird diese Weisheit nicht auf sein Leben anwenden.

Viele haben zugestimmt, aber sie sind wie ein verdorrter Wald, unfruchtbar und ohne Schatten. Sie erwartet nur Verfall.

Jene, die verstehen, sind nur wenige, aber wie ein Schwamm saugen sie das kostbare Wissen auf und sind bereit, mit dem kostbaren Naß die Schrecken der Welt abzuwaschen."

Dieses Kapitel ist in der Hoffnung geschrieben, daß Sie verstehen und Ihren eigenen Weg zum richtigen Handeln aufspüren werden. Nicht jeder hat demselben Pfad zu folgen. Jeder muß seinen eigenen finden. Damit Sie Ihren Weg zur Kontrolle über Ihr Schicksal und zur Meisterschaft über Ihre Umgebung finden, brauchen Sie psychische Energie. Sie wird Sie auf den richtigen Weg führen und Ihnen die Kraft verleihen, ihm zu folgen.

Die Entwicklung Ihrer psychischen Zentren zur Umwandlung hochgradiger Energie

Es gibt viele Grade psychischer Energie. Zuerst kann man nur die niedrigsten Grade, die der physischen Energie am nächsten sind, aufzunehmen und einsetzen. Aber in dem Maß, wie Sie mit Energie arbeiten und mehr hinzugewinnen, beginnen sich Ihre psychischen Zentren zu entwickeln. Diese Umwandler, denn das sind sie, beginnen dann mit stetig wachsender Leistungskraft mehr und mehr hochgradige Energie einzuholen und für Sie zugänglich zu machen. In diesem Kapitel werden wir diese Zentren beschreiben, Ihren Zweck und wie man sie entwickeln kann.

In der Schulung der Rosenkreuzerschüler werden die im 11. Kapitel vorgeschriebenen Übungen und andere Übungen ähnlicher Art zwei Jahre lang praktiziert, bevor die Unterweisung fortgesetzt wird. Es wird angenommen, daß während dieser Periode gewisse grundlegende Beherrschungen erlernt und gemeistert worden sind. Wenn es auch für Sie vielleicht nicht zweckmäßig sein mag, diese lange Lehrzeit abzuleisten, so sind doch eine gewisse Zeitspanne und ein gewisses Maß an Anstrengung notwendig, um eine solide Grundlage zu schaffen. Bevor Sie weitergehen, sollten Sie zum Beispiel eine gewisse Fertigkeit darin besitzen, psychische Energie zu projizieren und physische Objekte ohne tatsächlichen Kontakt mit ihnen zu manipulieren. Vielleicht haben Sie bereits festgestellt, daß der einfachste Weg darin besteht, zu ihnen zu sprechen. Das bedeutet nicht, daß unbelebte Gegenstände einen Befehl hören können und ihm gehorchen. Natürlich nicht. Der mündliche Befehl ist nur ein Kunstgriff, um Ihre gesamte Aufmerksamkeit und Energie auf das begehrte Ziel zu konzentrieren. Es hat große Ähnlichkeit mit einem Befehl, wie man ihn einem Tier, etwa einem Hund oder einem Pferd, gibt. Sie sprechen nicht nur zu dem Tier, sondern wenden gleichzeitig eine Aura der Energie an, um Ihren Willen zu verstärken. Sprechen Sie genauso zu unbelebten Gegenständen. Wenn Sie erst einmal eine gewisse Befangenheit überwunden haben, werden Sie feststellen, daß es leichter ist als Tiere zu beherrschen. Immerhin haben die meisten Tiere einen eigenen Willen, der mit Ihrem uneins sein kann, während unbelebte Dinge Ihnen keinen derartigen Widerstand leisten.

Wenn Sie sich diese Fertigkeit noch nicht angeeignet haben, dann fangen Sie jetzt damit an. Üben Sie zuerst mit irgendeinem Objekt, das sich schon mit sehr geringem Kraftaufwand bewegen läßt. Versuchen Sie eine der folgenden Übungen:

1. Hängen Sie ein Gewicht von ungefähr einer halben Unze an einen dünnen, ungefähr 45 Zentimeter langen Faden. Achten Sie darauf,

daß Sie es nicht mit Ihrem Atem anhauchen. Wenn es aufgehört hat zu pendeln und vollkommen ruhig hängt, befehlen Sie ihm zu schwingen, entweder wie ein Pendel oder im Kreise. Befehlen Sie ihm „Schwinge!“ genauso wie Sie zu einem Hund „Bei Fuß!“ oder zu einem Pferd „Brr!“ sagen würden. Achten Sie dabei darauf, daß Sie die richtige geistige Einstellung haben. Wenn Sie zu einem Pferd „Brr!“ sagen, erwarten Sie, daß es dem Befehl gehorcht, und empfinden vielleicht sogar eine leichte Ungehaltenheit, wenn das Pferd nicht sofort gehorcht. Genau die gleiche Einstellung sollten Sie dem Pendel entgegenbringen.

2. Füllen Sie einen Suppenteller mit Wasser, und stellen Sie ihn auf einen soliden Tisch. Treten Sie einen Schritt zurück, damit Ihr Atem das Wasser nicht beeinflussen kann, und befehlen Sie dann dem Wasser, sich zu kräuseln. Sagen Sie mit fester Stimme: „Kr-r-räuseln!“ Und es wird sich kräuseln – zuerst nicht sehr stark, aber wenn Sie den Trick beherrschen, wird das Wasser aus dem Teller spritzen.
3. Legen Sie einen völlig runden und glatten Bleistift, ein Stück Metall oder ein Plastikröhrchen auf einen ebenen Tisch mit einer glattlakkierten Oberfläche. Befehlen Sie dann dem Bleistift, auf Sie zu zu rollen. Sagen Sie zu ihm: „Komm her!“ oder „Roll hierher!“ genauso wie Sie einem Hund befehlen würden: „Roll dich!“

Die oben beschriebenen Übungen sind einfach und leicht durchzuführen, aber Sie werden Ihnen Selbstvertrauen geben. Wenn Sie Ihre Fähigkeit, auf Entfernung Kraft auszuüben, erst einmal verstanden und Vertrauen dazu gefaßt haben, dann können Sie sich daranmachen, etwas über höhere psychische Energie zu lernen und darüber, wie man sie einsetzen kann.

Das Unbekannte wird stets über das Bekannte entdeckt. Auf diese Weise lernen wir. Um sich eine neue Fertigkeit anzueignen, ein neues Verfahren zu lernen, müssen wir mit etwas Einfachem beginnen, das wir bereits gelernt und verstanden haben. Von diesem Punkt aus können wir uns dann in unbekannte Gefilde vorwagen, aber wir lernen durch die Tat, nicht durch bloßes Nachdenken darüber.

Wir bekommen nichts umsonst. Das bedeutet, wir müssen uns die psychische Entwicklung, nach der wir streben, erarbeiten und sie uns verdienen. Sicher, wir haben alle schon von der „Augenblickserleuchtung“ gelesen oder gehört, von dem Schuhmacher Böhme oder von Paulus auf der Straße nach Damaskus und von zahllosen anderen. Aber diese Männer erinnerten sich nur an etwas, das sie bereits wußten, an eine Kenntnis, für deren Erlangung sie viele Leben hindurch hart gearbeitet hatten, und ein Ereignis brachte ihnen dann die vollständige Erinnerung schlagartig zurück. Heutzutage besitzen nur sehr wenige diese schlummernde Kenntnis, die nur darauf wartet, geweckt zu werden. Aber viele hatten bereits eine vorherige Schulung und benötigen nur ein oder zwei Jahre konzentrierte Bemühung, um sie zur vollen Blüte zu bringen. Mit der für die heutige Zeit charakteristischen Ungeduld suchen diese Strebenden, die sich verschwommen an ihre frühere Fähigkeit erinnern, gewöhnlich nach Zauberformeln, geheimen Worten,wunderlichen Posen oder anderen Tricks, von denen sie sich erhoffen, daß sie ihnen innerhalb von Stunden oder Tagen zur Meisterschaft verhelfen werden. Wenn sie jemals Herrschaft über sich selbst und ihre Umwelt erlangt hätten, hätte ihnen dieses Wissen und diese Fähigkeit für immer gehört, bereit, auf Verlangen tätig zu werden. Aber nur sehr wenige, nicht mehr als Tausend aus den Milliarden dieser Welt, haben diesen hohen Rang erlangt. Wir übrigen haben immer noch sehr viel Arbeit vor uns.

Übungen für den Gebrauch Ihrer psychischen Energie

Es gibt keine Abkürzungswege. Lassen Sie sich nicht von Behauptungen oder Werbungen täuschen, die Ihnen eine sofortige Entwicklung, schnellen göttlichen Beistand und eine magische Lösung Ihrer Probleme anbieten. So etwas gibt es nicht. Aber wenn Sie an Ihrer Entwicklung arbeiten, wirklich daran arbeiten, dann können Sie Ihr physisches Rüstzeug so verändern, daß Sie in ungefähr einem Jahr in der Lage sind, Dinge zu tun, die Ihnen heute unmöglich scheinen. Diese neuen Kräfte werden sich auf ganz natürliche Weise einstellen, wenn sich Ihre psychischen Zentren öffnen und ihre Bewegung beschleunigen. Die nachfolgenden Übungen und Erläuterungen sollen Ihnen dabei helfen, das zuwege zu bringen.

Das Grundgesetz dieses Kosmos lautet, daß Energie dem Denken folgt. Automatisch und ohne Willensakt Ihrerseits strömt Energie von Ihnen dorthin, wohin Sie Ihre Aufmerksamkeit lenken. Gewöhnlich denken wir an materielle Dinge, an die Welt um uns herum, an andere Menschen, an uns selbst, und wenn unsere Aufmerksamkeit so ausgerichtet ist, strömt die Energie von uns fort, und wir bleiben schließlich erschöpft zurück. Deshalb brauchen wir den Schlaf. Das Ausströmen der Energie muß zeitweilig unterbrochen oder verringert werden, und wir müssen jeden Tag einige Stunden damit verbringen, das zu ersetzen, was wir ausgestreut haben.

Wir erfahren einen Energieverlust, wenn wir unsere Aufmerksamkeit Menschen, Objekten oder Situationen zuwenden, deren Schwingungsfrequenz unserer eigenen entspricht oder niedriger ist. Das Gesetz der Energieverringerung wirkt. Wenden wir unsere Aufmerksamkeit jedoch Wesenheiten mit einer höheren Schwingungsfrequenz zu, erhalten wir Energie. Unsere Denkrichtung, unsere gelenkte Aufmerksamkeit schafft eine Verbindung, einen Kanal, durch den die Ausstrahlungen der höheren Energie zu uns strömen. Es ist deshalb gut, wenn Sie Ihre Aufmerksamkeit der Sonne, den Sternen oder bestimmten Planeten mit einer hohen Schwingungsfrequenz wie Venus oder Jupiter zuwenden, aber nicht dem Mond, Mars oder Saturn, weil sie Energien von einer niedrigeren Frequenz als die der irdischen ausstrahlen. Dies sind sinnlich wahrnehmbare Wesenheiten, aber wir können unsere Aufmerksamkeit auch Erhabenen Wesen zuwenden, die sich nicht in gewöhnlicher Weise in einer physichen Gestalt manifestieren, und von ihnen eine entsprechende Rückleitung hochgradiger Energie erhalten, die uns in jeder Weise – physisch, geistig und spirituell – stimulieren und verjüngen wird.

Wir können dieses Gesetz, daß Energie dem Denken folgt, dazu benutzen, uns selbst zu vervollkommnen. Wir können unsere physische und psychische Energie steigern, aber, mehr als das, können wir auch bestimmte Teile unseres Körpers und bestimmte psychische Zentren so mit Energie beleben, daß sie stärker und leistungsfähiger werden. Ich werde Ihnen jetzt erklären, wie Sie das tun können, und es ist meine aufrichtige Hoffnung, daß Sie, solange Sie leben, diese Vorschläge im Gedächtnis bewahren und diese Übungen praktizieren werden.

Das Herz-Zentrum

Hier ist die erste Übung. Sie soll Ihr Herz-Zentrum stimulieren und zu Tätigkeit anregen. Sie verwendet eine bildliche Vorstellung, die Ihnen hilft, Ihre Aufmerksamkeit auf das psychische Zentrum in Ihrem Herzen zu konzentrieren.

1. Sitzen Sie aufrecht in einem Sessel mit gerader Rückenlehne in einem halbdunklen Raum. Schließen Sie so gut wie möglich alle Geräusche aus, und versuchen Sie, mögliche Störungen zu verhindern.
2. Schließen Sie die Augen, und wenden Sie Ihre Aufmerksamkeit nach innen auf Ihr Herz.
3. Dringen Sie jetzt in Ihrer Vorstellung in Ihr Herz ein. Zu Ihrer Überraschung stehen Sie jetzt auf einer Ebene vor einem Hügel, und oben auf dem Hügel ist ein Tempel. Halten Sie diese bildliche Vorstellung fest, denn dies ist der Tempel des Herzens.
4. Besteigen Sie jetzt den Hügel, gehen Sie die Treppen zum Tempel hinauf, und treten Sie durch das Haupttor ein. Beachten Sie die äußere Erscheinung des Tempels. Ist er gut erhalten, gepflegt und sauber? Oder ist er mit einer Staubschicht bedeckt?
5. Betreten Sie das schwach beleuchtete Innere, und nähern Sie sich dem Allerheiligsten in der Mitte. Beim Nähertreten bemerken Sie darin ein flackerndes Licht. Die Flamme wird immer heller, während Sie sich nähern, und Sie können erkennen, wie sie in einer runden Vertiefung im Zentrum des Raumes rhythmisch anschwillt und abnimmt.

5\. Blicken Sie auf diese Flamme. Senden Sie ihr Ihre Energien. Sehen Sie, wie sie reagiert und strahlend und stark wird, während sie hinaufzüngelt, um die zwölf Meter hohe Decke zu berühren. Sie nähren die Flamme Ihres Herzens. Sie regen sie an, zu wachsen. Atmen Sie tief ein, und erkennen Sie in den Tiefen Ihres Seins, daß Ihr Herz-Zentrum zum Leben erwacht.

7. Öffnen Sie die Augen, und bleiben Sie fünf Minuten in stiller Meditation sitzen, bevor Sie sich erheben und die Übung beenden.

Dies ist keine Hatha-Yoga-Übung. Es sollte dabei keinerlei Atemkompression im Bereich des Solarplexus oder des Herzens geben. Während der gesamten Übung sollten Sie normal aber tief atmen. Die Wirkungen werden durch die bildliche Vorstellung erzielt, die Ihre Aufmerksamkeit in kontinuierlicher Weise auf das Herz-Zentrum lenkt und ihm so Energie zuführt. Die zusätzliche Stimulierung hilft diesem wichtigen Zentrum, sich auszudehnen und stark zu werden. Führen Sie diese Übung einmal wöchentlich, aber zu Beginn nie mehr als zweimal wöchentlich durch.

Diese einfache bildliche Vorstellung ist ganz an den Anfang dieser Übungen gesetzt, weil das Herz-Zentrum das wichtigste Zentrum ist. Im weiteren Verlauf dieses Kapitels werden die dargebotenen Methoden fortschreitend komplizierter werden. Die anfängliche einfache bildliche Vorstellung wird im weiteren Fortgang zu einer Farbvisualisierung werden, dann zur Vorstellung ineinander übergreifender Farben, dann von Klang, von Klang und Farbe usw. Der Zweck ist, Ihnen Mittel an die Hand zu geben, um Ihre psychischen Zentren zu öffnen und Sie auf diese Weise zu befähigen, Ihrem Sein höhere Energien zuzuführen und unter Ihre Kontrolle zu bringen. Die Schulung muß stufenweise vor sich gehen. Niemand sollte versuchen zu laufen, bevor er nicht gelernt hat zu gehen. Es wäre genauso töricht und genauso fruchtlos, wenn Sie versuchen würden, die vorbereitenden Maßnahmen zu umgehen und direkt zu den differenziertesten Übungen fortzuschreiten. Es würde nichts geschehen. Ihr physischer Apparat kann die erforderlichen Funktionen nicht ausüben, bevor er nicht geschult und entwickelt worden ist. Aber wenn Sie sich an die empfohlene Reihenfolge halten und auf jeder Stufe lange genug verweilen, dann kann ich Ihnen die erstaunlichsten und zufriedenstellendsten Ergebnisse versprechen.

Lassen Sie mich wiederholen, daß das Herz-Zentrum das wichtigste

Ihrer psychischen Zentren ist. Aus diesem Grund ist es klug, ihm die größte Aufmerksamkeit zu schenken und zuerst nach seiner Entwicklung zu streben. Es ist eines der beiden Zentren, die direkt mit dem Höheren Selbst verbunden sind und durch die die Seelenenergie und die anderen höheren Energien in Ihr Sein eindringen. Der andere Zugangsweg ist das Kopf-Zentrum, das fast genau im Zentrum Ihres Kopfes, in der Nähe der Zirbeldrüse liegt. Das Herz-Zentrum ist auf der linken Seite dicht an der Wirbelsäule in der Nähe Ihres physischen Herzen. Das Herz-Zentrum liegt so nahe am physischen Herzen und das Kopf-Zentrum so nahe an der Zirbeldrüse, daß Sie in einer für alle praktischen Zwecke ausreichenden Weise Ihre Energien auf die entsprechenden psychischen Zentren konzentrieren werden, wenn Sie Ihre Aufmerksamkeit auf diese physischen Organe richten.

Die sieben psychischen Hauptzentren

Sie besitzen sieben psychische Hauptzentren, drei heilige oder höhere psychische Zentren, drei profane oder niedere psychische Zentren und dazwischen den Solarplexus. Wir werden den niederen psychischen Zentren, die sich im Magen, in den Geschlechtsorganen und am unteren Teil der Wirbelsäule befinden, nicht viel Beachtung schenken. In der Tat werden wir sie ganz bewußt meiden. Sie haben in den langen Jahren der menschlichen Entwicklung bereits mehr Beachtung erfahren, als ihnen zusteht, und sie erhalten immer noch zuviel. Die meisten Probleme, denen wir heute gegenüberstehen, entspringen der übermäßigen Aktivität dieser niederen Zentren, welche die am besten entwickelten und mächtigsten Energieumwandler sind, die wir besitzen. Sie ergreifen gierig alle ihnen erreichbare Energie, bei nur allzu vielen Menschen bis zu 90 Prozent. Um ein besseres Gleichgewicht zu erlangen, müssen wir also daran arbeiten, unsere höheren Zentren zu einem vergleichbaren Gipfel der Leistungsfähigkeit zu führen. Wenn wir das schaffen, werden wir wahre Übermenschen sein.

Die hier angebotene Schulung zielt also auf die Stärkung unserer heiligen Zentren ab, des Kopf-, Herz- und auch des Hals-Zentrums, das sich hinter dem Kehlkopf befindet. Wenn diese drei richtig funktionieren, werden sie zu einem Energie-Dreieck, das bei Zusammenschaltung nahezu unwiderstehlich ist. In dem Maß, wie sich jedes dieser Zentren entwickelt, wird es in der Sammlung und Umwandlung immer hochgradiger Energien leistungsfähiger und erweitert auch seinen Einflußbereich. Mit der Zeit wird es mit den beiden anderen Zentren Kontakt aufnehmen, und wenn sie sich bis zu dem erforderlichen Grad weiterentwickelt haben, wird eine Verbindung hergestellt. Dieses Dreieck miteinander verflochtener und wechselseitig aufeinander einwirkender hochgradiger Energie wird es Ihnen ermöglichen, scheinbare Wunder zu vollbringen, und in späterer Zeit wird es für Sie zu einem Medium werden, in dem Sie losgelöst von Ihrem physischen Körper leben können.

Übungen zur Entwicklung Ihrer psychischen Zentren

Die Übungen zur Entwicklung Ihrer psychischen Zentren bestehen aus drei Gruppen, bei denen Klang, Farben und mentale Energie verwendet werden. In jeder Gruppe gibt es viele Verfahren, die alle in unterschiedlichem Maß von bildicher Vorstellung abhängen. Ich werde Ihnen aus jeder Gruppe zwei oder drei Beispiele geben, und schlage vor, daß Sie sie alle versuchen, sowie auch andere, die Sie sich selbst ausdenken. Wählen Sie dann die Übungen aus, die Sie am meisten ansprechen, und fahren Sie mit ihnen fort, bis Sie die angestrebten Ergebnisse erreicht haben.

Klang. Die Verwendung von Klang hat bei der psychischen Entwicklung immer eine wichtige Rolle gespielt. Der Klangcharakter, die Intensität und die Qualität bestimmter Laute übt ganz bestimmte Wirkungen auf die Menschen aus. Donner erschreckt, Musik beruhigt und Worte überreden. Vor langer Zeit hat man entdeckt, daß bestimmte Verbindungen von Vokalen und Konsonanten nicht nur den physischen sondern auch den psychischen Körper beeinflussen. Die Mönche in den Klöstern von Nordindien, Tibet und China singen eine dieser Lautgruppen immer und immer wieder. „Om mane padme humm", hört man dort zu fast jeder Stunde männliche Stimmen in einem monotonen Rhythmus singen. Das nennt man ein Mantra, und es ist ein sehr mächtiges. Unglücklicherweise, oder vielleicht auch glücklicherweise, besitzen die meisten der Mönche, die daran teilnehmen, nicht die geistige Entwicklung und das Verständnis, die erforderlich sind, um die Energie, die sie auf sich herabzwingen, zu nutzen. Sie sind gutwillige Ordensleute, nicht mehr. Aber hier und da gibt es einige wenige, die die Macht der Laute verstehen und nutzen, wie ich es Ihnen erklären werde.

Im wörtlichen Sinn ist jeder geäußerte Laut, der eine menschliche Reaktion hervorrufen soll, ein Mantra. Das gesprochene Wort ist immer überzeugender als dasselbe geschriebene Wort. Die Geschichte der Sprache ist lang und kompliziert, viel zu kompliziert, um hier ins Detail gehen zu können. Ich muß also eine ganze Menge vorbereitender Erläuterungen übergehen und Ihnen erklären, daß das Wort „Mantra" heute dazu verwendet wird, einen Laut oder eine Lautgruppe zu bezeichnen, der oder die bestimmte physische oder psychische Bereiche des menschlichen Körpers stimulieren soll.

Seit undenklichen Zeiten sind Laute mit Vorstellungen verknüpft worden, und gewöhnlich setzen sich dieselben Laute von einer Sprache zur anderen fort. Der Laut „ah", meist „a" geschrieben, ist ein fast universeller Laut für Energie. Der Laut „rr", aber „r" geschrieben, hat gewöhnlich einen maskulinen Beiklang, der Herrschaft, Führerschaft usw. bedeutet. Wir finden in vielen verschiedenen Sprachen Entsprechungen für Vater, Father, Pater, Pere, Padre ebenso wie Kaiser, Caesar, Ruler, Rex, Royal, Roi usw. Die feminine, mütterliche, nährende Idee wird in den meisten Sprachen gewöhnlich durch den „mm"Laut, „m" geschrieben, dargestellt. Hier finden wir Mutter, Mother, Madre, Mamman, Mater usw. Wenn diese Grundlaute in bestimmten Verbindungen geäußert werden, wirkt das Vermächtnis von Jahrtausenden auf die emotionale Natur des Zuhörers ein. Das läßt sich leicht beobachten. Nicht so offensichtlich, aber genauso wirkungsvoll ist der Einfluß auf die psychischen Zentren. Bestimmte Laute haben auf einige Zentren eine tiefere Wirkung als auf andere, und Experimente im Lauf von Jahrhunderte haben das ans Licht gebracht.

Der Laut „ra" („rah" ausgesprochen), laut und voll neunmal hintereinander angestimmt, wird beispielsweise einen merklichen Zuwachs an physischer Energie hervorbringen. Dies ist wie ein liturgischer Gesang, und jedes Anstimmen sollte auf derselben Note erfolgen, ein Ton, der für Ihre Stimme bequem und angenehm ist wie beispielsweise das A über dem mittleren C. Der Laut „ma", neunmal hintereinander auf demselben Ton in derselben Weise angestimmt, wird ein warmes, angenehmes physisches Gefühl erzeugen, ein Gefühl, umhegt und umsorgt zu werden.

Diese Laute haben eine Wirkung auf den psychischen Körper in ähnlicher Weise, wie sie den physischen Körper beeinflussen. Man kann sie auch zusammen in der Lautverbindung „ra-ma" verwenden, was die psychischen Zentren tiefer und gründlicher anregt.

Der Laut „ra-ma" berührt alle heiligen psychischen Zentren, hat jedoch seine größte Wirkung auf die Hirnanhangdrüse und den entsprechenden Teil des Kopf-Zentrums. Darüber werden wir später noch sprechen, wenn wir das Kopf-Zentrum untersuchen.

Ein weiteres sehr mächtiges Mantra ist die Kombination A-U-M. Es ist gewöhnlich „aum", wie ein Laut, angestimmt, und in der Regel wählt man dazu vorzugsweise das D über dem mittleren C. Wie die Kombination „ra-ma" hat es eine wohltuende Wirkung auf den physischen Körper und auf alle höheren psychischen Zentren. Es hat jedoch einen besonders mächtigen Einfluß auf die Zirbeldrüse und den Teil des Kopf-Zentrums, für den sie den Zugang bildet. Das Kopf-Zentrum besteht aus zwei Hälften, und wir werden uns mit diesem besonderen Phänomen an späterer Stelle in diesem Kapitel eingehender beschäftigen. Die Rosenkreuzer verwenden noch weitere andere Mantras, die wir hier aus Platzmangel leider nicht alle berücksichtigen können. Wir werden jedoch all die Laute und Lautverbindungen beschreiben, die sich als besonders wirkungsvoll zur Stimulierung der psychischen Zentren erwiesen haben. Bedeutsam darunter sind, „tho", „ehm", „meh", und „err".

„Tho" wird „thou" ausgesprochen, mit dem englischen „th"Laut. Besondere Betonung liegt dabei auf dem „th"Reibelaut, der über die Hälfte der Gesamtdauer des ganzen Mantra ausgehalten wird. Ge-

wöhnlich wird es drei- oder siebenmal hintereinander wiederholt und wirkt auf das Hals-Zentrum und die zugehörige Schilddrüse.

„*Ehm*" wird „aim" ausgesprochen. Es wirkt besonders auf die Thymusdrüse und hat einen wohltuenden Einfluß auf das Herz-Zentrum.

„*Meh*" wird „meh" ausgesprochen. Der Laut wird gewöhnlich auf dem mittleren C angestimmt und das „h" am Ende betont aspiriert. Das hat eine beruhigende Wirkung auf das physische Nervensystem und einen anregenden Einfluß auf das Herz-Zentrum.

„*Err*" wird „örr" ausgesprochen, und der „rr"Laut wird am Ende ausgehalten. Dieses Mantra ist besonders hilfreich zur Bereinigung eines verstimmten oder verwirrten Geistes- oder Gefühlszustandes, und sollte zu diesem Zweck gebraucht werden. In physischer Hinsicht wird dieser Laut häufig die Wasseroberfläche in einem Glas Wasser zum Kräuseln bringen. In psychischer Hinsicht hat er die gleiche regulierende Wirkung und wird dem fortgeschrittenen Schüler helfen, die ihm zur Verfügung stehende psychische Energie zu beherrschen.

Es gibt noch viele andere Mantras, von denen manche aus einzelnen Worten, andere aus Wortkombinationen bestehen. Jedes davon ist für einen bestimmten Zweck gedacht, doch haben alle auch eine wohltuende Gesamtwirkung.

Es ist am sichersten und am besten, zuerst das Herz-Zentrum zu entwickeln. Dies können Sie tun, indem Sie Ihre Aufmerksamkeit Ihrem Herzen zuwenden, indem Sie sich vorstellen, wie Energie in das Herz strömt und es umgibt, in dem Sie sehen, wie diese Energie als eine strahlende rosa Wolke (eine bildliche Vorstellung) vibriert, und indem Sie verschiedene Mantras anstimmen, die das Herz-Zentrum stimulieren. Ich habe Ihnen bereits eine Übung gegeben, die dazu gedacht ist, die Aufmerksamkeit auf das Herz zu konzentrieren. Praktizieren Sie diese Übung ein oder zweimal in der Woche, vorzugsweise am Morgen nach dem Aufstehen. An den anderen Tagen der Woche sollten Sie eine oder mehrere der folgenden Übungen durchführen.

Mantra. Sitzen Sie bequem, die Füße flach auf dem Boden, mit geradem Rücken und erhobenem Kopf.

Stimmen Sie leise, aber deutlich hörbar das folgende Mantra siebenmal hintereinander ohne Pause an. Verändern Sie den Ton nicht.

RA-MEH-RA-MA-RA-MEH.

Farbe plus Mantra. Sitzen Sie wie oben beschrieben. Stellen Sie sich bildlich eine rosa Wolke um Ihren Körper auf der Höhe Ihres Herzens vor. Sehen Sie diese Wolke im Rhythmus mit Ihrem Herzschlag pulsieren. Stimmen Sie leise an:

U-U-U-U-U-U-U-MM.

Das „U" wird „uh" ausgesprochen.

Machen Sie das dreimal. Das Anstimmen des Mantra sollte zusammen mit der bildlichen Vorstellung der rosa Wolke geschehen.

Energiestrom. Sitzen Sie wie oben. Stellen Sie sich bildlich eine weiße Wolke pulsierender Energie über Ihrem Kopf vor. Die Wolke sollte sehr weiß wie das Licht der Sonne auf frisch gefallenem Schnee sein. Seien Sie sich bewußt, daß diese Wolke aus lebendiger ursprünglicher Energie der höchsten Art besteht. Bringen Sie dann durch einen Willensakt die Wolke hinunter in Ihr Herz, so daß sie links von der Wirbelsäule zwischen den Schulterblättern in den Körper eindringt.

Diese Übungen werden Ihrem Herz-Zentrum einen großen Energiestimulus bringen, und wenn Sie in der Zwischenzeit nichts tun, um diese Energie zu vergeuden, auszusperren oder zu erniedrigen, werden sie nach ungefähr zwei Monaten feststellen, daß gewisse Veränderungen in Ihnen geschehen. Machen Sie nicht den Fehler, diese kostbare Herzenergie für unwürdige Projekte wie Liebesaffären oder die fanatische Verfolgung irgendeines Ziels zu vergeuden, und sperren Sie sie nicht aus, indem Sie sich in Eitelkeit oder irgendeiner Form von Ungestüm ergehen. Wenn Sie zulassen, daß Ihnen diese Energie hilft, wie Sie kann und will, dann werden Sie feststellen, daß Sie andere besser verstehen können. Sie werden ihre Stimmungen erfassen und manchmal ihre Gedanken lesen. Dadurch werden Sie verständnisvoller, toleranter und mitfühlender werden, wesentliche Vorbedingungen, bevor Sie es wagen können, Ihre anderen heiligen Zentren zu entwickeln. Wenn Ihnen klar wird, daß die Personen, mit denen Sie gerade zusammen sind, traurig oder aufgeregt oder deprimiert oder froh sind, und wenn Sie im voraus wissen, was sie Ihnen sagen wollen, dann ist dies ein Hinweis darauf, daß Ihr Herz-Zentrum aktiv wird, und dann können Sie zu den Übungen für die anderen Zentren übergehen. Dies bezieht sich natürlich nicht auf jemanden, der Ihnen sehr nahe steht und zu dem Sie bereits eine Einstimmung aufgebaut haben, sondern auf Beziehungen oberflächlicher Art. Wenn Dinge, die Sie nicht selbst gesehen, sondern von denen Sie nur gelesen oder gehört haben, Sie tief berühren und Sie sich um das Wohl der beteiligten Personen sorgen, dann ist das ebenfalls ein Zeichen für die Entwicklung des Herz-Zentrums.

Das Kopf-Zentrum

Wie bereits erwähnt, besteht das Kopf-Zentrum des Durchschnittsmenschen aus zwei Hälften. Die eine Hälfte belebt das physische Gehirn und steht in enger Verbindung mit unserem gesamten physischen Rüstzeug. Sie ist die Bewußtseinsebene Ihres Seins für jede physische Empfindung, jede physische Tätigkeit und all Ihre gespeicherten Erinnerungen und Fertigkeiten. Die Hirnanhangdrüse ist in dieser Hälfte Ihres Kopf-Zentrums das physische Organ, das als Übertragungspunkt für Eindrücke und Vorstellungen fungiert. Wie Sie wissen, ist die Hirnanhangdrüse ein sehr kleines, formloses Organ von ungefähr eindrittel Zentimeter Durchmesser, das sich im Kopf ungefähr zweieinhalb Zentimeter hinter der Nasenwurzel zwischen den Augen befindet.

In der Nähe und hinter der Hirnanhangdrüse, fast genau im Zentrum Ihres Kopfes, befindet sich die Zirbeldrüse. Sie ist ebenfalls ein kleines Organ von fleischartiger Konsistenz, nicht viel größer als die Hirnanhangdrüse. Die Zirbeldrüse ist mit der Hirnanhangdrüse nicht verbunden, sondern durch ein anscheinend starkes, knorpelartiges Gewebe von ihr getrennt. Die Zirbeldrüse ist mit der höheren Hälfte Ihres Kopf-Zentrums gleichgerichtet und ist einer der beiden Punkte Ihres physischen Körpers, der mit der Seele in Verbindung steht und durch den die Seelenenergie in Ihren Körper eindringt. Der andere ist, wie Sie wissen, das Herz-Zentrum. Die Seele, Ihr höheres Selbst, weiß von allem, was Sie denken und tun und von allen

Eindrücken, die auf Sie einwirken. Da sich aber Ihre bewußte Wahrnehmung, wie bei jedem andern Menschen auch, auf das physische Gehirn konzentriert, und da das physische Gehirn und sein psychisches Gegenstück, die untere Hälfte des Kopf-Zentrums, von der höheren Hälfte getrennt sind, haben Sie nicht bewußt an den Energien und dem Wissen teil, die Ihre Seele, Ihr höheres Selbst, besitzt. Aber in dem Maß, wie sich die zwei Hälften des Kopf-Zentrums entwickeln, werden sie größer. Schließlich berühren sie sich, und es wird ein Kommunikationsweg zwischen ihnen eröffnet, obwohl die obere Hälfte mit einer höheren Frequenz schwingt als die niedrigere. Dieses Verbindungsglied heißt Antahkarana oder psychische Brücke. Zuerst ist es nur ein schmaler Pfad, der nur eine begrenzte Kommunikation ermöglicht. Dennoch wird es Ihrem Bewußtsein, das auf die niedere Hälfte ausgerichtet ist, Inspiration und einige intuitive Einfälle bringen. Wenn Sie in Ihren Bemühungen fortfahren und das Antahkarana vergrößert und gestärkt wird, werden Ihre intuitiven Kräfte wachsen und sich entsprechend Ihr Verständnis erweitern.

Ich möchte noch einmal ganz deutlich darauf hinweisen, daß dieser „Durchbruch" in der Trennung zwischen der höheren und der niederen Hälfte Ihres Kopf-Zentrums in keiner Weise ein Durchschneiden oder Punktieren von physischem Knochen oder Gewebe bedeutet. Der Kanal oder die Brücke, die auf diese Weise erzeugt wird, besteht ausschließlich im psychischen und nicht im physischen Bereich.

Wenn das Herz-Zentrum Anzeichen dafür zeigt, daß es aktiv wird, sollten Sie seine Schulung fortsetzen, aber jetzt einige oder alle der folgenden Übungen für das Kopf-Zentrum hinzufügen. Zur Stimulierung der Hirnanhangdrüse und Erweiterung der unteren Hälfte des Kopf-Zentrums wird folgendes empfohlen:

Mantra. Stimmen Sie siebenmal RA-MA an. Machen Sie eine Pause. Wiederholen Sie das Mantra siebenmal. Pause. Wiederholen Sie es neunmal. Dabei sollten Sie aufrecht sitzen. Sie sollten schnell und tief atmen. Das Anstimmen erfolgt zusammen mit der verlängerten Ausatmungsphase. Achten Sie darauf, eine Muskelanspannung in Ihrer aufrechten Wirbelsäule zu wahren, und halten Sie die Muskulatur des Oberkörpers während der ganzen Übung angespannt. Interessanterweise läßt dies die psychischen Zentren, insbesondere das in jeder Hinsicht bedeutsame Herz-Zentrum, aktiver werden.

Farbe plus Mantra. Stellen Sie sich bildlich ein leuchtendes, leicht grünlich eingefärbtes Gelb vor, wie Sonnenlicht, das durch die Blätter eines Baumes fällt, während Sie das folgende Mantra dreimal anstimmen:

RA-RA-RA, MA-MA-MA.

RA-A-A--MA-A-A.

Energiestrom. Stellen Sie sich bildlich dasselbe Sonnengelb vor, und während Sie dann die Farbe vorne zwischen den Augen zum Bereich der Hirnanhangdrüse leiten, stimmen Sie stumm dreimal folgendes Mantra an:

RA-A-A, MA-A-A.

Es ist wichtig, mit diesen Übungen für die Hirnanhangdrüse und die untere Hälfte des Kopf-Zentrums anzufangen, lange bevor man den Versuch unternimmt, das höhere Kopf-Zentrum zu entwickeln. Ebenso möchte ich hier noch einmal festhalten, daß man sich zunächst eingehend um das Herz-Zentrum bemühen sollte, bevor man die Aufmerksamkeit überhaupt einer der beiden Hälften des Kopf-Zentrums oder dem Hals-Zentrum zuwendet.

Der erste wahrnehmbare Effekt der Übungen für die Hirnanhangdrüse wird eine Steigerung Ihres Beobachtungsvermögens, eine Beschleunigung Ihres Denkprozesses und eine Verbesserung Ihres Gedächtnisses sein. Wenn Sie das bemerken, sollten Sie mit der folgenden Übung beginnen, welche die Zirbeldrüse stimulieren und das höhere Kopf-Zentrum zur Tätigkeit erwecken soll. In der Zwischenzeit setzen Sie die Übungen für das Herz-Zentrum und das untere Kopf-Zentrum fort, oder zumindest diejenigen dieser Übungen, die Ihnen am zufriedenstellendsten erscheinen und die besten Ergebnisse erbringen. Im Augenblick möchte ich nur eine Übung für den höheren Geist vorschlagen. Sie werden bemerken, daß sie eine Kombination aus allen bisher dargebotenen Techniken ist.

Übung. Sitzen Sie aufrecht, wie schon vorher beschrieben. Konzentrieren Sie Ihre Aufmerksamkeit auf die Zirbeldrüse, die sich im Zentrum Ihres Kopfes auf der Höhe der Ohren befindet. Sie liegt hinter und etwas unterhalb der Hirnanhangdrüse. Stellen Sie sich bildlich eine violette Farbe vor, die ins Rosa nuanciert, und sehen Sie, wie diese Energie die Zirbeldrüse wie eine Art Nebelschleier umhüllt. Stimmen Sie dann siebenmal das Mantra AUM an. Machen Sie eine Pause. Wiederholen Sie dann das Mantra siebenmal. Pause. Dann noch einmal siebenmal. Die erste und letzte Serie sollte hörbar, am besten mit voller Stimme angestimmt werden. Wenn die Lautstärke ein Problem darstellt, sollten Sie das Mantra leise, aber immer noch hörbar anstimmen. Die zweite Serie sollte stumm angestimmt werden. Wenn dieser stumme Gesang richtig angewendet wird, ist er zur Stimulierung des Zirbeldrüsenbereichs wirkungsvoller als das hörbare Anstimmen. Sie sollten es also üben. Das hörbare Anstimmen des AUM sollte in einem anhaltenden Summton enden. Lokalisieren Sie die Schwingungen dieses Tons in der Zirbeldrüse. Fühlen Sie, wie sie die Drüse massieren, bis sie mit einer ähnlichen Schwingungstätigkeit reagiert, beinahe als ob sie in derselben violett-rosa Farbe erglühen würde. Praktizieren Sie diese Serie, hörbar, stumm, hörbar, zweimal pro Tag, am besten früh morgens und kurz bevor Sie zu Bett gehen. Setzen Sie das einige Wochen fort, bevor Sie mit der nächsten Serie beginnen.

Das Hals-Zentrum

Bevor ich weiteres zur Entwicklung des Kopf-Zentrums bemerke – und dazu ist noch viel zu sagen – möchte ich, daß Sie etwas Zeit auf die Entwicklung Ihres Hals-Zentrums verwenden, und werde Ihnen jetzt eine Übung geben, die dazu bestimmt ist. Wie ich Ihnen bereits gesagt habe, befindet sich das Hals-Zentrum direkt vor der Wirbelsäule unmittelbar hinter dem Kehlkopf und ist der Schilddrüse zugeordnet. Wenn Sie also an der Entwicklung dieses Zentrums arbeiten, sollten Sie Ihre Aufmerksamkeit auf die Schilddrüse richten.

Übung.

Sitzen Sie in der gewohnten aufrechten Stellung, lenken Sie Ihre Aufmerksamkeit auf die Schilddrüse, und stellen Sie sich bildlich vor, wie sie von einem leuchtend orangefarbenen Licht umgeben ist.

Gleichzeitig stimmen Sie mit voller Stimme das folgende Mantra an:

THO-THO-RAMA-THO.

Stimmen Sie „THO“ (mit dem englischen „th“) auf dem Fis über dem mittleren C und „Rama“ auf dem A über dem mittleren C an. Diesen kurzen Gesang sollten Sie fünfmal wiederholen. Praktizieren Sie das einmal am Tag, und beginnen Sie damit ungefähr zwei Wochen, nachdem Sie mit den Übungen zur Stimulierung der Zirbeldrüse angefangen haben. Von da an sollten Sie beide Übungen zusammen nacheinander durchführen. Die Reihenfolge ist unwichtig, aber sehr wichtig ist das Maß an Denken und konzentrierter Aufmerksamkeit, das Sie in diese einfachen Verfahren einbringen. Davon wird Ihr Fortschritt abhängen.

Sie arbeiten jetzt auf eine höhere psychische Entwicklung hin. Sie werden sich zuerst allmählich, dann aber immer schneller verändern. Sie werden die Gedanken anderer wahrnehmen. Zuerst werden Sie sie für Ihre eigenen halten und nicht erkennen, daß Sie ein Signal von außerhalb aufgreifen. Mit der Wiederholung dieser Erfahrung werden Sie allmählich fähig werden, festzustellen, welche davon in Ihnen selbst entspringen und welche aus dem Geist eines anderen kommen. Dann wird vielleicht ein Tag kommen, an dem Sie hören werden, wie eine Stimme Sie beim Namen ruft und vernehmbar zu Ihnen spricht, während Sie ganz allein sind. Das bedeutet, daß Ihr Fortschritt bemerkt worden ist und daß Sie einen Grad des Fortschritts erreicht haben, an dem Sie für die höhere geistliche Schulung befähigt sind, die auf telepathischem Wege vermittelt wird, die Schulung zur Einführung in die priesterliche Hierarchie.

Vom psychologischen Standpunkt aus bedeutet dies, daß Ihre drei höheren Zentren zu arbeiten beginnen und sich zwischen ihnen eine Einstimmung entwickelt. Es bedeutet auch, daß die zwei Hälften Ihres Kopf-Zentrums zu einer Einheit zusammenwachsen. Jetzt ist es möglich, die Einstimmung zwischen Herz-, Kopf- und Hals-Zentrum zu beschleunigen, und Sie werden dafür die folgenden Übungen als sehr hilfreich empfinden.

Übung

Erster Teil. Sitzen Sie wie gewöhnlich mit erhobenem Kopf und geradem Rücken. Richten Sie Ihre Aufmerksamkeit auf Ihr Herz-Zentrum, und sehen Sie es dabei ganz in eine rosa Wolke eingehüllt.

Atmen Sie ein, wobei Sie bis sieben zählen. Halten Sie den Atem an, wobei Sie bis zehn zählen, und wenden Sie dabei gleichzeitig Ihre Aufmerksamkeit Ihrem Kopf-Zentrum zu. Nehmen Sie die rosa Wolke mit, und sehen Sie, wie sie das höhere Kopf-Zentrum in sich einschließt.

Atmen Sie dann aus, wobei Sie bis sieben zählen, und richten Sie in dieser Zeit Ihre Aufmerksamkeit auf den oberen Teil Ihres Kopfes.

Halten Sie schließlich den Atem an, wobei Sie bis zehn zählen, und sehen Sie gleichzeitig, wie sich die rosa Wolke ausdehnt und Ihren ganzen Körper umhüllt.

Zweiter Teil. Als nächstes richten Sie Ihre Aufmerksamkeit auf Ihr Hals-Zentrum und sehen es ganz in ein blaues Licht eingehüllt, wie das Blau des Himmels an einem klaren Tag. Atmen Sie ein, und zählen Sie dabei bis sieben.

Wenden Sie Ihre Aufmerksamkeit dann Ihrem höheren Kopf-Zentrum zu, und sehen Sie es von der blauen Wolke umhüllt, während Sie bis zehn zählen.

Halten Sie die Wolke, wo sie ist, während Sie bis sieben zählen und dabei ausatmen.

Halten Sie dann den Atem an, und zählen Sie bis zehn, während sich die blaue Wolke ausdehnt und Ihren ganzen Körper einhüllt.

Dritter Teil. Richten Sie Ihre Aufmerksamkeit jetzt auf Ihr niederes Kopf-Zentrum, und sehen Sie die Hirnanhangdrüse von einem strahlend weißen Licht umgeben, während Sie einatmen und dabei bis sieben zählen.

Halten Sie den Atem an, wobei Sie bis zehn zählen, und sehen Sie, wie die weiße Wolke sowohl den Bereich der Hirnanhangdrüse wie den der Zirbeldrüse umschließt, während Sie diese beiden Drüsen vor Ihrem geistigen Auge auf eine Linie bringen.

Atmen Sie dann aus und zählen Sie dabei bis sieben, aber halten Sie

Ihr jetzt vollständiges Kopf-Zentrum im Zentrum des strahlend weißen Lichts.

Schließlich halten Sie den Atem an, wobei Sie bis zehn zählen, und sehen Sie gleichzeitig, wie sich das weiße Licht ausbreitet, bis es Ihren ganzen Körper umhüllt und sich überall um Sie herum auf eine Entfernung von einem halben oder ganzen Meter ausdehnt.

Dies ist eine höchst mächtige Übung, die, wie Sie bemerkt haben werden, dazu gedacht ist, alle drei heiligen Zentren zu stimulieren und eine Einstimmung unter ihnen zu erzeugen. Damit sie wirkungsvoll ist, müssen Sie ganz allmählich auf sie hinarbeiten. Machen Sie nicht den Fehler, sie zu versuchen, bevor Sie die einzelnen Zentren wenigstens teilweise entwickelt haben. Es wird Ihnen nicht schaden, wenn Sie es tun, aber es wird Ihnen auch nicht nutzen.

Sie werden jetzt eine Veränderung in sich feststellen, eine gewaltige Veränderung. Jeder neue Gedanke wird Sie wie ein Pfeil durchbohren. Sie werden neue innere Schwingungen wahrnehmen, beinahe als ob eine Flamme in Ihnen entbrannt wäre. Von Zeit zu Zeit werden Sie, wenn Sie allein sind, die Stimme eines Lehrmeisters vernehmen, und wenn Sie dann immer höhere Energien in sich aufbauen, werden Sie Augenblicke der Kosmischen Bewußtheit erfahren, jenes Zustandes, in dem Sie fähig sind, mit allem Wissen Verbindung aufzunehmen. So werden Sie in sich die Fähigkeit entwicklen, mit den wunderbaren, gefährlichen, feinsten Energien Kontakt aufzunehmen, jenen Energien, die das Leben umwandeln und die Vorstellung vom Tod widerlegen. Sie werden immer weniger Schlaf brauchen, doch Ihre Energie wird sich in keiner Weise vermindern – im Gegenteil, sie wird grenzenlos erscheinen. Sie werden leichter atmen, selbst in großen Höhen wird Ihr Atem tiefer und freier sein, und der Weg zur Astralwelt wird sich vor Ihnen öffnen, wenn Sie es wollen.

Ihr Wissen wird jetzt rasch zunehmen, aber Sie werden das als unwichtig ansehen. Man wird Sie rühmen und versuchen, Sie mit Auszeichnungen zu überhäufen, aber sie werden Ihnen wenig bedeuten, und Sie werden sie gnädig entgegennehmen, nur weil Sie es nicht riskieren wollen, die Gefühle der anderen zu verletzen. Die normalen organisierten Religionen werden für Sie immer weniger interessant werden, und ihre Streitigkeiten untereinander werden Ihnen wie kindische Zänkereien erscheinen. Ihre weltliche Abstammung, gleichgültig ob vom höchsten oder niedersten Rang, wird für Sie nicht länger wichtig sein, weil Sie sich jetzt der Brüderlichkeit aller Menschen voll bewußt sein werden. Sie werden zu keinerlei scharfen und unfreundlichen Worten mehr fähig sein, Sie werden Ihre Arbeiten, wenn es die Umstände erfordern, freudigen Herzens viele Male wiederholen und keinen Groll gegen jene hegen, die sie Ihnen erschweren. Ihr Herz und Geist wird von einem Streben nach immer klarerer Einsicht, nach immer umfassenderer Erkenntnis erfüllt sein, und obwohl Sie große Macht erlangen, werden Sie in gleichem Maß immer demütiger werden. Sie werden sich wahrhaft verändert haben!

Das in diesem Kapitel angebotene Schulungsprogramm ist einzig für die Entwicklung Ihrer höheren Zentren gedacht, aber Sie müssen sich darüber im klaren sein, daß die Energie, die Sie aufnehmen, dazu neigt, dem Gesetz der Energieabnahme zu folgen und in Ihr Solarplexus-Zentrum und Ihre niederenZentren zu sickern, wenn Sie es zulassen. Das liegt ganz bei Ihnen und daran, worauf Sie Ihre Aufmerksamkeit richten. Da Sie ein Mensch sind, ist es unvermeidlich, daß Ihre Interessen, Wünsche und Gewohnheiten ein gewisses Maß Ihrer Zeit und Aufmerksamkeit beanspruchen. Alle diese Gedanken, Gefühle und Handlungen erfordern Energie, und es steht außer Frage, daß ein gewisser Prozentsatz der neuen Energie auf diese Weise verwendet wird und ihre Schwingungsfrequenz dabei vermindert. Bis Sie eine höhere Entwicklungsstufe erreicht und Ihre Fortschritte unter Kontrolle haben, werden Sie das nicht verhindern können. Oft werden Sie das nicht einmal wollen, sondern auf die zusätzliche Stimulierung, die Ihre physische Natur erhält, stolz sein und sie genießen.

Das wird natürlich die Dauer Ihrer Entwicklung verlängern und ihr Erreichen schwieriger machen. Viele faszinierende Seitenwege werden sich vor Ihnen auftun und Sie in Versuchung führen. Die niederen Triebe werden zum Beispiel immer mehr Aufmerksamkeit fordern. Sex, Essen, Trinken, Muße und Luxus werden für Sie immer reizvoller werden und Ihre Selbstbeherrschung stärker fordern. Sie werden jetzt denken, daß dies deutlich erkennbare Fallen sind, denen man leicht ausweichen kann, aber wenn die Zeit gekommen ist, daß Sie sich ihnen entgegenstellen müssen, dann werden Sie erstaunt und oftmals verwirrt sein, in welch seltsamer und subtiler Gestalt sie sich Ihnen nähern. Da dies alles jedoch von Hunderten von Mystikern ausführlich dokumentiert worden ist, sollte es Ihnen nicht allzu schwer werden, den richtigen schmalen Pfad durch diese Versuchungen hindurch aufzuspüren und zu verfolgen.

Sobald diese Stufe erreicht und überwunden ist, glauben viele Schüler, daß sie sich nun weit auf dem Weg zur höheren Entwicklung befinden und es nur noch eine Frage von Tagen oder Wochen ist, bevor sie in den Ashram eines Meisters aufgenommen werden. Aber wenn die Erlangung von Selbstbeherrschung schwer ist, dann trifft das in noch größerem Maße auf die nächste Prüfung zu, das Erlernen von Einsicht. Denn an diesem Punkt beginnen sich Ihre psychischen Zentren zu öffnen, und in der Regel öffnet sich als allererstes Tor das Solarplexus-Zentrum. Dieser Weg führt nur zu Blendwerk und Illusion, und wenn Sie ihm folgen, werden Sie hoffnungslos in die Irre gehen. Das Öffnen des Solarplexus-Zentrums erweckt die niederen psychischen Anlagen, und das bedeutet, daß Sie allmählich alle möglichen Wesen, Erscheinungen, Klänge und Gerüche wahrnehmen, die nur auf der Astralebene existieren. Hier sind die Astralleiber von kürzlich Verstorbenen und auch von einigen, die schon lange Zeit tot sind. Hier sind die Wesenheiten, die nie eine irdische Existenz besessen haben, sondern die Geschöpfe menschlicher Gefühle und Gedanken sind. Hier findet man in verschiedenen Größen und Gestalten tierähnliche Wesenheiten, von denen manche den Tieren unserer physischen Welt ähnlich sind, manche aber nichts gleichen, was Sie jemals zu Gesicht bekommen haben. Dies ist zu einem großen Teil der Bereich, mit dem die Geisterseher, Wahrsager, Medien und die gewöhnlichen spiritistischen Seancen Kontakt aufnehmen, eine Welt, deren Bewohner in keiner Weise verläßlicher oder weiser sind als der Durchschnittsmensch auf der Straße, und häufig sogar viel fehlbarer.

In dem Maß, wie Ihr Solarplexus-Zentrum aktiv wird, werden Sie Stimmen hören und Gestalten sehen, die von den physischen Sinnen nicht wahrgenommen werden können. Meist werden sie in den

Umrissen verschwommen und in der Sprache undeutlich sein. Das sind die verräterischen Merkmale der Astralwelt, die unvollendeten Sätze, die Versuche zu erschrecken, die Bemühungen, eine emotionale Reaktion zu erwecken, und Wesen mit einer ganz gewöhnlichen Erscheinung, ohne Schönheit, ohne Ausstrahlung. Und doch lassen sich viele auf dem Weg zur Entwicklung von dem, was sie da sehen und was man ihnen in dieser Umgebung erzählt, beeindrucken. Lassen Sie sich nicht auf diese Weise bestricken. Hellsehen und Hellhören sind natürliche Nebeneffekte einer höheren psychischen Entwicklung. Wenn man sie eigens als Ziele anstrebt, noch bevor diese Entwicklung erreicht ist, kann man sie erlangen, aber dann sind sie nicht verläßlich. Das Trügerische erscheint wirklich, und das Verlangen, immer mehr zu sehen und zu hören, führt zur Akzeptierung noch größerer Täuschungen. Dann wird die Einsicht beiseitegeschoben und Befriedigung darin gesucht, vor den staunenden und leichtgläubigen Mitmenschen zweifelhafte Wahrnehmungen aufmaschieren zu lassen.

An diesem Punkt müssen Sie wiederum Selbstdisziplin zur Anwendung bringen. Wenn Sie es zulassen, werden Stolz und Eitelkeit Sie zu großem Irrtum führen. Aber man kann sie durch das scharfe Messer der Urteilskraft ausmerzen. Bewahren Sie Ihr Gleichgewicht und Ihre Fähigkeit, zwischen dem Wahren und dem Falschen, dem Wirklichen und dem Unwirklichen zu unterscheiden. Die glockenartigen Klänge Ihres Lehrmeisters in Ihrem inneren Ohr werden, sobald Sie sie einmal vernommen haben, stets abseits und oberhalb der verschwommenen Berichte Ihrer niederen psychischen Fähigkeiten stehen.

Die beste Antwort besteht darin, fleißig an der Entwicklung des Herz- und Kopf-Zentrums zu arbeiten. Wenn diese sich öffnen, wird Ihre visionäre Kraft klar werden, und Sie werden die Astralillusionen als das erkennen, was sie wirklich sind. Andere Dimensionen werden sich Ihnen eröffnen und Sie befähigen, sich mühelos von dem lähmenden Selbstinteresse fort und der Freiheit der wahren brüderlichen Liebe zuzuwenden. Die Motive anderer werden Ihnen klar werden, und da Sie sie kennen, werden Sie auch die schlimmsten Vergehen verzeihen können. Es wird auch ein Gefühl für Ereignisse in Ihnen erwachsen und es Ihnen ermöglichen, die Werte jeder Situation, der Sie begegnen, empfindsam einzuschätzen. Das Mitgefühl für andere und eine Abneigung, irgend etwas zu unternehmen, was sie schädigen könnte, zählen nicht zu den geringsten Gaben dieser Entwicklung.

Einem Schüler, der fragte, wie er zu Kosmischer Einstimmung gelangen könnte, erwiderte sein Lehrmeister:

„Läutere deine Gedanken, und nachdem du deine drei schlimmsten Schwächen bestimmt hast, opfere sie auf dem Altar deines Strebens. Stärke deinen Körper und seine Zentren durch richtiges Atmen und richtiges Denken, wie vorgeschrieben. Dann wirst du die Sterne des Geistes schauen, du wirst die Flammen der Läuterung der Zentren sehen, du wirst die Stimme des unsichtbaren Lehrmeisters hören, und du wirst jene feinsinnigen Empfindungen erwerben, die dein Leben umwandeln werden."

Und dann fügte er hinzu:

„Du wirst nicht zu den alten Ufern des Flusses zurückkehren, denn du wirst erkannt haben, daß Freude eine besondere Weisheit ist. Du wirst nicht abseits vom Leben leben, aber du wirst unauffällig daran teilnehmen, ohne durch besondere Eigenschaften hervorzustechen. Du wirst wahrnehmen, aber du wirst nicht um Aufmerksamkeit buhlen. Evolution wird nicht von den Massen bewirkt, und die Raumströmung, die du betreten hast, wird dich vor den Pfeilen der Aufmerksamkeit der Massen schützen. Das bedeutet nicht, daß auch nur die geringste Entfremdung von deinem normalen Leben erforderlich ist. Es ist lediglich notwendig, zu beurteilen und abzuschätzen, ob die Dinge, die Dich umgeben, zielführend sind."

Nur wenige besitzen das Vermögen, Erleuchtung zu erlangen, aber jeder kann sich durch sein Streben den beiden jüngeren Schwestern, Inspiration und Intuition, nähern und sie erlangen. Diese Lehren sind für alle nützlich. Sie werden die Gesundheit kräftigen, das Gedächtnis stärken und die Gedanken läutern.

13. Kapitel

Das Geheimnis der psychischen Projektion

Seit vielen hundert Jahren lehren die Rosenkreuzer das Geheimnis der psychischen Projektion. Es gibt viele Formen und viele Ebenen der Projektion, aber für den neuen Schüler fassen die Rosenkreuzer sie alle verallgemeinernd unter dem Begriff „Psychische Projektion" zusammen.

Astralprojektion

Heute hören wir oft von Astralprojektion. Das ist eine ziemlich häufige Form von unfreiwilliger Projektion, die gewöhnlich ohne vorherige Absicht geschieht und oft, ohne daß sich die projizierende Person bewußt ist, daß sie fast ein Wunder vollbracht hat. Es gibt buchstäblich Tausende von Berichten über solche Vorfälle, die alle glaubhaft verbürgt sind. Sie selbst haben dieses Phänomen möglicherweise auch schon erlebt. In den meisten Fällen ist es die Folge einer mächtigen Angezogenwerdens zu einem geliebten Menschen, um ihn zu schützen oder ihn um Hilfe zu bitten. Die Frau, die in ihrer Not nach ihrem Mann ruft, der sie hört, obwohl er Hunderte von Meilen entfernt ist; der Vater, der versucht, den abwesenden Sohn zu warnen, und rechtzeitig seine Aufmerksamkeit erregt, um ihn vor einer Gefahr zu retten – das sind klassische Beispiele. In diesen Situationen fungiert ein gemeinsames Band der Liebe oder des wechselseitigen Verständnisses als Weg oder leitfähiges Medium, auf dem die Botschaft, getrieben von einer überaus mächtigen Gefühlswelle fließt, um in das Bewußtsein des Empfängers einzudringen. Die physischen Sinne sind daran nicht beteiligt, und die ganze Übertragung geschieht auf der emotionalen Ebene oder Astralebene.

Dies ist eine von verschiedenen Formen der Projektion. Es gibt auch eine ätherische Projektion, eine mentale Projektion und eine Seelenprojektion. Alle finden auf unterschiedlichen Schwingungsebenen statt. Manche davon werden bewußt herbeigeführt, andere nicht. Die Rosenkreuzer interessieren sich nur für die bewußte Projektion. Sie lehren, wie Sie nach Wunsch projizieren können und auch, wie Sie der Person, die Sie zu erreichen versuchen, Ihre Anwesenheit bewußt machen können. Das geschieht am besten durch ätherische Projektion, die ich Ihnen in diesem Kapitel erläutern werde. Aber zunächst möchte ich Ihnen ganz deutlich machen, was erreicht werden soll. Wir wollen uns also ein oder zwei bekannte Beispiele für Projektion ansehen.

Zwei Beispiele für Ätherische Projektion

Das erste ist der Fall des Monsignore Alphonsus Ligouri, Abt des Klosters von Arienzo in Italien. Am Morgen des 21. September 1774 fand man Vater Ligouri in einem scheinbar tiefen Schlaf vor. Das gab seinen Mitbründern Anlaß zu Besorgnis, denn er war an diesem Morgen zur Zelebrierung der Messe eingeteilt und hatte sich noch nie zuvor als unpünktlich in der Erfüllung seiner Pflichten erwiesen. Alle Bemühungen, ihn zu wecken, scheiterten, aber sein Herz schlug regelmäßig, wenn auch langsam, und sein Atem schien ruhig; also brachte man ihn lediglich in eine bequeme Lage, deckte ihn mit einer Decke zu, und veranlaßte keine weitere Behandlung.

Als er zwölf Stunden später erwachte, waren einige seiner Mitbrüder in dem Raum, und er fragte sie: „Warum steht ihr alle hier herum?“

„Wir haben uns Sorgen um dich gemacht“, war die Antwort. „Du hast dich seit Stunden nicht gerührt, und wir dachten, du würdest sterben. Wir haben hier für dich gebetet.“

Da sagte Ligouri etwas sehr Seltsames. „Es geht mir gut, aber bin gerade in Rom gewesen, wo ich am Bett des Papstes gestanden habe, der gestorben ist.“

Seine Zuhörer nahmen an, daß er geträumt habe, denn Rom war vier Tagesreisen von Arienzo entfernt, aber vier Tage später, als die Nachricht aus Rom kam, erfuhren sie zu ihrem Erstaunen, daß der Papst tatsächlich zu der Zeit gestorben war, als sich Monsignore Ligouri in dem tranceartigen Schlaf befunden hatte. Und was noch mehr ist, unter denjenigen, die als Beistand am Bett des sterbenden Pontifex gesehen worden waren, hatte sich Alphonsus Ligouri befunden.

Schon bald kamen weitere Einzelheiten ans Licht. Jeder der Anwesenden, einschließlich der Superioren des Dominikanischen, Observantinischen und Augustinischen Ordens, hatten nicht nur mit Ligouri gesprochen, sondern sich ihm angeschlossen, als er die Gebete für den sterbenden Papst vorsprach. Hier gab es also zwei Zeugengruppen, die Ligouri sowohl in Arienzo in einem komaartigen Schlaf wie auch gleichzeitig in Rom, etwa vier Tagesreisen von Arienzo entfernt, gesehen hatten. Beide Gruppen waren aufrichtig davon überzeugt, daß sie Ligouri gesehen hatten und daß er mit ihnen zusammen gewesen war.

Dieses Phänomen, wenn eine Person an zwei oder mehreren Orten gleichzeitig ist, wird Bilokation genannt, und es sind viele solcher Fälle registriert. Die meisten sind von maßgeblichen Zeugen reichlich bezeugt und sorgfältig aufgezeichnet. Wir finden sie in den Logbüchern von Schiffen, in Militärberichten, in den Annalen von Geschäftsunternehmen genauso wie in Kirchenbüchern. Natürlich finden wir in den religiösen Aufzeichnungen die eindrucksvollsten Beispiele, von denen die Vielfacherscheinungen von Milarepa zum Zeitpunkt seines Todes erwähnenswert sind. Dieser große tibetanische Mystiker und Heilige hatte überall in Indien und Ceylon wie auch in Tibet gelehrt. Zum Zeitpunkt seines Todes hatten sich seine Jünger und Anhänger, von denen es viele Tausend gab, in Erwartung seines Übergangs, der vorhergesagt worden war, in Gruppen zusammengefunden, um zu beten. Buchstäblich Hunderte solcher Gruppen waren über ganz Südasien verteilt, von den tibetanischen Bergen über Afghanistan, Indien und Burma bis hinunter nach Ceylon und den malaiischen Staaten. Am Tag seines Todes wurde Milarepa von jeder dieser Gruppen in seiner physischen Gestalt gesehen. Jede Gruppe, jede Person in jeder Gruppe, war überzeugt, Milarepa leibhaftig gesehen und berührt zu haben, und jede Gruppe glaubte, daß ihr als einzige diese Ehre zuteil geworden war.

Wie man Ätherische Projektion erreichen kann

An diesen beiden erstaunlichen Beispielen haben wir gesehen, daß ätherische Projektion durch die beeindruckende Macht des Denkens vollbracht werden kann. Das scheint wider alle Vernunft, aber es ist möglich. Ich möchte Ihnen jetzt sagen wie. Diese Fertigkeit muß man wie jede andere Fertigkeit *durch Übung* erlangen. Ein perfekter Pianist kann Ihnen erklären, wie man Klavier spielt, und er kann es Ihnen sogar zeigen, aber Sie werden nie selbst das Instrument zum Klingen bringen, bis Sie nicht die notwendige Technik erlernt haben. Die Projektion verlangt eine ähnliche Schulung.

Zuerst werden wir mit einer Übung in mentaler Projektion beginnen. Wir wählen sie nicht, weil sie leichter ist. Tatsächlich ist gekonnte mentale Projektion schwieriger als ätherische Projektion, aber sie wird am Anfang leichter begriffen. Ätherische Projektion *scheint* Ihnen und jedem anderen, der sie nicht erlebt hat, unmöglich, Sie werden also deshalb sehr viele geistige Sperren dagegen aufgebaut haben. Aber da es nicht allzu schwierig ist, sich vorzustellen, daß man im Geist zu einem entfernten Ort reist, wir werden damit beginnen.

Vorbereitung

1. Versuchen Sie dies nicht, wenn Sie körperlich erschöpft sind oder gerade gegessen haben und zu irgendeinem anderen Zeitpunkt, wenn wahrscheinlich das Blut aus dem Kopf in andere Teile des Körpers abgezogen wird. Das ist wichtig. Ihr Geist muß klar und aktiv sein, nicht verstopft und schläfrig. Das Gehirn muß also gut mit Blut versorgt sein.

2. Nehmen Sie ein Bad, und reinigen Sie sich gründlich, auch den Mund und die Zähne. Mit einem Wort, entfernen Sie von sich soviel äußere physische Materie, wie Sie können. Gewöhnlich ist eine Dusche besser als ein Vollbad. Dieser Reinigungsprozeß ist ziemlich wichtig, vernachlässigen Sie ihn also nicht. Er hat sowohl einen praktischen wie einen psychologischen Effekt; einen praktischen, weil er Sie von materieller wie astraler Verunreinigung befreit, und einen psychologischen, weil Sie sich tatsächlich geistig und emotional sauberer fühlen werden.
3. Ziehen Sie ein leichtes Kleidungsstück an, ein Nachthemd, einen Schlafanzug oder ein einteiliges leichtes Gewand.
4. Wählen Sie einen Ort, an dem Sie nicht gestört werden, ein Ort, der auch so ruhig wie möglich ist.
5. Setzen Sie sich in einen bequemen Sessel mit einer Rückenlehne, die hoch genug ist, daß Sie den Kopf anlehnen können, oder legen Sie sich flach auf ein Bett oder eine Couch. Ein großer Polstersessel ist in der Regel besser, weil es in einer sitzenden Stellung leichter ist, das Bewußtsein wachzuhalten. Wir neigen alle dazu einzuschlafen, wenn wir uns hinlegen.

Übung

1. Wenn Sie sich bequem und entspannt fühlen, holen Sie siebenmal tief Atem. Dies sollte gleichmäßig und rhythmisch geschehen. Zählen Sie beim Einatmen bis vier, halten Sie den Atem an, und zählen Sie dabei bis elf, atmen Sie dann wieder aus, und zählen Sie dabei bis sieben. Das Zählen sollte ruhig und regelmäßig erfolgen, nie zu schnell und nie zu langsam.
2. Wenn Sie das Atmen beendet haben, schließen Sie die Augen und stellen sich bildlich den Ort vor, wohin Sie sich projizieren wollen. Es kann der Raum nebenan sein oder auch ein 1000 Meilen entfernter Ort; das spielt keine Rolle. Aber es ist wichtig, daß Sie wissen, wo dieser Ort ist, daß Sie dort gewesen sind und mit allen seinen Einzelheiten vertraut sind. Sehen Sie sich dann an diesem

Ort. Stellen Sie sich vor, daß Sie an diesem Platz sind, den Sie ausgewählt haben. Damit Ihnen das gelingt, müssen Sie die Wahrnehmung Ihrer gegenwärtigen physischen Umgebung völlig ausschließen, alles Sichtbare und Hörbare, und Sie müssen vor Ihrem geistigen Auge den Ort sehen, den Sie besuchen wollen. Statten Sie dieses Bild mit allen Einzelheiten aus, an die Sie sich erinnern können, mit den Farben, der Beleuchtung, den Gegenständen, den charakteristischen Geräuschen, den Gerüchen, mit allem, was Sie wahrnehmen würden, wenn Sie physisch dort anwesend wären.

3. Wenn Sie sich bildlich gut vorstellen können, daß Sie sich an dem gewählten Ort befinden, dann sehen Sie sich um. Bemerken Sie die Anordnung von Möbeln, Leute, die vielleicht dort anwesend sind, wie sie gekleidet sind, hören Sie zu, was sie reden. Dann wenden Sie Ihre Aufmerksamkeit wieder Ihrem Körper zu, der in dem Sessel sitzt oder auf der Couch liegt.
4. Es ist wichtig, daß Sie die ganze Zeit Ihr Bewußtsein vollkommen wachhalten. Gleiten Sie nicht in einen Traumzustand. Die Neigung dazu wird stark sein, aber Sie müssen ihr widerstehen. In dem Moment, wo Sie in einen Traumzustand abgleiten, neigen Sie dazu, Schauspieler auf der Bühne zu werden, anstatt Zuschauer im Publikum zu sein. Gute Projektion hängt von Ihrer Fähigkeit ab, sich selbst zu beherrschen. Der Traumzustand bringt Illusionen und Unwirkliches. *Bleiben Sie deshalb wach.*

Überprüfung

Wenn Sie in Ihrem Zimmer die Augen wieder öffnen, schreiben Sie die genaue Stunde und alles, was Sie beobachtet haben, auf. Später werden Sie vielleicht eine Gelegenheit haben, die Richtigkeit Ihrer Beobachtungen festzustellen. Das ist die richtige wissenschaftliche Methode, die Einstellung, die die Rosenkreuzer immer bestärken. Versuchen Sie es, und überprüfen Sie es dann. Versuchen Sie es wieder, und überprüfen Sie es wieder. Und wieder.

Erfolgreiche Projektion setzt eine gewisse vorbereitende Schulung voraus, von der Sie den größten Teil bereits durchlaufen haben. Sie müssen die Fähigkeit entwickelt haben, sich zu konzentrieren, das heißt, Gedanken auszuschalten, die nicht zu der Idee gehören, mit der Sie sich gerade geistig beschäftigen. Im vorliegenden Fall sollten Sie zum Beispiel fähig sein, die Wahrnehmung Ihrer physischen Umgebung auszuschalten oder zumindest abzudämpfen, während Sie den Ort, den Sie besuchen wollen, lebendig werden lassen. Dann müssen Sie in der Lage sein, das Bild ganz deutlich festzuhalten und es nicht durch andere Vorstellungen verschwimmen zu lassen.

Nehmen wir einmal an, Sie befinden sich im Schlafzimmer Ihrer Wohnung in New York. Sie schließen die Fenster, um die Geräusche von draußen abzudämpfen, schalten, nach der beschriebenen Vorbereitung das Licht aus und setzen sich mit geschlossenen Augen hin. Sie entschließen sich, das Haus Ihrer Schwester im ländlichen Kalifornien zu besuchen. Sie sind schon dort gewesen und können sich das Haus und das umliegende Grundstück bildlich vorstellen. Das tun Sie. Jetzt passen Sie auf – scheint die Sonne oder ist es bewölkt? Weht ein Wind? Bewegen sich die Bäume? Riechen Sie den Duft von Blumen? Sind Leute da? Wer ist da? Wie sind sie gekleidet? Und so weiter.

An diesem Punkt wird gewöhnlich der unerfahrene Beobachter von der bewußten Wahrnehmung in einen Traumzustand fortgetragen. Ihnen kommen die Dinge ins Gedächtnis zurück, die Sie getan haben, als Sie das letzte Mal in diesem Haus gewesen sind. Sie erinnern sich, was gesagt wurde und wer da war, und im Bruchteil einer Sekunde durchleben Sie in der Erinnerung noch einmal die Ereignisse an diesem längst vergangenen Tag. Mit anderen Worten, Sie haben die Kontrolle verloren und sind in einen Traumzustand abgeglitten.

Lassen Sie sich nicht entmutigen. Das wird viele Male passieren, bevor Sie schließlich die Fertigkeit und Beherrschung erlangt haben, die notwendig ist, um es zu verhindern. Zunächst sollten Sie nicht mehr als fünfzehn Minuten auf die Projektion oder den Versuch einer Projektion verwenden. Nach einer Erfahrung von zwanzig Sitzungen können Sie das Ganze auf eine halbe Stunde, aber nicht mehr, ausdehnen. Es ist schwierig, fünfzehn Minuten lang strenge Kontrolle zu bewahren. Das erfordert große Disziplin, deren Entwicklung Zeit und Übung verlangt, und man muß Ihnen gratulieren, wenn Sie am Anfang zwei oder drei Minuten lang Kontrolle bewahren, bevor Sie in einen Traum abgleiten.

Eine Frau berichtete folgendes:

„Ich beschloß, mich zum Haus meiner Tochter zu projizieren, und nachdem ich mir das Haus, das ich sehr gut kannte, bildlich vorgestellt hatte, sah ich sie mit ihren beiden Kindern am Eßtisch sitzen. Ich war erstaunt, denn es war bereits mitten am Nachmittag. Aber als ich sie später anrief, bestätigte sie mir, was ich gesehen hatte, und erklärte, daß sie die Versetzung ihrer kleinen Tochter aus dem Kindergarten in das erste Schuljahr mit einer kleinen Party gefeiert hatten."

Die Tochter war sich in keiner Weise bewußt gewesen, daß ihre Mutter sie beobachtete. Ein Mitglied aus Phildelphia berichtete uns von folgender Erfahrung:

„Ich wollte unbedingt meine Frau erreichen, um zu erfahren, ob sie zum Abendessen in die Stadt kommen wollte oder mich zu Hause erwartete. Ich versuchte, sie telefonisch zu erreichen, aber es meldete sich niemand. Da kam mir der Gedanke, mich zu ihr zu projizieren. Ich wusch also Hände und Gesicht und schloß die Bürotür. Nachdem ich meine Nerven und meinen Geist durch regelmäßiges Atmen beruhigt hatte, projizierte ich mich im Geiste zu Miriam. Fast augenblicklich sah ich sie. Sie saß in einem Zug und trug ein graues Tweedkostüm und einen schwarzen Hut. Ich schloß daraus, daß sie auf dem Weg in die Stadt war, um mich zu treffen, und wartete im Büro auf sie. Und wirklich, sie kam ungefähr um 5.30 an und trug ein graues Tweedkostüm und einen schwarzen Hut, der mir vollkommen neu war, weil sie ihn erst an dem Morgen gekauft hatte."

Für Skeptiker klingt dieses Verfahren allzu einfach. Sie können einfach nicht glauben, daß es funktioniert, und eben dieser Unglaube wird wie eine Barriere wirken. Aber mit einem offenen Geist lassen sich mit nur wenig Schulung und Praxis ähnliche Ergebnisse wie die beschriebenen erzielen. Denn, sehen Sie, es ist eine natürliche menschliche Fähigkeit, die innerhalb der Reichweite jedes intelligenten Menschen liegt. Es bedarf lediglich etwas Mühe und Verständnis, um sie zu erwecken. Versuchen Sie es einfach, und sehen Sie selbst.

Nachdem Sie in der mentalen Projektion erfolgreich gewesen sind und anfangen, „das Gefühl dafür“ zu bekommen, können Sie mit ätherischer Projektion experimentieren. Bei der ätherischen Projektion ist Ihre Bewußtseinsempfindung viel schärfer. Die Eindrücke des Sehens, Hörens, Riechens und auch Berührens sind sehr viel stärker als bei der mentalen Projektion, oftmals fast so stark und wirklich wie für die Sinne des physischen Körpers. Das liegt daran, daß der ätherische Körper nur eine Stufe feiner ist als der physische, aber eine niedrigere Schwingungsfrequenz hat als der mentale. Er besitzt Sinne, die den fünf physischen Sinnen entsprechen, und ist von solcher Beschaffenheit, daß Projektionen im ätherischen Körper oft mittels der physischen Sinne eines anderenMenschen gesehen, gehört oder auf andere Weise wahrgenommen werden können. Es war der ätherische Doppelgänger von Alphonsus Ligouri, der in Rom am Bett des Papstes gesehen und gehört wurde. Wenn Sie also physische Materie auf Entfernung bewegen wollen oder wünschen, daß jemand Ihre Anwesenheit bemerkt, dann müssen Sie Ihren ätherischen Körper aktivieren und einsetzen.

Die Technik der ätherischen Projektion unterscheidet sich von derjenigen, die bei der mentalen Projektion erforderlich ist. Zunächst ist sie schwieriger, vor allem die ersten zwei oder drei Male, wenn Sie versuchen, sich bei vollem Bewußtsein vom Physischen zu lösen. Aber wenn Sie erst einmal mit dem Vorgang vertraut sind und die Idee für Sie akzeptabler ist, ist es tatsächlich leichter als eine gute mentale Projektion. Es ist keinerlei Hokuspokus dabei. Das Vermögen dazu ist jedem intelligenten Menschen angeboren, und die notwendige Fertigkeit kann man durch Übung erlangen. Es ist wie Schwimmenlernen. Genau wie beim Schwimmen, wo man lernen muß, zwischen dem Wasser und der Luft auszubalancieren, gerade genug, aber nicht zuviel Druck auf das Wasser auszuüben, um oben zu treiben, so muß man bei der ätherischen Projektion lernen, dasselbe Gleichgewicht in einem Meer der Energien zu erlangen und zu bewahren. Es ist ein Trick dabei, den man nur durch wiederholtes Experimentieren und Üben erlernen kann.

Der bedeutsamste Unterschied zwischen mentaler und ätherischer

Projektion liegt in der Bewußtseinskonzentration. Bei der mentalen Projektion sind Sie sich Ihres Körpers und dessen, was in seiner Umgebung vor sich geht, immer schwach bewußt. Auch wenn Sie geistig weit fort sind und eine Landschaft mit Bergen und Meer betrachten, auch wenn Sie vielleicht das helle Klingeln der Glocken einer Ziegenherde hören, die in der Nähe in strahlender Sonne weidet, sind Sie sich dennoch der Tatsache bewußt, daß Sie in einem abgedunkelten Raum sitzen und draußen auf der Straße ein Lastwagen vorbeirattert. Es ist beinahe so, als ob Ihr Geist in zwei Bewußtseinshälften geteilt wäre, und Sie können Ihre Aufmerksamkeit blitzschnell von der einen auf die andere umschalten.

Die ätherische Projektion unterscheidet sich wesentlich darin, daß Sie Ihre ganze sensorische Ausstattung und Ihr Bewußtsein mitnehmen, wenn Sie den Körper verlassen. Ihr Körper liegt wie in einem Koma oder tiefen Schlaf und nimmt nichts wahr, bis Sie zu ihm zurückkehren. Die Eindrücke, die auf Ihren ätherischen Körper einwirken, sind viel intensiver und genauso lebendig, stark und wirklich wie physische Eindrücke.

Bevor ich Ihnen die Technik der ätherischen Projektion und die Übungen beschreibe, die Voraussetzung für das Erlernen dieser Technik sind, sollte ich, so glaube ich, ein warnendes Wort an Sie richten. Manche Leute werden diese ungewöhnliche Fähigkeit vielleicht als eine Möglichkeit betrachten, um einen anderen Menschen zu bespitzeln oder irgendeine andere ungesetzliche oder unmoralische Handlung auszuführen. Dieses muß gleich zu Beginn gesagt werden, daß sich das als unmöglich herausstellen wird. Wenn dies Ihre Absicht ist, geben Sie den Gedanken auf. Ihre Bemühungen werden vergeblich sein. Allein das Wesen der ätherischen Projektion verhindert jede Handlung, die Ihr eigenes moralisches Empfinden nicht gutheißt. Im Zuge Ihres Fortschreitens werden Sie verstehen, wie notwendig für eine gelungene Projektion die Erhöhung Ihrer Schwingungsfrequenz ist, die durch jede niedere Emotion automatisch verlangsamt wird. Ein Schüler beschreibt einen solchen Vorfall: „Es war mir gelungen, meinen Körper zu verlassen, und ich stand in meinem Schlafzimmer neben dem Bett, auf dem mein Körper in scheinbarem Schlaf lag. Als ich mir überlegte, was ich als nächstes tun sollte, kam mir der Gedanke, meine Freundin zu besuchen, die ich im Verdacht hatte, daß sie sich mit einem Nebenbuhler traf. Quälende Eifersucht durchzuckte mich bei diesem Gedanken, und plötzlich fand ich mich wieder in meinem Körper vor. Und gleichgültig wie sehr ich mich auch bemühte, an jenem Abend gelang es mir nicht wieder, mich aus ihm zu lösen."

In diesem Fall wurde die hohe Spannung, die der junge Mann mit beträchtlicher Anstrengung aufgebaut hatte, augenblicklich durch das Eindringen eines niederen Gefühls, nämlich Eifersucht, gebrochen. Selbst wenn er keine Eifersucht empfunden hätte, wäre die Spannung später zusammengebrochen, wenn er erkannt hätte, daß sein Besuch bei seiner Freundin nicht durch Liebe sondern durch Argwohn veranlaßt worden war. Lassen Sie uns nun fortfahren.

Vorbereitung

1. Eine der Hauptbedingungen ist ein guter Gesundheitszustand. Wenn Sie irgendeine Krankheit haben, selbst wenn es sich nur um etwas so Geringfügiges wie einen Schnupfen handelt, sollten Sie die ätherische Projektion nicht versuchen. Es besteht eine enge Beziehung zwischen physischer und emotionaler Unausgewogenheit. Genauso wie ein unausgeglichener Gefühlszustand eine Verschlechterung der physischen Gesundheit hervorrufen wird, beeinflußt eine physische Krankheit Ihre Gefühle. Für eine erfolgreiche Projektion müssen Ihr Geist und Ihre Gefühle gelassen und ruhig sein. Es ist sowohl schmerzlich als auch selbstzerstörerisch, wenn Sie versuchen, einen emotionalen Malstrom ohne den soliden Schutz Ihres physischen Körpers zu durchqueren. Sie sollten also keine Projektion versuchen, wenn Sie sich nicht in einer guten körperlichen Verfassung befinden.
2. Wie schon bei der mentalen Projektion empfohlen, sollten Sie auch die ätherische Projektion nicht versuchen, wenn Sie körperlich erschöpft sind, gerade gegessen haben oder wenn das Blut wahrscheinlich vom Gehirn weg in andere Teile des Körpers abgezogen

wird. Es ist auch wichtig, daß Sie wenigstens 48 Stunden vor dem Experiment keinerlei alkoholische Getränke mehr zu sich nehmen. Damit soll gesichert werden, daß Ihr Blut von jeder Alkoholeinwirkung frei ist.

3. Sie müssen sich immer bewußt sein, daß dies ein ernsthaftes Experiment und kein Spiel oder leichtfertiger Zeitvertreib ist. In alten Zeiten und bis in das jetzige Jahrhundert hinein wurde keinem Schüler erlaubt, die Projektion zu versuchen, bevor er sich nicht mehrere Jahre geschult hatte. Ein großer Teil dieser Vorbereitung bestand darin, den Geist darauf vorzubereiten, den Schock, der unvermeidlich auftritt, wenn Sie sich zum ersten Mal sozusagen in zwei Teile getrennt, aber im Vollbesitz all Ihrer Fähigkeiten vorfinden, ohne Zusammenzucken hinzunehmen. Seien Sie gewarnt, Ihre Reaktion auf diese Erfahrung ist zwangsläufig heftig, und Sie müssen darauf vorbereitet sein. Andernfalls werden Sie augenblicklich in Ihren physischen Köprer zurückkehren.
4. Wie bereits angedeutet, ist Gemütsruhe ganz wesentlich. Nehmen Sie also wie bei der Vorbereitung zur mentalen Projektion ein Bad, und reinigen Sie sich von aller äußerlichen physischen Materie. Während des Waschens sollten Sie sich vorstellen, daß auch alle Ihre Ängste und Sorgen von Ihnen abgewaschen werden. Bemühen Sie sich bewußt, gelassen und ruhig zu werden, während Sie Ihre letzte Vorbereitung treffen.
5. Für diese Übung ist es wichtig, daß Sie sich hinlegen. Ziehen Sie also ein sauberes Gewand an, und legen Sie sich auf oder in ein Bett.

Übung

1. Eine erfolgreiche ätherische Projektion kann nur dadurch vollbracht werden, daß Sie insgesamt Ihre Schwingungsfrequenz erhöhen. Das ist der Schlüssel. Die meisten Schüler stellen stets die gleiche Frage: „Wie kann man das erreichen?“ Es gibt dafür viele verschiedene Methoden, von denen Ihnen einige bereits erklärt worden sind. Aber es ist vielleicht gut, das Folgende im Gedächtnis zu behalten:

a. Versuchen Sie ein so friedliches Leben wie irgend möglich zu führen. Damit ist Ihr alltägliches Leben gemeint – nicht nur ein Gefühl des Friedens, bevor Sie mit dem Experiment beginnen, obwohl das natürlich sehr wichtig ist.
b. Meditieren Sie jeden Tag wenigstens fünfzehn Minuten lang. Während jeder Meditationssitzung sollten Sie sich bewußt bemühen, das Schwingungsniveau Ihres gesamten Wesens – physisch, emotional und geistig – zu erhöhen.
c. Wenn Sie sich nicht auf Meditationstechniken verstehen, ist das Gebet ein ausgezeichneter Ersatz. Beten Sie zu Gott oder zu dem Kosmischen um eine Läuterung Ihres Wesens. Es muß Ihnen wirklich ernst damit sein. Es darf keinesfalls nur ein Lippenbekenntnis sein.
d. Geben Sie sich im Geist ein Ziel, einen lohnenden Grund, warum Sie versuchen, sich ätherisch zu projizieren. Die Kontrolle Ihres Unterbewußtseins wird bei diesem Experiment keinen Erfolg zulassen, wenn Ihr Beweggrund leichtfertig, selbstsüchtig oder unwürdig ist. Natürlich ist Ihr Unterbewußtsein nicht unvernünftig. Es kennt Sie und Ihre Grenzen sehr gut. Setzen Sie sich also ein Ziel, das erreichbar und nicht selbstsüchtig ist. Es ist vollkommen in Ordnung, wenn Sie nach mehr Wissen streben oder wenn Sie die neuen und eigentümlichen Erfahrungen suchen, die die Projektion Ihnen ermöglichen wird. Das sind akzeptable Ziele. Und es ist in Ordnung, größere Spiritualität anzustreben, wenn Sie glauben, daß diese Erfahrung Sie dazu bringen wird – was sie tatsächlich tut.
e. Der springende Punkt bei dem Vorangegangenen ist, daß der Durchschnittsmensch normalerweise die Projektion versucht, um irgendeinen materiellen Nutzen zu erzielen. Es ist nun überhaupt nichts Schlimmes daran, materiellen Nutzen anzustreben, aber darum müssen Sie sich auf anderem Weg bemühen. Eine erfolgreiche ätherische Projektion läßt sich nur erreichen, wenn Sie Ihre Sinne zu höheren Zielen erheben, und das schließt automatisch die normalen alltäglichen Vorteile, die fast immer mit physischen Annehmlichkeiten und der Befriedigung der physischen Triebe verbunden sind, aus.

2. Wenn Sie bequem auf einem Bett oder einer Couch liegen, schließen Sie die Augen und richten Sie Ihr Bewußtsein auf einen Punkt im oberen Bereich Ihres Kopfes. Allmählich sollte Ihre Wahrnehmung des Bettes unter Ihnen, der Decke über Ihnen, von Geräuschen von außerhalb, von Gerüchen und Luftbewegungen verblassen, und Ihr gesamtes Bewußtsein sollte auf den Scheitel Ihres Kopfes oder auf einen Punkt oberhalb davon konzentriert sein.
3. In diesem Augenblick stimmen Sie leise und rhythmisch siebenmal den Laut „OM" auf dem D über dem mittleren C an. (Wenn Sie zuvor etwas üben, wird sich Ihnen dieser Laut in der richtigen Tonhöhe einprägen.)
4. Sofort danach wiederholen Sie dasselbe Anstimmen siebenmal *stumm* im Kopf. Sie sollten dabei eine Resonanz in Ihrem Kopf wahrnehmen.
5. Während Sie Ihre ganze Aufmerksamkeit auf den Kern dieser Resonanz konzentrieren, lassen Sie sie langsam nach oben zur Decke steigen. Denken Sie daran, die Resonanz steigt auf, nicht Ihr Körper.
6. Öffnen Sie dann die Augen und erlauben Sie sich, die Dinge um sich herum wieder wahrzunehmen. Erschrecken Sie nicht, wenn Sie feststellen, daß Sie sich nicht mehr im Bett, sondern darüber in der Nähe der Zimmerdecke befinden. Vor allem dürfen Sie weder Entsetzen noch Furcht empfinden, wenn Sie Ihren Körper scheinbar leblos auf dem Bett unter sich sehen.
7. Nachdem Sie Ihre Fähigkeit, dieses Experiment auszuführen, bewiesen haben, kehren Sie sofort in Ihren Körper zurück. Das ist ziemlich einfach und geschieht, indem Sie sich einfach wünschen, es zu tun, oder indem Sie sich bildlich vorstellen, wie Sie zu dem Bett zurückkehren und sich dort hinlegen, wo sich Ihr Körper befindet.

Ergebnisse

Erschrecken Sie nicht. Dies ist ein ganz natürlicher Vorgang. Es ist nichts Übernatürliches oder Okkultes daran. Die große Mehrheit der

Schüler erfährt jedoch einen gewissen Schock, wenn sie sich „außerhalb des Körpers" entdeckt, und das bewirkt die sofortige Rückkehr in den Körper, ganz ähnlich als ob man in ihn zurückfällt, was vorübergehend schmerzhaft ist und wenn möglich vermieden werden sollte.

Wenn Sie sich gründlich vorbereitet haben, könnte schon Ihr erster Versuch durchaus erfolgreich sein. Denken Sie jedoch daran, daß Sie Ihre Bewußtseinsempfindungen tatsächlich einem Körper zuwenden, der in jeder Hinsicht Ihrem physischen Körper entspricht, außer daß er aus viel feinerem Stoff besteht als der physische. Dieser ätherische Körper besitzt fünf Sinne – Sehen, Hören, Schmecken, Tasten und Riechen – die in jeder Hinsicht Ihren normalen physischen Sinnen entsprechen. Diese Übung verlangt, daß Sie Ihre Bewußtseinskonzentration aus der physischen Ebene in die ätherische verlegen. Da dieser ätherische Körper aus einer feineren Materie besteht, die mit einer viel höheren Frequenz schwingt als die physische Materie, wird er nur solche Eindrücke reflektieren und annehmen, die normalerweise diese höheren Frequenzen erregen oder stimulieren. Deshalb macht die Aussicht auf ein gut gebratenes Steak und ein Glas kühles Bier keinen Eindruck auf ihn – und wenn Sie Ihre Aufmerksamkeit diesem oder einem ähnlichen irdischen Anreiz zuwenden, werden Sie automatisch in den physischen Bereich zurückschnellen. Mit anderen Worten, Sie haben dann Ihre Aufmerksamkeit einem physisch-materiellen Objekt zugewandt und, um dieses zu erfassen, darauf zu reagieren oder es sich einzuverleiben, müssen Sie Ihre physische Ausstattung, Ihren physischen Körper, gebrauchen.

Denken Sie also daran, wenn Sie nicht gleich beim ersten Versuch erfolgreich sind. Versuchen Sie, Ihre egozentrischen Neigungen zu überwinden, indem Sie Ihre niederen Instinkte und Neigungen beherrschen und sich hochherzigeren Betätigungen und edleren Wünschen und Gedanken widmen. Jeder Mensch setzt sich aus Millionen winziger intelligenter Zellen zusammen, kleiner Leben sozusagen, und jede davon besitzt einen eigen Impuls. Sie leben von der Energie, die Sie ihnen zuführen, aber wenn man es zuläßt, werden sie diese Energie für ihre eigenen Zwecke anstatt für das Gemeinwohl verwenden. Sie sind für alle Ihre niederen Neigungen und Triebe verantwortlich und werden sich jedem Versuch, ihnen Energie zu entziehen, indem Sie diese Energie auf höhere Ebenen lenken, heftig wiedersetzen. Sie müssen also nicht nur darauf vorbereitet sein, daß Sie gelegentlich keinen Erfolg haben werden, sondern auch darauf, daß Gefühle der Trägheit und Entmutigung Sie befallen. Das ist nichts anderes als die Art, wie Ihr physischer Körper Ihnen sagt: „Widme mir und meinen Wünschen mehr Aufmerksamkeit und diesen Bestrebungen deiner höheren Natur weniger."

Wenn Sie sich zum ersten Mal außerhalb Ihres physischen Körpers wiederfinden, werden Sie zweifellos überrascht sein. Diese Erfahrung ist ganz anders als das, was Sie vielleicht erwartet haben. Sie werden sehen und hören, aber bis Sie sich dieser neuen Umgebung angepaßt haben,werden Sie nichts berühren können. Ihre Hand wird durch alles hindurchgehen. Wände und geschlossene Türen werden für Ihre Fortbewegung genauso wenig ein Hindernis darstellen wie Entfernung. Erst wenn Sie eine gewisse Zeit in Ihrem ätherischen Medium verbracht und sich daran gewöhnt haben, werden Sie in der Lage sein, es mit einer gewissen Sachkundigkeit zu gebrauchen. Vielleicht helfen einige Berichte von Expermientatoren, Ihnen das zu verdeutlichen.

A. L. erzählt:

„Als ich mich zum ersten Mal außerhalb meines Körpers vorfand, war ich so entsetzt, daß beinahe sofort in ihn zurückgestürzt wäre. Aber ich fing mich noch rechtzeitig auf, erinnerte mich an meine Instruktionen und konzentrierte meine Aufmerksamkeit auf den Plan, zu dem ich mich vor Beginn des Experiments entschieden hatte. Augenblicklich und ohne daß dies durch das Gefühl irgendeiner Art von Fortbewegung vermittelt wurde, befand ich mich in der riesigen Rundhalle des großen Hauptbahnhofs von New York. Niemand schenkte mir auch nur die geringste Aufmerksamkeit, und als ich forschend an mir herunterblickte, sah ich keinen Körper, sondern einen verschwommenen Fleck aus einem leuchtenden Stoff, der fast völlig durchsichtig war. Das erschreckte mich so, daß ich mit derselben Geschwindigkeit in meinen Körper zurückkehrte und wieder im vollen Besitz des physischen Mediums aufrecht im Bett saß."

M. A. Z. berichtet:

„Ich fand mich außerhalb des Körpers in der Nähe der Zimmerdecke wieder. Ich wandte mich dem Bett zu, und als ich mich da so kalt und still liegen sah, glaubte ich, ich sei gestorben. Das erschreckte mich so sehr, daß ich im gleichen Augenblick ins Physische zurückschnellte. Dieses etwas unsanfte Erlebnis veranlaßte mich, mehr als eine Woche zu zögern, bevor ich es wieder versuchte.“

Von R. L. haben wir die folgende Schilderung:

„Meine ersten vier Versuche waren Mißerfolge, so daß ich trotz eines ermutigenden Briefes eigentlich nicht erwartet hatte, daß es mir bei meinem nächsten Versuch gelingen würde. Als ich die Augen aufschlug, glaubte ich, immer noch im Bett zu liegen, aber irgendwie sah das Zimmer anders aus. Dann erkannte ich, daß ich buchstäblich auf der Zimmerdecke lag und auf den Boden hinunterschaute. Zu meiner Rechten sah ich das Bett, auf dem mit geschlossenen Augen mein Körper lag. Zuerst glaubte ich, es wäre jemand anders, und ich fragte mich, wer die alte Frau war, die da in mein Zimmer gekommen war. Als ich schließlich erkannte, daß ich auf mich selbst hinunterblickte, hatte ich bereits begonnen, mich an den neuen Zustand zu gewöhnen; deshalb empfand ich hauptsächlich Erstaunen darüber, wie alt und runzlig ich aussah, was sich doch ziemlich von meiner Vorstellung von meinem Äußeren unterschied. Ich entschloß mich, in das angrenzende Zimmer zu gehen, wo meine Tochter schlief, also bewegte ich mich von der Decke herunter zur Tür. Zu meiner Bestürzung konnte ich die Tür nicht öffnen, aber ein oder zwei Augenblicke später entdeckte ich, daß ich mich nur weiter fortzubewegen brauchte, um direkt durch die Tür hindurchzugehen.

Meine Tochter lag in ihrem Bett und schlief fest. Ich überlegte, daß es interessant wäre, mit ihr zu sprechen, aber, gleichgültig, wie laut ich auch rief oder zu rufen versuchte, sie schlief weiter. Dann dachte ich daran, einen ihrer Schuhe mitzunehmen, um ihr zu beweisen, daß ich da gewesen war, aber irgendwie gelang es mir nicht, ihn vom Boden aufzuheben. Gerade fing ich an, mich erschöpft zu fühlen, als ich mich in meinem eigenen Zimmer, wieder in der alten körperlichen Hülle auf dem Bett liegend wiederfand.“

Die hier beschriebenen Erfahrungen von drei Menschen werden Ihnen einen Eindruck davon vermitteln, was Sie erwarten können, wenn Sie zum ersten Mal den physischen Körper verlassen. Wenn Sie weiterüben und zunehmend an Fertigkeit gewinnen, werden Sie schließlich erkennen, daß es verschiedene Schwingungsebenen gibt und daß Sie von der einen zur anderen übergehen können, indem Sie die Schwingungsfrequenz Ihres ätherischen Mediums entweder erhöhen oder verringern.

Ein Experimentator berichtete, daß es ihm nach wiederholten Bemühungen gelang, seine Schwingungen soweit zu verlangsamen, daß er nicht mehr durch die Wände des Zimmers hindurchgleiten konnte. Genau wie im physischen Zustand stellte jedes massive Objekt jetzt ein Hindernis dar. In diesem Zustand war seine ätherische Gestalt für das normale physische Sehvermögen schwach sichtbar, und er wurde von vielen Leuten gesehen. Als er bemerkte, daß die meisten davon erschreckt reagierten, wurde er vorsichtiger und zeigte sich nur noch vor solchen Leuten, die wußten, was er tat und ihn erwarteten. Er fand auch heraus, daß er in diesem verlangsamten Zustand kleine und leichte physische Gegenstände bewegen konnte. In Gegenwart bestimmter Menschen (in ihren physischen Körpern), die gewillt waren, ihm ihre Energien zu leihen, stellte er jedoch fest, daß er relativ mühelos auch ziemlich schwere Gegenstände bewegen konnte. Als er darüber nachdachte, schien es ihm, daß dies offensichtlich die Art und Weise ist, wie Polstergeist-Phänomene vollbracht werden. Durch Verwendung der Energien von anderen konnte er Gegenstände bewegen und scheinbar wunderbare Erscheinungen vollbringen. Er glaubt deshalb, daß es sich bei dem, was wir als Poltergeist-Phänomene kennen, um ähnliche Manifestationen durch ätherische Wesenheiten handelt, die dazu die Energien irgendeiner anwesenden Person verwenden, die das entweder zuläßt oder Energie (Lebensgeister) in einem derartigen Überfluß besitzt, daß der Diebstahl gar nicht bemerkt wird. Da diese Vorführungen zum großen Teil boshaft und kindisch sind, vermutet er, daß sie die Folge von Betätigungen unkörperlicher kindischer Geister sind, die dazu gewöhnlich die Energien anwesender lebender Kinder gebrauchen.

Diese Verringerung der Schwingungsfrequenz ist sehr schwierig zu kontrollieren und verlangt eine sehr sensible Ausführung. Wenn die Frequenz des ätherischen Körpers unter eine bestimmte Grenze sinkt, schnellt er automatisch in das physische Medium zurück. Den meisten Experimentatoren gelingt es nie, eine bemerkenswerte Verringerung der ätherischen Frequenz zu erzielen. Aber viele haben davon berichtet, daß es ihnen gelungen ist, sie zu nahezu erhabenen Höhen zu steigern. Sie berichten, daß (sozusagen) die Atmosphäre der psychischen Welt immer feiner und dünner wird, in dem Maß wie wir uns von unseren sinnlichen Interessen und Befriedigungen lösen. Das Unbehagen, das man im physischen Zustand empfindet, ist nicht vorhanden, und beim Aufsteigen steigert sich das Gefühl des Wohlbefindens bis zu einer ausgesprochenen Fröhlichkeit.

Eine der grundlegenden Anpassungen, die Sie fast schon zu Beginn Ihrer Erfahrung im ätherischen Zustand vornehmen müssen, betrifft die unterschiedliche Fortbewegung im Vergleich zum physischen Zustand. Wenn Sie sich zum ersten Mal vom physischenKörper gelöst haben und sich nur in Ihrem Schlafzimmer oder in anderen Räumen Ihres Hauses oder Ihrer Wohnung bewegen, besteht kaum ein Unterschied. Sie gehen genauso herum wie vorher. Aber wenn Sie sich entschließen, einen entfernten Ort aufzusuchen, dann ist das Verfahren ein anderes. Bis Sie die Technik erlernt haben, sich geistig dorthin zu versetzen, wo Sie sein wollen – und das erfordert Übung – ist es am einfachsten, sich durch die Luft fortzubewegen – und das im wörtlichen Sinne. Gehen nimmt in den meisten Fällen zuviel Zeit in Anspruch, also müssen Sie lernen, sich durch die Luft fortzubewegen, ganz ähnlich dem Fliegen.

Ein Experimentator aus Frankreich beschreibt seine Erfahrungen folgendermaßen:

„Da ich keine Ahnung von der Flugtechnik der Vögel hatte, zögerte ich, mich in die Luft zu erheben. Ich konnte aber schwimmen, also sagte ich mir, daß sich diese ätherische Atmosphäre nicht allzu sehr von Wasser unterscheidet, warf mich in eine horizontale Lage und begann, Schwimmbewegungen zu machen. Zu meiner Überraschung funktionierte es tatsächlich. Ich bewegte mich ungefähr eineinhalb

Meter über dem Boden fort, mit einer Geschwindigkeit, die schnellem Gehen entsprach, und erreichte auf diese Weise schon bald meinen Bestimmungsort."

Später berichtete er weiter:

„Schon bald war ich in dieser Schwimmtechnik ziemlich geübt, und in dem Maß, wie ich mich mehr und mehr an das ätherische Medium, in dem ich mich fortbewegte, gewöhnte, lernte ich auch immer mehr über seine Möglichkeiten. Schon bald nahm ich eine Tauchposition ein, die Hände gefaltet nach vorne und die Füße nach hinten ausgestreckt. Ich stellte fest, daß ich mich in dieser horizontalen Position allein durch meinen Wunsch vorwärtsbewegen und auch die Bewegungsgeschwindigkeit von ziemlich langsam bis außerordentlich schnell regulieren konnte. Einmal, als ich mich mit einer ziemlich großen Geschwindigkeit bewegte, entschloß ich mich in einer Laune, geradewegs nach oben zu schießen. Ein oder zwei Sekunden später fand ich mich weit über der Erde wieder, die unter mir ganz klein aussah. Um mich herum war die gewaltige Leere des Alls. Diese Erfahrung war bestürzend und atemberaubend, und ich bekam eine solche Angst, daß ich augenblicklich mit einer Bruchlandung – ich kann es nicht anders nennen – in meinen physischen Körper zurückkehrte. Es tat weh."

Sie sehen also, mit fortschreitender Übung werden Sie auch an Zuversicht gewinnen, auch wenn Sie diesem neuen Zustand bei Ihrer ersten erfolgreichen Projektion aus dem Körper unwissend gegenüberstehen mögen. Je mehr Sie üben, um so schneller wird Ihr Können wachsen, und allmählich werden Sie in der Lage sein, in allem, was Ihnen begegnet, das Wirkliche vom Trügerischen zu trennen. Bald werden Sie sich sicher genug fühlen, um zur mentalen Projektion zurückzukehren, die jetzt eine vollkommen neue Dimension annehmen wird. Im Augenblick erfordert eine erfolgreiche mentale Projektion nur den Gebrauch eines kleinen Teils Ihres Geistes. In dem Maß, wie sich Ihre Fähigkeit, Ihren Geist zu gebrauchen, erweitert, werden sich Ihnen in der mentalen Projektion schließlich viel gewaltigere Möglichkeiten auftun. Wirkliche Bilokation, die Fähigkeit, sich an zwei Orten gleichzeitig zu bewegen und zu handeln, wird genauso möglich werden wie andere scheinbare wunderbare Kräfte. Ihnen mögen diese jetzt wie die Fähigkeiten eines gottähnlichen Wesens erscheinen, außerhalb der Reichweite eines Sterblichen, wie Sie es sind. Aber lassen Sie mich Ihnen versichern, daß es heute viele Menschen auf der Erde gibt, die fähig sind, diese Kräfte zu gebrauchen, Menschen, die genauso aussehen wie Sie und die, als sie mit dieser Arbeit begannen, nicht mehr konnten als Sie jetzt. Durch Studium und beharrliches Üben haben sie ihre angeborenen Fähigkeiten entwickelt, so daß sie heute aus der Sicht des Durchschnittsmenschen fast gottähnlich geworden sind. Sie, mein Freund, können das gleiche erreichen, was sie erreicht haben. Welcher Moment wäre günstiger, um damit zu beginnen, als der jetzige?

14. Kapitel

Die Lebensweise der Rosenkreuzer

Jeder Mann, jede Frau und jedes Kind auf der Welt schreitet vorwärts und entwickelt sich, ob er oder sie es bemerkt oder nicht. Bei manchen verläuft der Fortschritt langsam, bei anderen mit einer mittelmäßigen Geschwindigkeit, und wenige sind weit voraus. Jeder Mensch ist anders. Es gibt keine Kopien. Manche bemühen sich um Vervollkommnung, und andere kümmern sich um nichts als ihre körperliche Befriedigung. Diejenigen, die sich entwickeln wollen und es wirklich versuchen, lassen schon bald ihre Mitmenschen hinter sich und gelangen schon früher zu einem wahren Verständnis des Lebens. Ihr offener Geist, ihre intellektuelle Neugier und ihre beharrlichen Bemühungen bringen sie schließlich zu einem Lehrmeister, der sie auf den Weg zu Erleuchtung und Kosmischer Bewußtheit führen kann.

Ein solcher Lehrer wird mit keinem Menschen Verbindung aufnehmen, bevor dieser sich nicht geschult hat und für die darin einbezogenen Disziplinen bereit ist. Sie haben schon oft gehört: „Wenn der Schüler bereit ist, wird der Meister erscheinen." Das wichtige Wort in diesem Versprechen ist „bereit". Niemand ist durch Zufall oder durch eine Gabe der Göttlichen Vorsehung bereit. Sie werden bereit, indem Sie sich schulen, indem Sie studieren, indem Sie bestimmte Übungen praktizieren und indem Sie mit den vorgeschriebenen geistigen Techniken ihre Fähigkeiten erweitern. Das muß verbunden sein mit einem besseren Verständnis dessen, wer und was Sie sind und warum Sie das tun, was Sie tun. Das alles, plus Disziplin und Selbstbeherrschung ist Teil der Entwicklung, die man „Bereitung" nennt.

Ob Sie sich dessen bewußt sind oder nicht, Sie haben tatsächlich bereits damit begonnen, sich zu bereiten. Allein die Tatsache, daß Sie dieses Buch in Händen halten und diese Worte lesen, ist ein Beweis dafür. Sicher, Sie haben vielleicht mit der Wahl dieses Buches eine ziemlich selbstsüchtige Absicht verfolgt, aber daran ist nichts Verwerfliches. Sie wollen vielleicht mehr Geld, eine bessere Stellung, eine neue Umgebung, ein Haus, eine Heirat oder irgendwelche anderen irdischen Dinge. Es macht kaum etwas aus, welcher erkennbare Antrieb Sie dazu veranlaßt hat, sich mit diesem Buch zu beschäftigen. Wichtig ist allein die Tatsache, *daß* Sie es lesen und daraus Nutzen ziehen werden. Sie können diese materiellen Dinge die Sie sich wünschen erlangen, und wahrscheinlich werden Sie sie erlangen. Aber Sie werden sich auch auf der Leiter Ihrer persönlichen Evolution um wenigstens ein oder zwei Stufen nach oben bewegen, und es besteht die Möglichkeit, daß Sie noch viel höher aufsteigen.

Dieses Buch ist im wesentlichen eine Zusammenfassung der Lehren des Rosenkreuzerordens AMORC (eine Abkürzung für Ancient Mystical Order Rosae Crucis), und es ist schon fast stenographisch in seiner Kürze. Der hauptsächliche Daseinsgrund des Rosenkreuzerordens besteht darin, Sie und andere gleich Ihnen bis zu der Stufe auszubilden, auf der Sie dann für den Unterricht eines Meisters bereit sind. Alle großen Weltreligionen und alle mystischen und esoterischen Schulen, und davon gibt es sehr viele, sind diesem selben hohen Zweck gewidmet. Aber leider ist es eine traurige Tatsache, daß nur wenige davon in der Lage sind, einen Strebenden wirklich zu unterrichten und ihn vollkommen dafür auszubilden, dieses hohe Ziel auch zu erlangen. Und doch leisten sie alle etwas Gutes. Wie es der Meister Morya einmal ausdrückte: „Selbst die kleinsten Feuer in der Wüste werden einige Wanderer anziehen."

Aber Ihr Ziel ist nicht nur, sich die Hände zu wärmen. Sie wollen wissen, und Sie wollen lernen, wie Sie das erreichen können. Es gibt nur eine Handvoll esoterischer Schulen auf der Welt, die Ihnen diese Ausbildung geben können, und der Rosenkreuzerorden AMORC ist eine davon, wahrscheinlich die beste. Lange Zeit glaubte man in der breiten Öffentlichkeit, daß der Rosenkreuzerorden im siebzehnten Jahrhundert in Deutschland von einem Mann namens Christin Rosenkreutz gegründet wurde, der dem Orden seinen Namen gab. Aber

Forschungen in unserem Jahrhundert haben enthüllt, daß „Christian Rosenkreutz“ ein symbolischer Name war, den das damalige Haupt der Rosenkreuzer angenommen hatte und der nichts anderes als Christ des Rosenkreuzes bedeutete. Es sind viele Dokumente ans Licht gekommen, die Rosenkreuzeraktivitäten bis zurück ins zwölfte und dreizehnte Jahrhundert bekunden. Die Encyclopaedia Britannica stellt fest, daß Cornelius Agrippa auf die Gründung einer Niederlassung im Jahre 1507 verweist, in der „ein Bruder Philalathes mit der Macht des Imperators ausgestattet“ wurde. Die Britannica führt weiterhin ein Buch von „Omnis Moriar“ auf, das von einer Rosenkreuzerloge in Deutschland im Jahre 1115 berichtet und eine weitere im Jahre 1230 anführt, sowie einem Arnold de Villanova als Oberhaupt dieses Ordens. Zahlreiche weitere Daten finden sich in Aufzeichnungen, die in der Öffentlichkeit zugänglichen Bibliotheken und Sammlungen stehen. Die internen Aufzeichnungen des Rosenkreuzerordens deuten darauf, daß der Orden viel älter ist; sie datieren seinen Ursprung bis in die Zeit der ägyptischen Mysterienschulen und der Regierung von Thutmose III. zurück.

Die wichtigste Eigenschaft des Rosenkreuzerordens, die ihn von anderen esoterischen Schulen und Bruderschaften abhebt, besteht darin, daß er nicht die Lehre eines einzigen Mannes ist. Im Lauf der Zeit haben einige der größten Geister der Welt die Ergebnisse ihrer Studien und Experimente in den Orden eingebracht, und die heutigen Lektionen sind eine Synthese aus den besten Geschenken dieser vielen Geister. Ständig werden sie ergänzt und überarbeitet, um das wachsende Bewußtsein des Menschen zu nutzen. Die Wahrheit verändert sich nicht, aber heute ermöglicht uns das allgemeine Verständnis von Elektrizität und anderen wissenschaftlichen Fortschritten, viel mehr zu begreifen als das, was man vor hundert Jahren verständlich machen konnte.

Viele bekannte und berühmte Menschen sind Rosenkreuzer gewesen. Der herausragendste darunter war vielleicht der Pharoah Amenhotep IV., der den Rosenkreuzerorden in seiner ursprünglichen Form ins Leben gerufen hat. Francis Bacon war Imperator des Rosenkreuzerordens im siebzehnten Jahrhundert, und Michael Maier war

Großmeister für das unter seine Oberhoheit fallende Deutschland. Raymund VI., Graf von Toulouse, war ein berühmter Märtyrer der Rosenkreuzer in jener Zeit, als es gefährlich war, sich zu irgendeiner anderen Überzeugung als dem orthodoxen Glauben zu bekennen, und in jüngerer Zeit zählte M. F. Jollovet Castelot, der französische Chemiker, zu den Rosenkreuzern.

Dem Rosenkreuzerorden AMORC ist klar, daß jeder Mensch alle möglichen Vorstellungen und Überzeugungen von sich und seiner Umwelt hat, die mit den wirklichen Tatsachen nichts zu tun haben. Man versucht, jedem neuen Schüler zu helfen, einige dieser falschen Vorstellungen auszuräumen. Am schwersten ist es, sich selbst zu erkennen und zu verstehen. Selbsttäuschung ist die häufigste aller Täuschungen, und die meisten von uns werden in dem selbstvernarrten Glauben alt, daß sie gute und liebenswerte Geschöpfe sind und der Rest der Welt im Unrecht ist. Es ist nicht leicht, diese Mauern der Selbstgefälligkeit, die die Menschen um sich errichten, zu durchbrechen, aber wenn Sie jemals auch nur in geringem Maß das große Potential, das Sie besitzen, nutzen wollen, dann ist eine gewisse Klarheit der Einsicht und des Verständnisses eine wesentliche Voraussetzung.

Deshalb beschwöre ich Sie in Ihrem eigenen Interesse, nach den Vorschlägen dieses Buches zu handeln. Nehmen Sie die Dinge nicht einfach als gegeben hin. Vermeiden Sie Trägheit. Gebrauchen Sie Ihren Geist, um die angebotenen Informationen zu beurteilen und abzuschätzen. Verwenden Sie Ihre Energie auf die praktische Ausführung der empfohlenen Übungen. Wer weiß? Vielleicht besitzen Sie die Fähigkeit, ein neuer Francis Bacon, ein neuer John Dalton zu werden.

Lassen Sie mich Ihnen von John Dalton erzählen. Es wird Ihnen verdeutlichen, wie die Experimentatoren der Rosenkreuzer in den Naturwissenschaften bestimmte fortschrittliche Ideen in das Massenbewußtsein der wissenschaftlichen Welt einimpfen. Nach Annahme und Ablehnung durch die führenden Wissenschaftler der Zeit und nach vielem Nachgrübeln, sozusagen nach einer Inkubationszeit, werden diese Neuentdeckungen für meist schließlich durch irgendeinen anderenWissenschaftler in eine akzeptable Form gebracht und werden dann Teil der Gesetze und Prinzipien seiner speziellen Disziplin. Albert Einstein postulierte zum Beispiel seinen Relativitätsbegriff zum ersten Mal als junger Mann, aber erst dreißig Jahre später wurde dieser in das anerkannte wissenschaftliche Wissensgut aufgenommen. Bemerkenswert ist in diesem Fall, daß die Anerkennung noch zu Einsteins Lebzeiten erfolgte. Gewöhnlich geschieht das nicht.

John Dalton war ein englischer Chemiker und Physiker, der 1766 in Cumberland geboren wurde. Sein Vater war Quaker, ein Mitglied der Gesellschaft der Freunde, und John profitierte als junger Mann von der Toleranz und klugen Anschauung seines Vaters. Er wurde von John Gough, einem blinden Wissenschaftler von beträchtlichem Talent, der Offizier in der Bruderschaft der Rosenkreuzer war, in den Rosenkreuzerorden eingeführt. In den Jahren zwischen 1793 und 1815 machte Dalton viele Entdeckungen, von denen er die meisten veröffentlichte. Er war der erste, der die Farbenblindheit erforschte und erklärte, seine Abhandlungen über die Absorption von Gasen durch Flüssigkeiten eröffneten der chemischen Industrie ganz neue Perspektiven, doch am bekanntesten ist er wahrscheinlich als Vater der Atomtheorie. Nach seinem Tod im Jahre 1844 bezeichneten die Chemiker und Physiker des späten neunzehnten und beginnenden zwanzigsten Jahrhunderts sein Werk herablassend als „unausgegoren". Unglücklicherweise ist kein Stolz so eitel wie intellektueller Stolz. Seit Mitte der vierziger Jahre ist klar geworden, daß Daltons Vorstellungen von der Zusammensetzung der Materie weitaus zutreffender waren als die vorher anerkannten Lehren. Die heutige Erkenntnis, daß der Atomkern, den man einmal für das kleinste Elementarteilchen hielt, aus vielen kleineren Partikeln besteht, wurde vor mehr als 150 Jahren von John Dalton vorhergesehen.

Einer der grundlegenden Lehrsätze der Rosenkreuzer lautet, daß alle Materialisation aus Energie entspringt und daß für physische Materialisation ein Energiedreieck erforderlich ist. Daltons Arbeit mit diesem Gesetz des Dreiecks öffnete ihm die Tür zu seinem intuitiven Verständnis der Feinheit der Materie. Aber so großartig seine Atomtheorie auch sein mag, eine noch großartigere Leistung von ihm wartet noch auf Verständnis und Auslegung. Zwischen 1787 und seinem Tod im Jahre 1844 führte Dalton ein meteorologisches Tagebuch, in dem über 200 000 Beobachtungen, die er mit Hilfe selbstkonstruierter Instrumente machte, aufgezeichnet sind. Schon 1793 veröffentlichte er einen Aufsatz über diese Beobachtungen, der die Ansätze seiner späteren Schlußfolgerungen enthält. Diese sind bis heute von den Physikern und Geophysikern ignoriert worden und warten noch auf die Analyse und Auslegung durch einen intuitiv motivierten modernen Newton, um eine ganz neue Perspektive für den Bewegungsbegriff zu eröffnen.

Der Inhalt dieses Buches faßt nur einen kleinen Ausschnitt des Wissens zusammen, das der Rosenkreuzerorden freigiebig unter seine Mitglieder ausstreut. Selbst ein Dutzend solcher Bücher könnte es nicht alles umfassen. Die Informationen und Anleitungen in jedem Kapitel kratzen kaum an der Oberfläche des jeweiligen Themas, das in den Monographien eingehend behandelt wird. Im 7. Kapitel, in dem das Heilen besprochen wird, ist zum Beispiel die Visualisierung von Farben nicht erwähnt, weil eine gründliche Behandlung dieses Themas zwei oder drei Kapitel in Anspruch nehmen würde. Wenn zum Beispiel die Person, die Sie behandeln, ein emotionales Problem hat, das der Grund für ihr Leiden ist, dann sollten Sie sich bildlich um diese Person herum eine rosa oder violett-rosa Farbe vorstellen. Rührt das Leiden aber von einer schlechten körperlichen Verfassung her, dann stellen Sie sich ein leuchtendes Orange in der Aura dieser Person vor.

Bei der Beschäftigung mit einem anderen Interessenbereich werden Sie vielleicht auf die Untersuchung der Wirkung atmosphärischer Bedingungen für menschliches Handeln stoßen. Schon eine oberflächliche Beobachtung enthüllt, wie elektrische Wellen unsere normale Ordnung stören. Wieviel größer muß der Einfluß der Magnetstürme sein, die manchmal über unseren Planeten hinwegfegen. Ein anderes gewinnbringendes Studium ist die Wirkung von Bewegung auf die menschliche Aura. Wir fühlen uns gedrängt, uns rhythmisch zu bewegen und abrupte Veränderungen zu vermeiden. Reisende klagen über Erschöpfung, nachdem sie lange Strecken mit dem Flugzeug geflogen sind. Besteht da ein Zusammenhang? So wartet eine ganze neue Welt darauf, erklärt zu werden. Ist das keine Herausforderung?

Wir lernen durch Tun – also vergeuden Sie keine Zeit. Wenn Sie Ihre verborgenen Fähigkeiten entdecken und zum Einsatz bringen wollen, dann fangen Sie jetzt damit an. Überlegtes Experimentieren und beharrliches Streben sind die Schlüssel. Sie müssen es *tun.* Die Methoden stehen Ihnen zur Verfügung. Das Ausmaß Ihres Fortschritts hängt jetzt von Ihnen ab.

IHR PROGRAMM ZUR SELBSTHILFE

Dr. Joseph Murphy **KASSETTEN**

Endlich sind sie da, die Kassetten mit den Murphy Meditationen I (2 Kassetten: 1. Teil und 2. Teil) sowie die Murphy Meditationen II (1 Kassette) – zur Freude aller Murphy-Fans. Überlassen Sie sich ganz diesen geübten Stimmen, mit deren Hilfe Sie an sinnvolles meditatives Arbeiten herangeführt werden. Damit verstärken Sie Ihren Erfolg bei der Selbstprogrammierung durch die Meditations-Broschüren ganz wesentlich!

Dr. Emmet Fox **MACHT DURCH POSITIVES DENKEN**

Dieses Buch gehört zu den Klassikern, die konstruktives Denken lehren. Es lehrt Sie die Prinzipien für einen erfolgreichen Lebensaufbau und es verweist auf die einzig mögliche Methode, um Furcht, die Ursache und Wurzel allen Versagens ist, zu überwinden. 256 Seiten.

Catherine Ponder **DIE DYNAMISCHEN GESETZE DES REICHTUMS**

Sie können durch DIE DYNAMISCHEN GESETZE DES REICHTUMS einen goldenen Strom von Reichtümern in ihr Leben leiten. Dieses Buch enthüllt Ihnen, wie bestimmte geistige Einstellungen in Ihrem Leben Wohlstand hervorrufen, warum die stärkste Kraft der Welt zu Ihren Gunsten wirkt und wie man die geheimen „Gesetze für Wohlbefinden" zur Erlangung des eigenen Glücks anwendet. 349 Seiten.

DIE HEILUNGSGEHEIMNISSE DER JAHRHUNDERTE

Die Heilungsgeheimnisse der Jahrhunderte bestehen darin, daß jeder Mensch zwölf dynamische Geisteskräfte besitzt, die in zwölf beherrschenden Nervenzentren im Gehirn und mitten im Körper liegen. Das Buch zeigt Ihnen weiterhin, wie dieses Wissen angewendet werden muß, um jedes Leiden Ihres Körpers zu heilen. 282 Seiten.

DAS WOHLSTANDSGEHEIMNIS ALLER ZEITEN

Sie können alles haben, sobald Sie das Wohlstandsgeheimnis aller Zeiten kennen- und anzuwenden gelernt haben. Dieses Buch zeigt Ihnen Seite für Seite, was es mit diesem verblüffenden Geheimnis auf sich hat, wie es angewendet wird und wie es den Weg in Ihr Leben finden kann. 265 Seiten.

BETE UND WERDE REICH

Dieses Buch möchte Sie mit vielen faszinierenden Arten bekanntmachen, auf die man beten kann: durch Entspannung, Verneinung, Bejahung, Konzentration, Meditation, in der Stille, durch Erkenntnis, durch Danksagung. Sie werden sehen, es gibt für jede Lebenslage einen Weg, zu beten – der zu Stimmung und Umständen paßt – eine Methode, die unweigerlich funktioniert! Auf keine bessere Weise können Sie sich die Lebensqualität sichern, die Sie sich so sehnlich wünschen. 272 Seiten

---

Verlangen Sie das Gesamtprogramm beim
Verlag Peter Erd, DAS BESONDERE, Kirchweg 4, D-8137 Berg am Starnberger See

Tous ensemble